# Frage den Meister

## Weitere Bücher von Harold Klemp

**Ask the Master,** Book 1
**Das Buch der ECK Parabeln,** Band 1
**The Book of ECK Parables,** Volume 2
**The Book of ECK Parables,** Volume 3
**Stories to Help You See God in Your Life,** ECK Parables, Book 4
**Kind in der Wildnis**
**Das lebendige Wort,** Buch 1
**The Living Word,** Book 2
**Seelenreisende des Fernen Landes**
**The Spiritual Exercises of ECK**
**The Temple of ECK**
**Der Wind der Veränderung**

The Mahanta Transcripts Series

**Journey of Soul,** Book 1
**Wie man Gott findet,** Buch 2
**The Secret Teachings,** Book 3
**The Golden Heart,** Book 4
**Cloak of Consciousness,** Book 5
**Unlocking the Puzzle Box,** Book 6
**The Eternal Dreamer,** Book 7
**The Dream Master,** Book 8
**We Come as Eagles,** Book 9
**The Drumbeat of Time,** Book 10
**What is Spiritual Freedom?** Book 11
**How the Inner Master Works,** Book 12
**The Slow Burning Love of God,** Book 13
**The Secret of Love,** Book 14

MAHANTA

Dieses Buch wurde vom Mahanta, dem Lebenden ECK-Meister, Sri Harold Klemp, geschrieben und unter seiner Aufsicht veröffentlicht. Es ist das Wort von ECK.

# Frage den Meister

Buch 2

**Harold Klemp**

ECKANKAR
Minneapolis

**Frage den Meister,** Buch 2



Gedruckt in U.S.A.

Zusammengestellt von Sharon Douse und Mary Carroll Moore
Herausgegeben von Joan Klemp und Anthony Moore

Titelfoto von Luanne Lawton
Titelfoto handkoloriert von Peg Bonner
ISBN: 1-57043-131-0

Mit besonderem Dank an alle,
die an der deutschen Ausgabe mitgearbeitet haben.
Für sie war es ein Geschenk der Liebe.

*Als Kind ist man oft ein egozentrischer, selbstbezogener Mensch. Weil man hilflos ist, ist man gewohnt, daß die Welt sich um seine Launen kümmert. Das Baby muß nur schreien oder jammern, um Aufmerksamkeit zu erlangen. Natürlich lernt der Mensch irgendwann zwischen Kindheit und Erwachsensein, daß er die Wirkungsweise der Welt in der umgekehrten Richtung zu spüren bekommt: Er muß dem Leben dienen; das Leben dient ihm nicht. Solange diese Lektion nicht kapiert ist, versteht er den Sinn der Reinkarnation der Seele nicht, der darin besteht, ein Mitarbeiter Gottes zu werden.*

—Sri Harold Klemp

# Inhalt

# Einführung

Wenn Sie auf der Straße zu Gott reisen, dann wagen Sie sich in unerforschte Gegenden vor. Gelegentlich kommen Sie an einen Scheideweg: Welche Richtung schlagen Sie ein? Entscheidungen in den geringsten Teilen Ihres Lebens können sich auf Ihre Reise auswirken. Wie treffen Sie solche Entscheidungen? Gibt es jemanden, der schon einmal hier gewesen ist und die Fragen eines Suchers beantworten kann?

Der aufrichtige Sucher der Wahrheit stellt oft fest, daß seine tiefsten Fragen unbeantwortet und seine inneren Erfahrungen mit dem Licht und Ton unerklärt bleiben. Wo kann er einen Meister unserer Zeit finden, der die Straße zu Gott erfolgreich zurückgelegt hat — und wieder zurück gekommen ist, um davon zu berichten?

Sri Harold Klemp ist ein solcher Meister. Er ist der Mahanta, der Lebende ECK-Meister. Als der spirituelle Führer von Eckankar erhält er Tausende von Briefen von Suchern der Wahrheit in der ganzen Welt. Alle möchten unmittelbare und hilfreiche Antworten haben, wie sie auf der Straße zu Gott reisen sollen.

Sri Harold beantwortet viele von diesen Briefen persönlich und gibt auf Grund seiner eigenen Erfahrungen Einsicht und Rat. In diesem Buch sind Fragen und Antworten aus mehr als zweihundert Briefen zusammengetragen.

Verschiedene Themen werden angesprochen. Dazu gehört der Wert spiritueller Übungen, Selbstdisziplin, Planung im Vergleich zur Hingabe, wie man es vermeidet, Karma zu erzeugen, göttliche Liebe und menschliche Liebe, was wir von unseren Kindern und Haustieren lernen können, wie spirituelles Heilen wirklich funktioniert und wie man mehr Liebe zu Gott haben kann. *Frage den Meister*, Buch 2, ist der zweite Band dieses wertvollen Führers zu einem Leben in Freude und im Dienst für andere.

Über diese Themen zu kontemplieren wird für den spirituellen Sucher auf jeder Stufe seiner Reise heim zu Gott nützlich sein.

# 1
# Spirituelle Übungen

*Was ist der Zweck von Eckankar und den spirituellen Übungen? Werden sie mich dahin bringen, wohin ich spirituell kommen möchte?*

Die gesamte Aufmerksamkeit von Eckankar liegt auf der unmittelbaren Erfahrung von dem Licht und Ton Gottes. Diese kann sich durch die Praxis der Spirituellen Übungen von ECK einstellen.

In den ECK-Büchern werden verschiedene spirituelle Übungen angegeben. Schauen Sie insbesondere in dem Buch *The Spiritual Exercises of ECK* nach. Probieren Sie sie einfach aus, und sehen Sie, ob sie funktionieren. Aber setzen Sie sich nicht unter Druck. Es gibt keinen Grund dazu.

Wenn Sie mit den spirituellen Übungen Erfolg haben, dann sollten Sie sich entweder des Lichtes oder des Tons bewußt werden. Vielleicht treffen Sie auch den Inneren Meister, der immer auf diejenigen wartet, die es bei der Suche nach Wahrheit ehrlich meinen.

Einige Menschen haben ein recht aktives inneres Leben und reisen in den inneren Welten weit umher. Andere sind ganz zufrieden damit, daß der Göttliche Geist sie in ihrem täglichen Leben indirekt führt. Jede

Lehre, die Sie studieren, sollte zu Ihnen passen, und Sie sollten nicht versuchen, sich an etwas anzupassen, das nicht angenehm ist.

Wenn Sie wollen, verwenden Sie Ihr ganzes Leben dafür, sich darüber klar zu werden. Immerhin ist es Ihr Leben.

## Experimentieren

*Wie kann ich möglichst viel aus meinen spirituellen Übungen herausholen? Was sollte ich aus ihnen lernen?*

Wenn Sie zwei Wochen lang jeden Tag das Gleiche essen, kann das ziemlich öde werden. Am ersten Tag haben Sie vielleicht Spaß daran, und am zweiten ist es in Ordnung. Aber in der zweiten Woche sind Sie es satt. Also experimentieren Sie. Sie experimentieren mit etwas Neuem.

Genauso ist das mit den spirituellen Übungen. Sie experimentieren damit. Sie probieren etwas Neues aus. Sie sind in Ihren eigenen Gottwelten. Ich bin in verschiedener Weise mit den Übungen an die Grenzen gegangen. Ich habe sehr komplizierte ausprobiert, die ich für mich selbst entwickelt hatte, und ich habe sie wieder fallengelassen, wenn sie nicht mehr funktionierten.

Es ist wie mit einer Goldader, die einen Berg durchzieht. Ein Weile lang folgt man ihr, dann ist sie erschöpft, und man muß herumsuchen und eine andere finden.

Lernen wir jeden Tag etwas Neues aus dem, was wir tun? Erhalten wir aus dem Inneren Einsicht und Hilfe? Das ist es, worum wir uns bemühen sollten.

Wie können wir dem Leben stellen, so wie es ist? Der Schlüssel dazu sind immer die Spirituellen Übungen von ECK.

## Zwei Techniken

*Ich habe fleißig meine spirituellen Übungen probiert, aber ohne den Fortschritt, den ich erhofft hatte. Als ich einer Höherinitiierten gegenüber erwähnte, daß meine Übungen zwei bis zweieinhalb Stunden dauern mit spärlichen Ergebnissen, riet sie mir, Dir zu schreiben.*

Zweieinhalb Stunden ist zu lang für die Spirituellen Übungen von ECK. Es ist verständlich, daß man härter drangeht, wenn kein erkennbarer Erfolg eintritt, aber die Tür der Seele öffnet sich nach innen. Kein noch so starker Druck von der falschen Seite wird sie öffnen. Zwanzig Minuten bis eine halbe Stunde ist das Maximum an Zeit, das man in einer Sitzung mit den spirituellen Übungen zubringen sollte.

Wechseln Sie mit den folgenden beiden Techniken ab, um Erfahrung mit entweder dem Licht und Ton oder dem Inneren Meister zu erhalten.

1. Zählen Sie langsam abwärts von 10 auf 1, dann stellen Sie sich vor, wie Sie neben Ihrem ruhenden physischen Körper stehen. Tun Sie dies einige Wochen lang. Sie können auch das Alphabet rückwärts von J bis A hersagen.

2. Die zweite Methode benutzen Sie, wenn Sie nach der Kontemplation schlafen gehen wollen. Sprechen Sie im Inneren zum Traummeister, dem Mahanta: »Ich gebe dir die Erlaubnis, mich in das Ferne Land mitzunehmen — zu einem Ort, der jetzt für mich richtig ist.« Dann schlafen Sie ein, ohne dem gedanklichen Befehl weitere Aufmerksamkeit zu schenken. Der Befehl schließt das Unbewußte auf, so daß der menschliche Verstand die Erfahrungen der Seele behalten kann.

Praktizieren Sie diese beiden Methoden einen Monat lang, und legen Sie ein Notizbuch in Reichweite, um etwas aufzuschreiben.

## Den Tonstrom hören

*Ich habe Schwierigkeiten damit, den Ton von ECK zu hören. Meist ist er sehr schwach. Strenge ich mich zu sehr an?*

Wenn die Seele in die hohen Ebenen Gottes gelangt, wird der Ton sehr hoch, fast unhörbar. Der Mahanta erhebt die Seele zu diesen erhabenen Welten der Seligkeit, lange bevor sie dort ihre Initiation erhält.

Sie stellen sich langsam auf einen neuen Seinszustand ein, bevor Sie die äußere Initiation bekommen, bis zu der es noch Jahre dauern kann. Dann nimmt die Seele ihren rechtmäßigen Platz als wahrer Bürger dieser Region ein. Pauls Erfahrung im Buch *Der Zahn des Tigers* geschah im Jahre 1957. Erst im Jahre 1965, acht Jahre danach, wurde er der spirituelle Führer von Eckankar.

## Erfahrungen von den höheren Ebenen

*Manchmal erreichen mich der Ton und das Licht, bevor ich überhaupt mit einer spirituellen Übung beginnen kann. Das Licht erscheint in gewaltigen Wellen, der Ton ist laut und entfernt. Warum passiert das?*

Die Erfahrungen sind anfangs oft sehr lebhaft, wenn wir auf den Weg von ECK kommen. Wenn wir in die subtileren Regionen jenseits der Kausalebene eintreten, werden sie immer weniger lebhaft. Dann stellt man fest, daß die Erfahrungen mit dem Ton und Licht weniger werden und in größerem Abstand auftreten.

Wenn das geschieht, was hält einen dann in Gang? Man muß dann auf die Selbstmeisterschaft hinarbeiten und anfangen, diesen Ton und dieses Licht, welche man vielleicht nicht mehr hört oder sieht, in die Welt hinauszutragen.

Um Selbstmeisterschaft geht es auf diesem Weg. Bis zur Seelenebene gehe ich voraus, um den Weg zu zeigen. Danach können Sie den Inneren Meister bitten, Seite an Seite mit Ihnen zu gehen.

## Aus dem Körper heraus

*Wenige Minuten nachdem ich begonnen habe, zu kontemplieren und meine Aufmerksamkeit fest auf das Spirituelle Auge zu richten, spüre ich einen leichten Druck hinter meiner Stirn. Ist das ein Schritt zu einer außerkörperlichen Erfahrung oder einer Seelenreise?*

Das ist die Seele, die sich darauf vorbereitet, den Körper durch das Dritte Auge zu verlassen.

## Ein inneres Auge sehen

*Mir erscheint gelegentlich ein Auge, das auf meinem inneren Bildschirm auftaucht. Es bringt immer ein Gefühl der Liebe mit. Was ist das?*

Das einzelne Auge, das Sie sehen, bedeutet, daß Ihre letztliche Bestimmung vollkommener Dienst und Hingabe an Gott ist. Die Seele wird in der Tat schon von Gott ausgewählt, bevor sie sich bewußt wird, daß sie zu den Auserwählten gehört.

Meistens übersehen die Menschen, die das Auge sehen, die wüstenartige Welt, in der sie stehen, wenn sie es sehen. Das bedeutet, daß die gesamte Substanz und das Leben für die Seele jenseits der sandigen

Einöde der niederen Welten liegt. Das einzige Ziel für jemanden wie Sie ist der Ozean der Liebe und Gnade.

## Wesen auf den anderen Ebenen

*Immer wenn ich während Deines Vortrags beim Weltweiten Seminar von ECK meine Augen schloß, erschien eine weiße Wüstenszene. Ein Mann auf einem schönen Pferd führte eine Kompanie von ebenfalls berittenen Soldaten zu Deinem Vortrag. Am letzten Tage änderte sich das — der Führer saß auf einem Thron, während die Männer auf dem weißen Sand saßen. Warum hatte ich das Privileg, dies zu sehen?*

Ich freue mich darüber, daß Sie bei dem Seminar eine Realisation erlangten. Wesen auf vielen Ebenen können die ewige Botschaft von ECK hören, während sie auf der physischen Ebene dargeboten wird, denn sie durchdringt alle Welten Gottes. Sie konnten das sehen, weil Sie bereit dafür waren. Das Geheimnis liegt in den Spirituellen Übungen von ECK.

## Die Art Ihrer Kontemplation verändern

*Gibt es Zeiten, in denen es besser ist, keine spirituelle Übung zu machen? Wenn die negativen Energien in meinem Leben überwältigend werden, versuche ich, das zu unterbrechen, was ich gerade tue, und mache eine kurze spirituelle Übung.*

*Aber ich frage mich, ob es Zeiten gibt, in denen es besser wäre, die Zeit der Schwierigkeiten einfach abzuwarten.*

Machen Sie die spirituellen Übungen weiter, aber in anderer Weise.

Manche Menschen tun ihre spirituellen Übungen

intensiver, wenn es so scheint, als ob die Dinge schiefgehen. Warum? Vielleicht, weil sie etwas in ihrem Leben zwingen möchten, so zu gehen, wie es *ihrer* Meinung nach gehen sollte. Oder weil es schwieriger geht als erwartet.

Machen Sie trotzdem einen Übung, wenn alles schiefgeht. Aber machen Sie sie mit einem neuen Gedanken. Sagen Sie zum Mahanta: »Was ist dein Wille?« Singen Sie dann HU und legen Sie Ihre ganze Aufmerksamkeit auf das Problem, denn der Meister wird Ihnen zeigen, wie Sie spirituell wachsen können, indem Sie sich dem Problem stellen.

HU öffnet Ihr Herz für das Sugmad, das ECK und den Mahanta. Mit anderen Worten, es öffnet Sie für die sanfte Liebe Gottes.

## Drei innere Töne

*Es gibt etwas, das mich fasziniert, dessen Bedeutung ich aber nicht recht verstehe: Ich höre ständig drei getrennte Töne von ECK, wann immer ich an einem ruhigen Ort meine Aufmerksamkeit darauf lenke.*

Sie befinden sich in den höheren Ebenen, in denen die Seele Melodien von mehreren Quellen gleichzeitig hören kann.

Beispiele der höheren Töne, die man hören kann sind das hohe Flöten wie ein Teekessel in der Küche, der anzeigt, daß das Wasser kocht. Ein weiterer Ton, ähnlich, aber noch höher, besteht aus einer Reihe unterbrochener Pfeiftöne anstelle des ständigen, gleichmäßigen Flötens beim vorher beschrieben Ton. Einen dritten Ton hört man manchmal in Verbindung mit den ersten beiden: strömendes Wasser.

Das sind natürlich nur Beispiele der verschiedenen

Kombinationen, die man hören kann. Jede Kombination von den Melodien des Hörbaren Lebensstroms kann sich bei jemandem einstellen, der die Spirituellen Übungen von ECK mit Liebe für den Mahanta ausführt.

In dem obengenannten Beispiel ist der Klang von strömendem Wasser der Anker für die beiden anderen Töne, das Flöten und das Pfeifen. Einer der drei Töne, die Sie hören, ist wahrscheinlich der Anker, der die Seele fest genug am Körper anbindet, damit sich der Verstand an die Musik der höheren Ebenen erinnern kann.

Die Seele hat vom höheren Standpunkt aus die Möglichkeit, gleichzeitig auf mehrere Ebenen zu blikken, um das Wissen und die Weisheit aufzunehmen, die ihr zur Verfügung stehen. Machen Sie die Spirituellen Übungen von ECK weiter, denn sie sind das Tor zum Ozean der Liebe und Gnade.

## Innere Töne auf die Probe stellen

*Ich habe gehört, ein Ton im rechten Ohr bedeutet, daß es das ECK ist, und ein Ton im linken Ohr heißt, daß es das Kal, die negative Kraft ist. Ich möchte Dich fragen, ob das wahr ist, und wenn ja, warum? Wie könnte ich erkennen, daß es ein Ton des ECK ist, wenn ich ihn links höre?*

Stellen Sie es mit Ihrem Wort auf die Probe. Es gibt keine absolute Regel, daß das linke Ohr dem Kal entspricht und das rechte dem ECK. Wichtig ist, es auf die Probe zu stellen, ganz gleich, ob es von rechts oder links kommt.

## Der Schleier des Gedächtnisses

*Mir geht oft bei den spirituellen Übungen die bewußte Wahrnehmung verloren. Einen Moment singe ich noch, und als nächstes stelle ich fest, daß zwanzig Minuten vergangen sind. Was ist in dieser Zeit passiert?*

Das ist überhaupt nichts Ungewöhnliches. Der Innere Meister hat einfach den Schleier über Ihr Gedächtnis gelegt. Das ECK bringt uns in unserem eigenen Tempo zu voller Bewußtheit. Darum ist Eckankar ein individueller Weg zu Gott.

Während Sie spirituelles Standvermögen entwikkeln, wird Ihr Gedächtnis Stück für Stück von Ihrem inneren Satsang mit dem Mahanta behalten. Wichtig jedoch ist es, die Spirituellen Übungen von ECK gewissenhaft weiterzuführen.

## Spirituelle Namen

*Ich habe einen sehr starken Eindruck von einem spirituellen Namen für mich erhalten. Ich weiß, der Lebende ECK-Meister hat einen spirituellen Namen, Wah Z. Habe ich auch einen?*

Den wahren spirituellen Namen erhält der Initiierte des neunten Kreises, welches eine innere Initiation ist. Jedoch gehen der Neunten Initiation immer die ersten acht äußeren Initiationen voraus. Diese Initiationen gibt der Mahanta oder sein Stellvertreter, meist nacheinander und verteilt auf eine Zahl von Jahren. Das gibt den niederen Körpern des Menschen die nötige Zeit, um sich langsam den Veränderungen im spirituellen Bewußtsein anzupassen, und es vermeidet unnötige Umbrüche im Leben des ECKisten.

Experimentieren Sie in Ihren täglichen spirituellen Übungen mit dem Namen, den Sie erhalten haben. Sie werden bald wissen, ob er für Sie brauchbar ist.

## Spirituelle Vitamine

*Ich spüre gar nichts, wenn ich mein geheimes Wort singe. Könnte ich irgend etwas falsch machen? Wie setzt sich die Seele mit Hilfe der Mantras mit dem ECK in Verbindung?*

Das persönliche Mantra hat seine Kraft nur durch den Mahanta. Das geheime Wort paßt zur Schwingungsrate des einzelnen und ist die Stimmgabel, die ihn auf die richtige Stimmung bringt. Das ECK ist ein und dasselbe, aber jede Seele befindet sich auf einer unterschiedlichen Bewußtseinsstufe. Das Wort stimmt einen auf das ECK ein.

Bitte lassen Sie sich von Ihrer scheinbaren Unfähigkeit, in der Kontemplation irgendwelche Erfahrungen zu haben, nicht entmutigen. Das geheime Wort ist wie ein spirituelles Vitamin, das die innere Stärke im Lauf gewisser Zeit aufbaut. In Ihnen vollziehen sich tiefgreifende Wandlungen, wenn Sie Ihr Wort singen. Karma wird von den niederen Körpern aufgelöst, bis die Last auf der Seele leichter ist. Dann, wenn Sie völlig entspannt sind in der Heiterkeit der ständigen Gegenwart des Mahanta, wird er Sie in den Ton und das Licht Gottes mitnehmen—was zur Zeit Ihr Hauptziel ist.

Innerhalb von zwölf Monaten sollten Sie plötzlich in einem neuen und freudigen inneren Zustand sein, der Ihnen ein für alle Mal beweist, daß Sie eine Seele sind, ein Funke des Sugmad.

## Ein großer Klumpen Karma

*Benutzt man sein geheimes Wort, um Karma abzuarbeiten? Wenn man sein geheimes Wort in der zweiten, dritten und vierten Initiation nicht benutzt, hat man dann als Fünftinitiierter einen großen Klumpen Karma abzuarbeiten?*

Ihr geheimes Wort ist in der Tat dazu da, Karma abzuarbeiten.

Wie steht es nun mit der »großer Klumpen Karma«-Theorie? Manche Initiierte sind faul. Sie betrügen sich um ihre eigene Entfaltung, indem sie ihr geheimes Wort nicht benutzen oder die Spirituellen Übungen von ECK nicht machen. Trotzdem scheinen sie wie jeder andere auch durch die Initiationen voranzuschreiten.

Aber wie unterscheiden sie sich?

Erstens haben sie schwerwiegende Probleme mit anderen in der ECK-Gemeinschaft. Zweitens lehnen sie es oft ab, den Mahanta, den Lebenden ECK-Meister, zu unterstützen. Drittens sind sie unglücklich.

Was ist da los?

Ihre Trägheit in der Vergangenheit hat sie eingeholt, und plötzlich sind sie mit dem ECK nicht mehr in Harmonie. Wie eine verstimmte Geige. Obwohl einige den fünften Kreis erreichen, bekommen sie zunehmend mehr Probleme in ECK. Sie glauben, sie hätten das ECK, den Mahanta und andere zum Narren gehalten, aber es holt sie alles wieder ein.

Ein Fünftinitiierter hat Schicksals- und Reserve-Karma abgearbeitet, aber ein Mangel an spiritueller Disziplin während der früheren ECK-Initiationen tritt auf der fünften Stufe als schlechte Gewohnheiten in Erscheinung. Diese erzeugen zuviel tägliches Karma. Manche Höherinitiierte erzeugen soviel davon, daß sie es in diesem Leben nicht abarbeiten werden, und so läuft es über in ihre Reserve-Karma-Akte.

Kurz gesagt, sie sind in ihrem spirituellen Leben zurückgerutscht. Manche werden ihre äußeren

Initiationen verlieren, und einige werden sogar versuchen, ECK zu verlassen.

Man gewinnt den Himmel täglich mit seinem geheimen Wort.

## Wie steht es mit Ihrer Sehnsucht nach Gott?

*Ich bin kein ECKist, aber ich strenge mich aufrichtig an, durch spirituelle Übungen einige der Erfahrungen zu erhalten, die die meisten Anhänger von Eckankar zu haben scheinen. Ist es möglich, daß meine Fehlschläge daran liegen, daß die Seele einfach noch nicht bereit ist, das ECK zu empfangen? Verschwende ich nur meine Zeit?*

Die Sehnsucht nach Gott muß für die Seele ein alles verzehrendes Feuer werden und nicht nur eine Nebenbeschäftigung. Nur ein zielstrebiger Einsatz, das Licht und den Ton von ECK zu erreichen, wird Erfolg bringen. Ihr Wunsch, das Wesen des göttlichen Geistes zu erlernen, muß ebenso dringend sein, wie das Verlangen eines Ertrinkenden nach Luft. Jedoch muß dies ein innerer Antrieb sein, der dem äußeren Leben Sinn und Gleichgewicht gibt. Vermeiden Sie asketische Praktiken, und lieben Sie den Geist Gottes in sich selbst.

## Führung ignorieren

*Wenn jemand mit den spirituellen Übungen eine Zeitlang nachlässig wird, ist er dann immer noch unter der Führung des Mahanta? Kann man zu dieser Zeit immer noch in Kontakt mit dem ECK sein?*

Ich möchte Ihnen so antworten: Ich machte eines Tages

im späten Frühjahr einen Spaziergang an einem Teich. Die Sonne war sehr warm. Am Rande der Wiese stand eine Ente am Wasser. Unter ihr hockten drei Küken, die sie als Sonnenschutz benutzen.

Ein Chela, der die spirituellen Übungen vernachlässigt, ist wie ein Küken, das sich aus dem Schutz seiner Mutter herausbegibt. Er ignoriert die Führung des Meisters. Seine Verbindung mit dem ECK wird nur ein Bruchteil von dem sein, was sie vorher war.

Wenn die Sonne des Karma unangenehm heiß wird, kann der Chela, wie das Küken, zurücklaufen zu seinem Sonnenschutz — dem Mahanta. Sein Zurückrennen ist die spirituelle Übung.

## Der universale Mahanta

*Wie kann ein Mensch wie der Lebende ECK-Meister überall sein und mit allen gleichzeitig sprechen?*

Dies ist ganz sicher eines der Wunder von ECK. Die Sache ist die, daß hinter dem Gesicht jedes Herrschers auf jeder Ebene tatsächlich der Mahanta, der Lebende ECK-Meister, steht. Der Mahanta ist das ECK und ist daher überall gleichzeitig. Darum kann jeder Lebende ECK-Meister in der Geschichte die Aussage treffen: »Ich bin immer bei dir.« Er spricht mit der Stimme des Sugmad, dem Wort Gottes, denn das füllt den gesamten Raum in jeder Ebene der Schöpfung.

Sie müssen lernen, dem Inneren Meister zu vertrauen, aber sich immer darüber im Klaren sein, daß Kal Niranjan Ihnen einen Streich spielen kann und in der Verkleidung des wahren Meisters erscheinen kann. Wie unterscheiden Sie den wahren Meister von seiner Nachahmung? Beurteilen Sie ihn nach dem, was er Ihnen aufträgt. Wenn die Anweisungen, die Sie erhalten, so sind, daß Harmonie und gute Taten daraus hervorgehen, dann hören Sie auf die Stimme des Inneren Meisters. Anderenfalls singen Sie Ihr Wort, und befehlen Sie dem Betrüger, sofort aus Ihrer Welt zu verschwinden!

## Es gibt immer noch mehr zu lernen

*In der Kontemplation begann ich, mich als Teil des Körpers des Mahanta vorzustellen. Ich beschloß, den Tonstrom von mir in das ungeheure Nichts rundherum ausgehen zu lassen. Ich hatte ein gutes Gefühl, aber ich wurde bald müde. Da war nichts außer mir selbst; alles andere waren nur meine eigenen Schöpfungen, die zu mir zurückkehrten. Ich wurde sehr traurig und einsam. Mir wird klar, daß alles, was man aussendet, immer zu einem zurückkehrt, aber ist das alles, was es im Leben gibt?*

Sie haben durch diese Erfahrung etwas Wichtiges erkannt. Manche verstehen niemals, daß jeder Gedanke und jede Handlung, die ausgesandt wurden, zu ihrem Absender zurückkehren müssen. Es gibt da noch einen Punkt bezüglich des ECK, der nicht verstanden wird. Wenn das ECK einströmt, finden wir die Erfahrung erfrischend. Nach kurzer Zeit fragen wir uns, was jetzt mit dieser anhebenden Kraft anzufangen ist.

Versuchsweise geben wir ihr eine Richtung. Aber ein genaues Studium der Gesetze des Göttlichen Geistes zeigt, daß man das ECK nicht lenken kann. Wenn man das tut, wird daraus eine Anwendung der psychischen Kraft.

Wenn uns diese Erfahrung innerhalb des Kreises unserer eigenen Welt gegeben wird, dann ist daraus wirklich kein Schaden entstanden. Wenn wir uns wieder im äußeren Bewußtsein befinden und wir es im täglichen Leben versuchen, dann sind wir geradewegs in die Rolle des unbewußten Schwarzmagiers hineingerutscht.

Es gibt viel zu lernen, aber die Lektionen werden immer subtiler, wenn die Seele sich der ersten der wahren spirituellen Ebenen nähert.

Fahren Sie fort mit den Spirituellen Übungen von ECK. Wir hätten alles gelernt, was es zu lernen gibt, ist nur eine Illusion von einer der Leidenschaften des Verstandes, die uns das einredet. Wenn wir sie aufgeben und fallenlassen, dann gleiten wir in die Morgendämmerung eines neuen spirituellen Tages. So sicher, wie die Nacht kommt, bricht auch der Tag an. Das ist in jeder Hinsicht wahr. Sie können immer einen weiteren Schritt gehen.

## Unmittelbare Information

*In meinen spirituellen Übungen erhalte ich unmittelbare Information darüber, was im Augenblick erforderlich ist. Aber das sind keine großartigen inneren Erfahrungen. Ist das nur ein Übergangszustand? Gibt es ein Technik, die ich machen könnte, um das Ferne Land in größerer Bewußtheit zu erforschen?*

Es gibt eine Möglichkeit, wie Sie sich Ihrer Reisen in den höheren Welten von ECK bewußter werden können. Sie müssen Ihren Verstand trainieren, Einzelheiten zu behalten. Das bedeutet, Ihre Vorstellungskraft zu entwickeln, und das ist viel schwieriger, als es klingt, aber es gibt ein angenehme Möglichkeit, sich dem zu widmen.

Spielen Sie Golf? Nehmen wir einmal an, Sie haben Schwierigkeiten damit, daß der geschlagene Ball von der Richtung abweicht. Sie können das Problem sowohl hier in der physischen Welt als auch auf den inneren Ebenen ausarbeiten.

Besorgen Sie sich ein Buch von einem Golfprofi, in dem steht, wie man die Richtungsabweichung korrigieren kann. Studieren Sie die angegebenen Methoden genau. Wenn Sie sich abends zum Schlafen oder zu irgendeiner anderen Zeit zum Ausruhen hinlegen, dann stellen Sie sich auf dem Golfplatz vor. Wenden Sie jetzt den Rat des Experten an — alles in Ihrer Vorstellung. Konzentrieren Sie sich auf den Ball, schlagen Sie ihn in der richtigen Weise, und beobachten Sie, wie er schnurgerade den Zielweg entlang fliegt. Machen Sie das immer wieder. Achten Sie darauf, wie Sie den Club halten, auf Ihre Haltung und die Stellung Ihrer Arme und Ihres Kopfes.

Wenn Sie Golfspieler sind, dann werden Sie diese Übung mögen. Sie funktioniert bei jeder Sportart.

Sie werden Ihr Spiel verbessern, aber was noch wichtiger ist, Sie werden sich bald Ihrer inneren Reisen in die höheren Gottwelten leichter erinnern.

## Eine lebende spirituelle Übung

*Bei einem Seminar sprachst Du kürzlich darüber, man solle eine lebende spirituelle Übung sein. Heißt das, daß ich jetzt nicht täglich dreißig Minuten lang meine spirituellen Übungen machen soll?*

Einige ECK-Führer, die sehr viel für ECK tun, haben vielleicht wenig Zeit für eine spirituelle Übung von zwanzig Minuten pro Tag. Aber sie machen sie, wenn sie können.

Die tägliche Übung von zwanzig oder dreißig Minuten gibt Ihrem Leben eine bessere Ausrichtung auf die Mitte und mehr Stärke. Das gibt Ihnen die Fähigkeit, den ganzen Tag über eine lebende spirituelle Übung zu sein.

## Einschlafen

*Warum kann ich bei den spirituellen Übungen nicht wach bleiben? Es sieht so aus, als ob ich immer einschlafe, und ich habe das Gefühl, ich verpasse etwas.*

Seien Sie nicht allzu besorgt darüber, daß Sie bei den spirituellen Übungen einschlafen. Manchmal ist das die einzige Möglichkeit, wie der Heilige Geist anfangs mit uns arbeiten kann.

Das trifft auch dann zu, wenn wir uns an unsere Träume nicht erinnern.

Sie können die Spirituellen Übungen von ECK abends vor dem Zubettgehen beenden und dann eine Art leichter Kontemplation mit ins Bett nehmen. Das macht man einfach, indem man sich abends zum Schlafen hinlegt und so etwas sagt wie: »Bitte, Mahanta, nimm mich zu dem Ort in den himmlischen Welten mit, der für mich heute nacht passend ist. Ich lege all meine Liebe und mein Vertrauen in deine Entscheidung.«

Dann löschen Sie den ganzen Entschluß aus Ihrem Verstand. Gehen Sie ganz normal schlafen, und seien Sie unbesorgt, ob etwas oder nichts geschieht. Lassen Sie sich Zeit, und drängen Sie nicht.

## Freigeist

*Ich kenne den Zweck der spirituellen Übungen nicht. In ECK habe ich jetzt Schwierigkeiten damit, das Gefühl zu bekommen, daß ich hierher passe. Als ich aufwuchs, meinte mein Vater, ich könne meine eigene Religion finden, wenn ich soweit sei. Er erklärte niemals etwas, indem er von Gott sprach; er sprach immer nur von der Natur. Mahanta, wo stehe ich?*

Ich weiß Ihren Brief sehr zu schätzen, in dem Sie um Hilfe bitten, Ihren spirituellen Platz im Leben zu verstehen. Von Ihrem Aufwachsen und Ihrer Erziehung her sind Sie ein »freies Kind«. Ihre Kontemplationsweisen sind einfach und direkt und sollten sich auf einen Aspekt der Natur beziehen. Der mentale Weg ist nichts für Sie, denn Sie spüren instinktiv den Puls des Lebens, indem Sie einfach sind, wer Sie sind.

Sie haben Freiraum auszudrücken, wie Sie gerne in ECK leben würden, und das ist vielleicht ganz anders, als das, was andere ECKisten angenehm finden.

Die spirituellen Übungen sind dazu da, Sie für die göttliche Liebe zu öffnen. Durch Ihre Liebe und Ihren Respekt für die Dinge der Natur können Sie Ihre eigenen Übungen erfinden. Ihr Weg zu Liebe, Weisheit und Macht ist einzigartig, aber wenn man unter die Oberfläche blickt, ist das bei jedem der Fall.

## Aufgeladene Worte

*Können spirituell aufgeladene Worte wie HU, Sugmad oder Mahanta zuviel benutzt werden, so wie es bei Gott oder bei Abrakadabra der Fall ist? Und ist es in Ordnung, diese Worte beim Singen, Scherzen oder in der Unterhaltung unterschiedlich zu modulieren oder betonen, oder sie mit unterschiedlicher Bedeutung zu benutzen?*

*Gott* und *Abrakadabra* verloren ihre Bedeutung, als die Menschen das Lebendige Wort verloren. Der Tonstrom war außerhalb ihrer Reichweite, und die Priester konnten sie nicht zu Ihm führen. Vielleicht war es die Frustration durch eine tote Religion, die die

Menschen anfangs dazu brachte, die heiligen Namen in unnützer Weise zu benutzen.

Jemand, der täglich mit dem Wort Gottes, dem ECK, spricht, kann nur Worte der Freude und der Ehrfurcht sprechen. Der Ton und das Licht sind sein Herzschlag und Atem, seine goldene Liebe. Wie kann er dann anders, als das Sugmad — und sich selbst — zu lieben? Reine und heilige Gesänge entspringen einem reinen und goldenen Herzen.

Dies beantwortet auch Ihre zweite Frage.

## Ein schwarzer Punkt

*Als ich meine neue Kurslektion erhielt, probierte ich die Übung, mir eine Kugel aus goldenem Licht vorzustellen. Aber ich konnte nur eine schwarze Kugel sehen, die an mir vorbei schwebte. Ich war so bestürzt, daß ich weinte.*

Die schwarze Kugel, die Sie vorbeischweben sahen, als Sie versuchten, eine goldene Lichtkugel zu sehen, sollte Ihre Aufmerksamkeit konzentrieren. Sie ist wie der schwarze Punkt an der Decke, von dem Paul Twitchell zu sprechen pflegte. Die schwarze Kugel und der schwarze Punkt haben den gleichen Zweck.

Beim nächsten mal, wenn Sie sie wieder sehen, versuchen Sie sich vorzustellen, Sie seien in der Kugel. Dann schauen Sie auf Ihren physischen Körper zurück. In der Zwischenzeit denken Sie in der Kontemplation an eine Blume. Und füllen Sie sich immer mit Liebe, denn ich bin immer bei Ihnen.

## Eine Pause einlegen

*Dieses Jahr scheint eines der schwierigsten in meinem Leben zu sein, nicht nur physisch, sondern auch spirituell. Ich hatte einen Traum von einem jungen Mädchen aus Indien, die dünne Stäbe als Beine hatte. Ich versuchte, ihr tanzen beizubringen. Ich bat unsere Traumklasse, mir bei der Interpretation zu helfen, und jemand sagte, die Beine könnten das Fundament in ECK sein — wackelig, um es vorsichtig auszudrücken. Vielleicht sollte ich noch einmal von vorne anfangen?*

Der Traum sollte Ihnen bestätigen, daß das Vorgehen der östlichen Religionen (das junge Mädchen aus Indien) gestelzt ist (sie hatte dünne Stäbe als Beine). Auf solchen Beinen ist es viel schwieriger, den Rhythmus des Tanzens zu lernen. Der Traum zeigt die Notwendigkeit auf, den Rhythmus des Lebens zu erlernen, denn das bedeutet es, ECK zu leben.

Vergessen Sie einfach einen Monat lang die formalen spirituellen Übungen von ECK. Sie werden immer noch meinen Schutz haben. Benutzen Sie diesen Monat, um zu erkennen, wie Ihnen das ECK Sich Selbst durch Worte und Taten anderer Menschen offenbart.

Achten Sie sowohl auf Dinge, die für Sie harmonisch sind, als auch auf solche, an denen Sie sich stören. Versuchen Sie jetzt sehr ehrlich zu sein. Fragen Sie sich nach jeder Erfahrung: Habe ich mich nicht mindestens ein bißchen verändert? Wenn ja, wie?

## Auf sich selbst gestellt

*Ich bin das einzige Mitglied von ECK in meiner Familie, die aus drei Kindern, meinem Mann und mir besteht. Seit acht Jahren studiere ich ECK, aber neuerdings ist mein Verstand voller Sorgen. Ist es in Ordnung, wenn ich ECK auf mich selbst gestellt studiere? Ich scheine kein Bedürfnis nach anderen ECKisten zu haben. Ich lebe auf dem Land und kann es mir einfach nicht leisten, so oft in die Stadt zu fahren. Aber in letzter Zeit habe ich Schuldgefühle gehabt, weil ich keine Klassen besuchen will. Ich habe mich auch gefragt, ob ich die Kontemplationen richtig mache.*

Es ist in Ordnung, wenn Sie ECK auf eigene Faust zu Hause studieren. Sie müssen nicht abends oder an Wochenenden in die Stadt laufen und Ihre Familie vernachlässigen. Die Lehre von ECK muß zu Ihnen und zu Ihrem Leben passen. Nicht umgekehrt, und Sie müssen sich nicht wer weiß wie krumm legen, um zu Eckankar zu passen.

Die Lehre muß zu Ihren spirituellen Bedürfnissen passen. Andere Menschen brauchen etwas anderes, und deshalb gilt deren innere Führung für das Leben nicht unbedingt für Sie.

Sie haben nach der richtigen Weise, die Kontemplationen auszuführen, gefragt. Wenn Sie Schwierigkeiten damit haben, die spirituellen Übungen zu machen, dann machen Sie sie einfach eine Weile lang nicht. Für manche Menschen ist es auch eine spirituelle Übung, für ihre Familie zu sorgen und das Glück zu genießen, das ihre Aufmerksamkeit und Liebe ihren Angehörigen bringt.

Es gibt so viele Möglichkeiten, mit ECK zu kommunizieren (und das heißt, die spirituellen Übungen zu machen), wie es Menschen gibt. Tun Sie, was für Sie natürlich und gut erscheint. Horchen Sie in dieser Hinsicht auf Ihre innere Führung, und lassen Sie sich von niemandem Schuldgefühle einjagen in Bezug auf die Möglichkeit, die Sie wählen, zu Gott, zu Sugmad zurückzukehren.

Wenn Sie den Eindruck haben, daß Eckankar nicht mehr zu Ihrer Richtung paßt, fühlen Sie sich frei, es mit meinem Segen zu verlassen. Sie und jedermann haben das Recht, Ihre eigene Richtung im Leben zu bestimmen. Das ist Ihr spirituelles Recht.

## Erfahrung gewinnen

*Die Schriften von Eckankar sprechen davon, daß man ECK sich selbst beweisen soll. Aber ich habe Dich noch nicht im Inneren gesehen. Wo bist Du? Mache ich etwas falsch?*

Ich weiß Ihren Brief über den scheinbaren Mangel an Erfahrungen mit den Spirituellen Übungen von ECK sehr zu schätzen. Im *Shariyat-Ki-Sugmad*, Buch Zwei, stehen auf Seite 167–168 Gründe für das Versagen in ECK.

Das ECK ist gegenwärtig. Es ist real und wirkt in irgendeiner Art und Weise in unserem täglichen Leben, aber der einzelne muß selbst die Erkenntnis Seines Wirkens entwickeln.

Beginnen Sie mit einem Tagebuch für kleine Einsichten, die sanft an den Rand Ihrer Aufmerksamkeit kommen. Diese sind das ECK, das Ihre Bewußtheit in einem Tempo öffnet, mit dem Sie umgehen können. Während der Innere Meister erkennt, daß ein Chela eine Seelenreisenerfahrung braucht, bekommt ein anderer eine Heilung, ein weiterer eine überwältigende Flut von Liebe. Jeder bekommt das, womit er umgehen kann, ohne aus dem Gleichgewicht geworfen zu werden.

Führen Sie bitte einige Monate lang ein Tagebuch, und lassen Sie mich wissen, was dabei herauskommt.

## Meditation

*Mein Mann hat vor kurzem begonnen zu meditieren und sich erheblich verändert. Er war ein guter Arzt, aber er hat damit aufgehört. Er ist jetzt so still geworden. Er hat beschlossen, daß Geld nichts Gutes ist, aber wie können wir ohne es überleben? Wir haben vier Kinder. Was kann ich tun?*

In Familienangelegenheiten kann ich mich nicht einmischen. Aber ich kann Ihnen ein Verständnis für Meditation geben, welche Lethargie erzeugt.

Viele wissen nicht, daß es unnötig ist, seine Angehörigen zu verlassen, um Gott zu folgen. Wir müssen erst einmal Verantwortung für die Verpflichtungen akzeptieren, die wir in diesem Leben übernommen haben. Auch Familienväter sind Heilige geworden, indem sie die Quelle allen Lebens gefunden haben — den Ton und das Licht des Göttlichen Geistes durch die Spirituellen Übungen von ECK.

Ich muß mich auch um eine Frau und eine Tochter kümmern. Obwohl es viel einfacher wäre, meinen Pflichten davonzulaufen, weiß ich, daß die Göttliche Essenz durch mein tägliches Leben und meine Familie bewirkt, mir das zu geben, was ich zur spirituellen Entfaltung brauche.

Die Mönche, die sich vor dem Leben verstecken, sind im Irrtum, wenn sie glauben, Gott liebe sie mehr, weil sie ihre Pflichten aufgegeben haben. Es ist nichts schlechtes am Geld und der Fähigkeit, seinen Weg in dieser Welt zu bezahlen. Das spirituelle Gesetz besagt, daß für alles in echter Münze bezahlt werden muß. Eckankar ist kein spirituelles Wohlfahrtsprogramm.

Sie können die Angelegenheit dem Göttlichen Geist übergeben, damit Er es regelt, wie Er möchte, und zu Seiner Zeit. Die Liebe des Heiligen Geistes ist immer mit Ihnen.

## Ein geheimes Wort testen

*Ich zerbreche mir den Kopf, warum ich nicht in der Lage bin, in meinen spirituellen Übungen zu den inneren Ebenen durchzudringen. Ich habe auch während meiner dritten und vierten Initiation kein geheimes Wort erhalten.*

Die Spirituellen Übungen von ECK sind kreative Techniken. Es kann sein, daß Sie nach Ihrem geheimen Wort suchen müssen, indem Sie das *Shariyat-Ki-Sugmad* studieren. Finden Sie ein Wort in den ECK-Schriften, das Ihrer höchsten spirituellen Bestrebungen wert erscheint. Oder verwenden Sie eines der Worte auf der Gottweltenkarte von ECK, die sich auch in dem Buch *Spirituelle Aufzeichnungen* befindet.

Probieren Sie ein Wort einige Wochen lang aus. Achten Sie entweder auf subtile Änderungen in Ihrer Haltung, die das Wort bewirkt, oder auch direkte Erfahrungen mit dem Licht und Ton von ECK. Sie werden funktionieren, denn sie haben auch bei anderen funktioniert.

## Mache ich etwas falsch?

*Ich bin seit zwölf Jahren in ECK und habe keinerlei spirituelle Erfahrungen erkennen können. Mache ich etwas falsch?*

Die erste natürliche Frage, die man hat, wenn keine Erinnerung von den spirituellen Übungen zum Vorschein kommt, ist, daß vielleicht irgend etwas falsch ist. Lassen Sie sich bitte versichern, daß der Meister immer bei Ihnen ist. Die Zusammenkünfte mit dem Mahanta ereignen sich ständig, ob man sich daran erinnert oder nicht. Das Licht und der Ton, die einen im Innern erreichen, übertragen sich im Äußeren während der wachen Stunden auf den Dienst der Liebe an anderen.

Der ganze Schlüssel zu den Werken von ECK sind die spirituellen Übungen. Was häufig bei deren täglicher Ausübung fehlt, ist Liebe oder ein gutes Gefühl im Herzzentrum. Die kontemplativen Übungen funktionieren nicht, wenn man sie nicht mit Liebe und gutem Willen tut.

Oft ist es hilfreich, an etwas glückliches zu denken, das Jahre zurückliegt, oder an jemanden heutzutage, der Ihnen ein Gefühl der Wärme gebracht hat. Wenn Sie dann dieses Gefühl der Anhebung in die Kontemplation mitnehmen können, haben Sie bessere Aussicht auf Erfolg.

Nicht alle ECKisten sind sich des Göttlichen Geistes bewußt, der durch Licht und Ton zu ihnen kommt, aber sie erkennen Seinen Einfluß in ihrem täglichen Leben. Diese Hilfe kommt nur, wenn wir versucht haben, ein Problem selbst so zu lösen, als ob die Lösung vollständig von uns abhängig wäre. Dann erhalten wir oft ein wenig Hilfe, damit das Problem gelöst wird.

Die meisten, die irgendeine Zusicherung der Gegenwart des Meisters erhalten, bekommen sie im allgemeinen innerhalb einer Zeit von etwa einem Monat bis zu einigen Jahren der Selbstdisziplin in den Werken von ECK. Gelegentlich kommt es vor, daß jemand acht Jahre oder länger gewartet hat, um irgendeinen Beweis zu erhalten, daß das, was er studiert, für ihn die Wahrheit ist. Diese Frage muß jeder für sich selbst entscheiden.

Sie können abends unmittelbar vor dem Einschlafen, nachdem Sie eine spirituelle Übung von zwanzig oder dreißig Minuten gemacht haben, einen sanften

Gedankenbefehl an den Inneren Meister geben mit der Bitte um Hilfe dabei, zu einem Ort in den inneren Welten zu reisen. Sagen Sie zum Beispiel: »Ich gestatte dem Mahanta, mich zu dem Platz auf den inneren Ebenen zu bringen, den ich mir verdient habe, um das Shariyat-Ki-Sugmad zu studieren.« Probieren Sie das einige Wochen lang, dann formulieren Sie es dem Verstand zuliebe um. Schlafen Sie nach dieser Erklärung ein, ohne einen weiteren Gedanken daran zu verschwenden.

## Zeiten der Dürre

*Nach meiner fünften Initiation brachten meine spirituellen Übungen viele Gedanken und bewußte Augenblicke. Jetzt sind sie versiegt. Gibt es eine Möglichkeit, wie Du mir dabei helfen kannst, meine Bewußtheit zu öffnen? Vielleicht entgeht mir etwas.*

Ich habe viel Aufmerksamkeit auf die Seelenreisen-Seite der Entfaltung gelegt, weil viele sie brauchten. Seelenreisen wird oft von Menschen übersehen, die sich der plötzlichen Bewegung aus dem Körper heraus nicht bewußt sind. Sie sind deshalb zufrieden damit, ihre Erfahrung einen lebhaften Traum zu nennen, während es in Wirklichkeit Seelenreisen war.

Das ECK selbst füllt wirklich alle unsere Nischen und Ritzen aus. Wir fühlen uns so wohl mit dem Leben, wie es ist—und mit gutem Recht—, daß wir daran erinnert werden müssen, uns noch einmal anzuschauen, wie unsicher das Leben vor ECK war.

ECK ist wirklich in unserem innersten Wesen. Daher sind wir Werkzeuge der Liebe. Das zieht die Menschen an uns heran und macht uns zu natürlichen Führern. Selbst wenn Sie über Seelenreisen oder Licht und Ton noch keine Bewußtheit besitzen, strömt das

ECK ständig durch Sie hindurch.

Sie dienen Ihm einfach durch Ihr Sein.

## Farbenprächtige Kontemplationen

*Ich sah einmal Deine Gestalt in einem purpurroten und blauen Kreis, wie eine Aura. Ich sehe meist eine purpurne Kugel aus Licht in meinem spirituellen Auge, und ich höre das ECK in beiden Ohren. Aber ich weiß nicht, was ich machen soll, um eine Seelenreisen-Erfahrung zu bekommen. Ich sehne mich so sehr danach.*

Die Farben, die Sie in Ihrer Kontemplation sehen, sind auch die Farben in Ihrer Aura. Sie zeigen, daß es in Ihnen liegt, das Leben auf der ätherischen Ebene und später auf der Seelenebene bewußt zu erleben.

Sie haben den Ton und das Licht von ECK. Die sind für Sie jetzt wichtiger als Seelenreisen, denn sie können Sie in den Bereich der Seele auf der fünften Ebene anheben, wo man über das Seelenreisen in den niederen Welten von Raum, Materie und Zeit weit hinausgeht.

## Genießen wir inneren Schutz?

*Mich verwirrt eine Gestalt, die ich in der Kontemplation sehe, und die mich anzugreifen scheint.*

Konflikte ereignen sich auf den inneren und äußeren Ebenen, aber die Menschen, die dabei die Hauptrolle spielen, vermuten nie, daß die gesamte Welt des ECK jede Geste mit großem Interesse beobachtet.

Die Darsteller glauben, daß sie in ihrer Kammer spielen, wenn man danach urteilt, was sie sagen und tun. Aber alles geschieht auf offener Bühne, niemals hinter den Kulissen, wie sie sich vorstellen.

Der Schmerz ist immer dann am größten, wenn wir feststellen, daß derjenige, der uns zu schaden versucht, jemand ist, dem wir unser Leben anvertrauen. Der Mensch, den Sie in Ihrer Kontemplation gesehen haben, glaubt sich als Schauspieler in seinem eigenen Stübchen verborgen, wo niemand ihn sehen kann. Aber wir alle kennen seine Gesichtszüge.

Es hängt davon ab, ob er den Weg der Liebe oder den der Macht geht. Er hat die Auswahl — den freien Willen, der der gesamte Maßstab von ECK ist.

Ihre inneren Reisen werden meist das sein, was sie zu sein scheinen, aber es lohnt sich skeptisch zu sein, wenn jemand behauptet, sogar der Meister zu sein. Gibt sein Besuch Ihnen ein gutes Gefühl oder bringt er Sie an Ihre Grenzen? Das »gute« Gefühl ist der Mahanta.

## Wer ist dieser Meister?

*Während ich meine spirituelle Übung machte, sah ich blitzartig ein Bild vor meinem spirituellen Auge. Es war ein Mann in einem weißen Gewand, mit einem kräftigen Haupt von schwarzem Lockenhaar und einem langen Bart. Wer ist dieser Meister?*

Zadok, der zur Zeit von Jesus als der Lebende ECK-Meister diente, wird oft so gesehen. (Manchmal aber auch anders.)

## Ein Lichtwesen

*Für mich begann der Weg von ECK in bewußter Weise, als ich fünf war. Ich wurde von einem Lichtwesen geweckt, das den Flur entlang und durch die geöffnete Tür in mein Zimmer kam. Es blieb da als ein Strudel wirbelnder Farben von fast blendender Helligkeit. Ich kam mir in diesem Moment sehr alt vor, nicht wie ein Kind.*

Ihre Geschichte von dem Lichtwesen, das Ihnen im Alter von fünf Jahren erschien, ist eine Kostbarkeit. Es ist in spiritueller Weise ein Beweis dafür, daß die Seele in dieses Leben kommt, um ein größeres Verständnis für die unsichtbaren Dinge zu gewinnen.

Eine Erfahrung wie die Ihre lebt jahrelang im hintersten Winkel des Verstandes weiter, bis eines Tages der Mahanta, der Lebende ECK-Meister, seine Hand aus dem Licht und Ton herausreicht und sagt: »Jetzt bist du bereit für den Weg von ECK.«

Das Leben nimmt dann eine ganz neue Bedeutung an.

## Können wir uns zu einem Gespräch treffen?

*Seit acht Jahren lese ich die ECK-Bücher, und vor kurzem habe ich begonnen, die ECK-Kurse zu studieren. Mein Leben verläuft so holperig! Können wir uns im Traum zu einem Gespräch treffen?*

Der Initiierte trifft sich mit dem Inneren Meister, wenn er damit beginnt, die ECK-Kurse zu studieren. Seien Sie versichert, daß das so ist. Wenn jemand sehr daran interessiert ist, kann er vielleicht die Selbstdisziplin entwickeln, sich an den Traum zu erinnern, obwohl die Erinnerung häufig zum Schutz des Emotionalkörpers ausgelöscht wird.

Man kann die spirituellen Übungen vor dem Zubettgehen, nach dem Aufwachen oder zu irgendeiner Zeit am Tage, die in Ihren Tagesplan paßt, zwanzig bis dreißig Minuten lang machen. Es gibt noch eine andere Methode — der mühelose Weg — die häufig vor allen anderen Techniken funktioniert. Bevor Sie sich zum Schlafen zurückziehen, geben Sie dem Inneren Meister einen kurzen Gedankenbefehl, etwa so: Ich gestatte dir, mich zum Studium des Shariyat-Ki-Sugmad in den inneren Welten an den Ort mitzunehmen, für den ich mir das Recht erworben habe.

Gehen Sie dann ohne einen weiteren Gedanken schlafen. Verändern Sie den Satz dem Verstand zuliebe alle paar Wochen.

## Ton immerzu

*Warum höre ich ständig den Tonstrom in Seinen vielen Aspekten? Ich sprach kürzlich mit einer Höherinitiierten, die mir sagte, sie hätte nie jemand getroffen, der Ihn außerhalb der Kontemplation hörte.*

Ich wünschte, jeder hätte die Fähigkeit, das ECK so klar zu hören, aber die Seele, das höhere Wesen, erkennt, daß für manche der Ton eine Ablenkung wäre.

Es gibt Fälle von Menschen im Geschäftsleben, die ihre Aufgaben einfach nicht erfüllen könnten, weil die Heilige Musik Gottes Gespräche, die im Rahmen ihrer Aufgaben erforderlich sind, übertönen würde. Deshalb schaltet der Mahanta den Tonstrom (nur Seinen hörbaren Aspekt) ab.

Sie hören den Tonstrom immerzu, weil Sie fähig sind, Ihn in die Tätigkeiten Ihres täglichen Lebens aufzunehmen. Sie können sich glücklich schätzen.

## Der Innere Meister

*Werde ich jemals den Inneren Meister kennenlernen? Ich bin entmutigt, weil ich keinen Beweis seiner Existenz habe.*

Es ist wirklich quälend, nicht die Bilderbucherfahrungen anderer ECK-Initiierter zu besitzen. Manchmal—eigentlich immer—enthält uns das ECK das vor, was zu erleben wir noch nicht bereit sind.

Es möchte, daß man eine feste Grundlage in den spirituellen Prinzipien gewinnt, bevor einem gestattet wird, in der erhofften Richtung auf dem Weg weiterzugehen. Die Absicht dabei ist, jemanden solange innerlich auf sicherem Grund zu halten, bis er wirklich in der Lage ist, in gewissem Maße für sich selbst zu sorgen, und das beginnt mit dem Leben auf der physischen Ebene.

Messen Sie Ihr Fortschreiten nicht an dem anderer. Bei dieser Reise zu Gott gibt es keine Eile, weil Sie selbst die Reise sind. Sie sind der Anfang und das Ende von ihr.

Der Mahanta kennt sicherlich Ihre spirituellen Sorgen. Bitte denken Sie daran, daß Ihnen nichts geschehen kann, als das, was Sie zulassen. Das sieht vielleicht nicht immer so aus, aber Sie bekommen die spirituelle Einsicht, die Ihnen innerhalb eines Jahres eine bessere Beherrschung Ihrer persönlichen Lage geben sollte.

Bitte achten Sie auf das ECK in Ihrem täglichen Leben, denn dort müssen Sie zuerst eine solide Grundlage aufbauen, bevor Sie sich innerlich wohl fühlen werden.

## Ihre eigenen Bemühungen wirkungsvoller machen

*Ich habe meine spirituellen Übungen ein paar Monate lang gemacht, aber mein Ehepartner sagt, mit mir sei noch kein bißchen besser auszukommen. Warum funktionieren sie nicht besser? Sollte ich sie länger oder häufiger machen?*

Die Spirituellen Übungen von ECK öffnen uns dafür, ein Werkzeug für den Göttlichen Geist zu werden. Wir entwickeln Harmonie und gesunden Menschenverstand in unserem Umgang mit anderen. Die größte Herausforderung für uns ist, zu lernen, wie wir mit der spirituellen Einsicht arbeiten und sie in unser tägliches Leben aufnehmen können.

Der Weg von ECK verstärkt nur unsere eigenen Bemühungen in Richtung auf Selbst- und Gottrealisation, wenn wir lernen, der Führung zu vertrauen, die von den inneren Ebenen kommt. Wir leben unser Leben weiter und bezahlen für unseren Weg. Im Äußeren sieht ein Beobachter vielleicht keinerlei Änderung an uns. Der Unterschied liegt darin, daß wir jetzt anfangen, die sanften Anstöße des ECK in unseren Entscheidungen und Plänen widerzuspiegeln.

Wenn sich jemand mit den ECK-Werken Zeit nimmt und nicht zuläßt, daß sie sein persönliches Leben durcheinanderbringen, entsteht ein spirituelles Standvermögen, das uns durch das Auf und Ab des täglichen Lebens hindurch hilft.

Die spirituellen Übungen sind so ähnlich wie körperliches Training. Laufen Sie beim ersten Joggen nicht gleich eine Meile. Lassen Sie sich Zeit. Bauen Sie Kondition auf. Andernfalls brennen Sie aus und erzeugen für sich eine Menge unnötigen persönlichen Streß. Suchen Sie das Gleichgewicht. Sie besitzen diesbezüglich gesunden Menschenverstand.

## Was ist der Grund?

*Jedesmal, wenn ich mit den kontemplativen Übungen beginne, habe ich anfangs eine Menge persönlicher*

*Probleme. Die Probleme machen mir Angst, die Übungen wiederaufzunehmen. Ich habe eine Ehescheidung und einen Konkurs hinter mir, ich habe meine Stellung verloren und kann keine neue finden. Ich habe das Gefühl, ich brauche die kontemplativen Übungen von ECK, aber ich habe Angst vor den Folgen.*

Ich kann verstehen, daß Sie zögern, die kontemplativen Übungen zu machen, wenn sie oberflächlich gesehen der Grund für Ihre plötzlichen Schwierigkeiten zu sein scheinen. Daher fühlen Sie sich gleichzeitig in zwei Richtungen gezogen: die Spirituellen Übungen von ECK zu tun und sie nicht zu tun.

Sie müssen daran denken, daß das Leben uns nur zurückgeben kann, was wir vorher ausgesandt haben. Wenn so vieles in unserem Leben schief geht, möchten wir uns sicher nicht gerne dafür verantwortlich halten. Aber das Leben gibt uns unsere früheren Taten zurück. Es ist das Schwierigste auf der Welt, zu unserer Verantwortung zu stehen. Vielleicht tun das deshalb so wenige.

Die spirituellen Übungen haben, wie Sie aus Ihren eigenen Erfahrungen erkennen können, eine gewisse Macht, etwas in Bewegung zu setzen. Wir tun dabei nichts anderes, als uns selbst anzusehen. Und jeder hat seine einzigartigen Erfahrungen in ECK, denn Es wird nur versuchen, die Probleme aus dem Wege zu räumen, die man mitgebracht hat wie unbeglichene Bankschulden. Denn sobald sich die karmischen Schulden eines Menschen aufzulösen beginnen, stellt er plötzlich fest, daß das Leben einfacher, nachsichtiger und angenehmer zu leben wird.

Sollten Sie also wieder mit den spirituellen Übungen beginnen? Sie werden in Kontemplation gehen müssen, vielleicht täglich einige Wochen oder Monate lang, und es mit der Hilfe des Inneren Meisters für sich selbst entscheiden. Zu allen Zeiten und auf jede Weise bin ich spirituell bei Ihnen.

## Ein neues geheimes Wort erhalten

*Während ich neulich nähte, erinnerte ich mich plötzlich an einen Traum, in dem mir jemand ein neues Wort sagte, das ich noch nie gehört hatte. Ist das der Name eines ECK-Meisters oder eine neues geheimes Wort zum Singen?*

Der geheime Name, den Sie erhalten haben, ist gut und kann in Ihren spirituellen Übungen zusammen mit HU oder mit *seva* (sie-VAH) verwendet werden. Es bedeutet Dienst der Liebe. Diese drei Worte können alle einzeln oder in Verbindung miteinander benutzt werden.

Es ist oft hilfreich, eine Kontemplationssitzung mit HU zu beginnen und das Wort laut oder leise etwa drei Minuten lang zu singen. Dann wird eine Pause von ein oder zwei Minuten eingelegt, bevor man das zweite Wort singt. Es kann buchstabenweise (S-E-V-A) oder als ganzes Wort auf einmal gesungen werden.

In den fünfzehn bis dreißig Minuten des zweiten Teils der spirituellen Übung trägt es dazu bei, sich von ganzem Herzen mit Liebe und gutem Willen zu erfüllen. Benutzen Sie diese Methode drei Monate lang. Bitte teilen Sie mir mit, ob Sie weitere Hilfe brauchen.

## Was ist in Ihrem Herzen?

*Oft stelle ich fest, daß ich eine Art Gebet benutze, um mit dem Mahanta zu sprechen. Ich spreche von dem, was im Augenblick in meinem Herzen ist, aber ich habe nicht die Erfahrungen, die andere mit den spirituellen Übungen haben. Entgeht mir die wahre Erfahrung von Licht und Ton?*

Inzwischen sollten Sie sich der Liebe des Mahanta in Ihrem spirituellen Leben bewußter sein. Auch wenn die äußeren Dinge, die wir lieben, auf die Probe gestellt werden, ist der Meister zu jeder Zeit bei uns. Bitte verstehen Sie, daß Ihre Sorgen in der Hand des ECK liegen, das immer zu Ihrem besten Vorteil wirkt.

Es gibt eine einfache spirituelle Übung, die Ihnen helfen könnte, sich dem Mahanta zu öffnen. Sprechen Sie jeden Morgen zu dem Meister: »Ich bin ein Kind des ECK und ich lebe mit meinem ganzen Sein in den Armen Seiner Liebe.« Und dann gehen Sie in heiterem Vertrauen in den Tag hinein, denn die Gegenwart des Meisters wird Sie überall begleiten, auch in den schwierigsten Zeiten.

Sie werden ein strahlendes Licht für alle sein, die Hilfe brauchen, denn Sie sind dann ein klarer und offener Kanal für den Ton und das Licht von ECK. Es wird sanft durch Sie hindurch wirken, um denen in Ihrer Umgebung Trost und Heilung vom Heiligen Geist zu bringen, die es brauchen.

Eine spirituelle Übung, die für Sie vor dem Schlafengehen nützlich sein könnte, ist folgende: Singen Sie leise zum Mahanta: »Ich liebe dich von ganzem Herzen. Bringe mich heim zu Sugmad.«

Dann blicken Sie mit noch geschlossenen Augen auf den Bildschirm in Ihrem inneren Verstand, und stellen sich vor, daß er weiß ist. Stellen Sie einen Filmprojektor vor dem Bildschirm auf, und lassen Sie einen Film von einer Begegnung mit dem Meister ablaufen. Sprechen Sie in der Kontemplation genau so mit mir, wie Sie es tun würden, wenn wir physisch zusammen in einem Raum wären. Sprechen Sie über das, was Ihrem Herzen Sorge macht, aber denken Sie auch daran, über die Segnungen zu sprechen, die Ihnen das ECK täglich gibt, aber die man so leicht vergißt.

## Entspannende Bilder

*Gestern morgen unmittelbar nach dem Aufwachen konnte ich ganz klar in meinem Inneren ein Bild von jemandem in einem Schaukelstuhl sehen, wie in dem Gemälde von Whistlers Mutter. Das Bild blieb ungefähr zehn Sekunden lang klar — etwas länger als gewöhnlich — dann verblaßte es. Obwohl ich mir nicht über die Bedeutung des Bildes im Klaren bin, erinnerte es mich doch sicherlich daran, daß der Meister bei mir ist.*

Die Bedeutung des Bildes mit jemand im Schaukelstuhl ist einfach folgende: Der Innere Meister bringt ein vertrautes, nicht bedrohliches Bild auf den Bildschirm, damit Sie mit der Natürlichkeit der Verbindung zu den inneren Ebenen vertraut werden.

So wie das Bild länger dablieb als frühere Bilder, so ist auch das ECK für immer längere Zeit in Ihrem Bewußtsein. Sie müssen mit den spirituellen Übungen weitermachen, dann werden Ihnen die größeren Wahrheiten zur rechten Zeit gezeigt werden.

## Kreative Prinzipien

*Ich habe kürzlich etwas Einsicht in die Realität und die Macht der kreativen Vorstellung gewonnen. Es gibt zwei materielle Dinge, die ich gern in mein Leben bringen würde, und deshalb habe ich diese Situationen als Versuchsprojekte benutzt, auf die ich meine Aufmerksamkeit fixiert habe. Es gibt jedoch eine weitere*

*Richtung, auf die ich mich mit den Techniken der bildhaften Vorstellung konzentrieren möchte — eine mehr spirituelle Richtung. Ich möchte die inneren Ebenen besuchen und dort ein inneres Leben aufbauen, dessen ich mir bewußt sein kann und in dem ich mich bewußt bewegen kann.*

Es war schön zu sehen, daß Sie an dem Prinzip der kreativen Vorstellung arbeiten. Alle Welten und Ebenen liegen wirklich hinter einem ganz dünnen Schleier. Realität ist das, was die Vorstellung als vollendetes Bild erkennen kann. Worte sind zu ungeschickt, um von der Einfachheit zu sprechen, mit der dieses Prinzip wirkt.

Sie müssen wissen, daß die Welten, die in dem Buch *Der Zahn des Tigers* beschrieben werden, wirklich existieren. Bitten Sie den Mahanta vor dem Schlafen bescheiden darum, daß er Sie zu einer davon mitnimmt. Halten Sie entweder das EK-Symbol im Verstand, oder singen Sie HU oder Z, meinen wahren spirituellen Namen. Entspannen Sie Ihre Ängstlichkeit, und wissen Sie, daß der Mahanta, der Innere Meister, Sie plötzlich zu einem der Orte im Fernen Lande bringen wird, wenn alle Vorbereitungen getroffen sind.

## Stellen Sie sich Ihren Zweifeln

*Ich studiere Eckankar seit neun Jahren. Trotz all dieser Zeit fällt es mir immer noch schwer zu glauben, daß dies der richtige Weg für mich ist. Ich habe Schwierigkeiten bei den spirituellen Übungen. Ein Teil von mir zweifelt daran, daß ich irgendwo hinkomme. Kannst Du mir ein Zeichen geben, daß ich auf dem richtigen Weg bin?*

Worte sind solch eine ärmliche Weise, die Wahrheit zu

übermitteln, daß ich zögere, sie zu benutzen, aber manchmal gibt es keine bessere Möglichkeit. Die Erfahrungen des Lebens sind einfach dazu da, uns für die Liebe Gottes zu öffnen. Jedoch nehmen wir, ohne das zu beabsichtigen, oft einen Umweg dorthin.

Der Grund liegt hauptsächlich darin, daß wir uns unbewußt daran erinnern, wie in der Vergangenheit unsere Gefühle betrogen wurden. Wenn wir schließlich den Mahanta treffen, sind wir uns in Bezug auf ihn nicht sicher. Wir sind zurückhaltend, weil wir nicht noch einmal Schmerz und Enttäuschung ertragen wollen.

Unsere Ängste werden so sehr ein Teil von uns, daß wir tatsächlich beginnen, Schmerz und Enttäuschung im Äußeren anzuziehen. Angst vertreibt die Liebe. Ohne Liebe gibt es keine Hingabe aller unserer inneren Sorgen und Bedenken an den Mahanta.

Sie sehen also, wir kommen in einen Teufelskreis, aus dem es keinen Ausweg zu geben scheint. Ich möchte niemandem blindes Vertrauen nahelegen, aber in manchen Fällen ist ein blinder Sprung des Vertrauens die einzige Möglichkeit, der Angst zu entkommen und Liebe zu finden.

Alle Schwierigkeiten, die Sie haben, haben wirklich nur einen Grund: Die Seele (Sie, natürlich in Ihrem höheren Selbst) möchte göttliche Liebe finden und Gott dienen. Eine kurze Kontemplation, die Sie probieren können, um Liebe in Ihr Leben zu bringen, ist folgende: »Ich komme zu dir, Mahanta, und ich öffne mein Herz der Liebe.«

Es gibt keine größere Kraft als die Liebe. Sie wird von Ihnen Besitz ergreifen und solche Veränderungen vornehmen, die spirituell gut für Sie sind.

# 2

# Hilfe im täglichen Leben

*Warum bekomme ich keinen Job und kann keinen behalten? Das ist wirklich ein Problem für mich. Könntest Du bitte ein wenig spirituelles Licht auf das fallen lassen, was ich falsch mache?*

Millionen Menschen haben einen Job. Es gibt sicherlich auch für Sie einen. Die Frage ist: Wo suchen Sie, und was haben Sie für Fähigkeiten? Bringen Sie Ihr Potential in Verbindung mit dem, was Sie früher gelernt haben. Alles baut auf dem auf, was wir bis dahin getan haben.

Eines versucht das Leben uns beizubringen: das ECK in den Augen aller Menschen zu sehen, die wir treffen. Der Mahanta ist der Herrscher auf jeder Ebene und jeder Mann, jede Frau und jedes Kind, das Sie auf der Straße treffen. Das bedeutet, daß diejenigen, die die Erleuchtung haben oder darauf hinarbeiten, fähig sind zu wissen, daß der Meister immer bei ihnen ist. Von da ab finden sie Frieden und Zufriedenheit und nehmen sich selbst an, ohne sich zu rechtfertigen.

Versuchen Sie zuerst einmal, Ihre physischen Angelegenheiten zu ordnen. Der Mahanta hat bereits versucht, Ihnen eine Richtung zu weisen, die zu Ihrem Besten ist. Die Botschaft wird auf stille Weise übermittelt, durch die Worte Ihrer Freunde und in den Anstößen, die Sie in Augenblicken der Stille im Herzen fühlen.

Machen Sie einen kleinen Schritt nach dem anderen. Die kleinen Schritte werden Sie dahin führen, wo Sie genau jetzt hingehören. Es wird zuviel gezerrt und Druck ausgeübt, und das ist der Grund dafür, daß die Worte, die Sie jetzt vom Inneren Meister hören müssen, ausgesperrt sind.

## Für sich selbst sorgen

*In welchem Maße sollte man als spiritueller Schüler eine aktive Rolle bei der Sorge um seine täglichen Angelegenheiten übernehmen?*

Allzu viele auf dem spirituellen Weg haben die falsche Vorstellung, daß das ECK alles Gute für uns tun wird, wenn wir nur an Es glauben und auch im Prinzip den spirituellen Übungen zustimmen.

Aber unter der Oberfläche sind solche Menschen eigentlich passiv und introvertiert und bringen niemals die Notwendigkeit materieller Selbständigkeit mit dem Weg von ECK in Zusammenhang.

Der einzelne ist dafür verantwortlich, in diesem Leben seine eigene Last in der Gesellschaft zu tragen. Die Erde ist ein Trainingslager, um die Selbstdisziplin der Seele zu erlernen, die sie dann zu dem Zustand der Gnade bringt, den man als Gottrealisation bezeichnet.

Manche ECKisten werden es in dieser Richtung übertreiben und regelrechte Materialisten werden. Aber auch darin liegen Lektionen.

## Ein spirituellerer Mensch

*Wie kann ich ein spirituellerer Mensch werden? Ich muß in meinem Geschäft hart arbeiten, um genug Geld zu verdienen, damit ich dieses Jahr heiraten kann. Infolgedessen bringe ich die meiste Zeit damit zu, mir zu überlegen, wie ich Geld verdienen kann, und dabei vernachlässige ich meine spirituellen Bedürfnisse.*

Sie leben das spirituelle Leben, wenn Sie sich selbst und Ihr Geschäft im Namen des ECK führen. Der ECKist kommt mit vielen Seelen im Laufe eines Arbeitstages in Berührung. Obwohl er vielleicht seinen Kunden gegenüber nie ein offenes Wort darüber verliert, berührt doch auf die eine oder andere Weise der Göttliche Geist alle, denen er begegnet.

Dieses Leben ist dafür da, daß die Seele die Erfahrung bekommt, die sie braucht, um ihr Bewußtsein zu öffnen, so daß das ECK durch sie als ein Werkzeug hindurchströmen kann. Der ECKist lebt immer das spirituelle Leben, wenn er alle seine Handlungen und Taten im Namen des Mahanta ausführt.

## Planung im Vergleich zur Hingabe

*Wie wichtig sind Pläne und das Planen? Ich stelle mir diese Frage in Hinsicht auf die Verwaltung eines Büros. Wie geht das Spirituelle Center von Eckankar mit Plänen und Projekten um?*

Das Spirituelle Center von Eckankar arbeitet verwalterisch. Immer, wenn ein Problem auftaucht, wird überprüft, ob es darauf beruht, daß ein wichtiges Verwaltungsprinzip nicht angewandt wurde. Das liegt in der Regel allen Problemen in jedem beliebigen Büro zugrunde.

Aber im Kern unserer Richtlinien liegt es, zu planen, bevor wir auch nur einen Funken an Energie in die Durchführung eines Projektes stecken. Pläne, die entwickelt werden, indem sachdienliche Information gesammelt und darüber nachgedacht wird, sind der Schlüssel dazu, etwas entsprechend dem Willen des ECK zu bewerkstelligen.

Sie wissen, wie man sich dem ECK hingibt, um sein Leben im Griff zu haben. Ein Mensch muß alles tun, was er für sich tun kann, aber dann, wenn er mit seinen besten Kräften am Ende ist, übergibt er das Ganze dem Göttlichen Geist, um zu sehen, wie man es richtig machen kann.

## Über Ziele sprechen

*Ich habe gerade meine Schulausbildung beendet und beginne, eine berufliche Laufbahn zu verfolgen. Wie kann ich erkennen, wann ich das Gesetz des Schweigens anwenden muß, und wann ich meine Ziele anderen mitteilen kann?*

Zuerst: Wen meinen Sie mit anderen?

Um das Gesetz des Schweigens in der richtigen Weise anzuwenden, müssen Sie zuerst wissen, wann das Gesetz der Unterscheidung anzuwenden ist. Sie müssen sich der Menschen sicher sein, denen Sie die Träume Ihres Herzens anvertrauen.

Beachten Sie das alte Sprichwort: Verleihe nie mehr, als du dir leisten kannst, zu verlieren.

Ein trauriger Zug im menschlichen Wesen ist, daß der Durchschnittsmensch versuchen wird, von einem Traum, der über das Übliche hinausgeht, abzuraten. Ich nenne diese Haltung den großen gesellschaftlichen Gleichmacher. Er hat Angst vor dem Hervorragenden.

Wenn Ihnen also ein Ziel sehr wichtig ist, dann bewahren Sie Stillschweigen darüber — oder teilen Sie es nur ein oder zwei sehr guten Freunden mit. Achten Sie darauf, daß sie auch Ihre letzten Ziele und Träume unterstützt haben. Derartige Ermutigung kann hilfreich sein.

## Etwas schaffen

*Es ist erstaunlich, wie wenig ich in der letzten Zeit schaffe. Ich war immer in der Lage, Berge von Arbeit zu bewältigen, aber jetzt unterbrechen viele kleine Dinge meinen Tag. Kannst Du mir helfen, den Grund dafür zu verstehen?*

Sie haben Besorgnis darüber geäußert, wie wenig von der Arbeit, die Sie sich am Morgen vorgenommen haben, am Abend tatsächlich erledigt ist. Wichtigere Einzelheiten werfen Ihren täglichen Arbeitsplan über den Haufen. Machen Sie sich darüber nicht allzu große Sorgen.

Tun Sie jeden Tag Ihr Bestes, *und überlassen Sie den Rest dem ECK.*

Außenstehende werden es nicht für möglich halten, aber es gibt einen gewaltigen Widerstand gegen die spirituellen Werke von ECK. Dieser Widerstand macht aus der Bewältigung der einfachsten Arbeit eine gewaltige Aufgabe.

Als mir dies geschah, habe ich meinen gesamten Einsatz der Arbeit gewidmet, die auf meiner Prioritätsliste für diesen Tag ganz oben stand. Ich tat alles, was mir möglich war, um dranzubleiben und sie fertig zu machen. *Das Prinzip dabei ist: Tu immer nur eines, und bringe es dann persönlich zur nächsten Station.*

Das können Sie natürlich nicht immer machen,

aber wenn Sie versuchen, das genannte Prinzip anzuwenden, werden Sie langsam wieder Schwung bekommen, um den Widerstand zu überwinden, der sich gegen Sie festgesetzt hat. Sobald Sie wieder in Schwung sind, wird alles wieder eine Weile lang so gehen, wie Sie es wünschen.

Konzentration ist der Schlüssel.

## Trägheit

*Ich habe ein physisch-spirituelles Leiden, das die Ärzte nicht diagnostizieren können. Es ist eine Art nervliches Versagen. Meine ganze Vitalität scheint plötzlich verloren zu gehen, ohne erkennbaren Grund.*

*Ich kann schon noch herumgehen und scheinbar funktionieren, aber ohne jede Lebendigkeit — als ein »toter Mann«. Ich habe dieses Problem schon so lange, daß ich Techniken zum Überleben entwickelt habe. Aber ich habe ständig Angst, daß es mich einfach aus blauen Himmel heraus überfällt und lähmt.*

Der Grund für das Gefühl des Totseins, das Sie beschrieben haben, war mir fast augenblicklich klar: Sie tun eine Arbeit, die Sie nicht gerne tun.

Natürlich liegt die Lösung nicht darin, einfach auszusteigen. Als Seele haben Sie die Bedingungen dieses Lebens als eine Möglichkeit gewählt, aus der mentalen Schale herauszuwachsen, die Sie als Schutz gegen Verletzung oder Bedrohung um sich herum aufgebaut haben.

Sie müssen dringend zwei Dinge tun: Machen Sie etwas, das Sie gerne tun, etwas Entspannendes und Ruhiges, und tun Sie jeden Tag etwas besonderes für einen anderen Menschen.

Etwas anderes, was in Betracht zu ziehen ist, ist »Unterernährung mit Licht«. Manche Menschen mit einem sehr empfindlichen Nervensystem empfinden den Mangel an Sonnenlicht im Winter sehr stark. Es gibt Produkte auf dem Beleuchtungsmarkt, die die Lichtaufnahme ergänzen.

Solch ein Produkt kann einen riesigen Unterschied dabei bewirken, ein Gefühl des Wohlbefindens wiederherzustellen.

Wenn das innere Leben zum Stillstand zu kommen scheint, finden es manche Initiierten hilfreich, als Disziplinübung einen monatlichen Initiiertenbericht zu schreiben und abzusenden. Diese Berichte muß man sich für mindestens sechs Monate als regelmäßiges Projekt vornehmen. Zusammen mit dem Fasten am Freitag und täglichen spirituellen Vorstellungsübungen sind sie eine direkte Möglichkeit, Karma abzuarbeiten.

## Die Schneeball-Technik

*Ich habe über die Schneeball-Technik gelesen. Im Blick des Verstandes rollt man alle Probleme zu einem dikken Schneeball zusammen, wirft ihn in den ECK-Strom und beobachtet, wie er sich auflöst. Was ist der Sinn dieser Übung? Ist es ein Schritt abwärts von der direkten Erfahrung mit dem Licht und Ton?*

Die Schneeball-Technik ist für die Zeiten da, in denen Sie keine bewußte Wahrnehmung von Licht und Ton haben, wenn Probleme Sie belasten und Sie nicht wissen, wie Sie sie loswerden sollen.

Die spirituellen Übungen sind erprobte und echte Methoden, die die Seele in ihrer spirituellen Entwicklung benutzen kann. Wenn die Arbeit routinemäßig und alles problemlos läuft, glauben Sie vielleicht, daß Sie sie nicht brauchen. Wenn aber etwas schief geht, dann greifen Sie als erstes in Ihren Werkzeugkasten.

Sie können nicht über die spirituellen Übungen hinauswachsen.

## Für sich selbst sorgen

*Mein Mann muß aus Altersgründen in den Ruhestand gehen, und wir werden eine Pension von der Regierung bekommen. Das macht mir wirklich Kopfzerbrechen. In den ECK-Werken steht, daß man für seinen eigenen Unterhalt aufkommen muß. Ich finde es schwierig, damit zurechtzukommen. Kannst Du helfen?*

In Hinsicht auf die Pensionierung Ihres Ehemannes und die Tatsache, daß Sie eine Pension von der Regierung annehmen müssen: Nehmen Sie sie ohne Schuldgefühle an. Sie haben in das System eingezahlt, und jetzt zahlt es das Geld zurück, das Sie als eine Art Ersparnis für den Ruhestand eingesetzt haben.

Unser Leben ist heute so. Das ist vollkommen in Übereinstimmung mit der ECK-Lehre.

## Erfolg in der Arbeit finden

*Seit den siebziger Jahren ist die Liste meiner beruflichen Tätigkeiten sehr mager. Ich habe sehr wenige Tätigkeiten und dazwischen lange Pausen gehabt. Obwohl ich in sieben Jahren über dreihundert Bewerbungen geschrieben habe, ist das eigentlich eine nutzlose Übung. Aus dreihundert Bewerbungen bekam ich zwei Jobs. Kannst Du mir helfen, das zu verstehen?*

Berücksichtigt die Liste Ihrer beruflichen Tätigkeiten überhaupt Ihre Erfahrungen aus dem Vietnamkrieg? Durch den Krieg fühlten sich viele Soldaten innerlich zerrissen, denn sie meinten, sie hätten den Krieg gewinnen können, aber politische Einflüsse hinderten sie daran. Doch konnten sie gleichzeitig den Tod und die Verstümmelung ihrer Kameraden nicht verhindern.

Mein Bruder war bei den Ersten Heeres-Fliegern und wurde von einem Mörsergeschoß getroffen. Er kam heil zurück, aber er war still geworden. Man fängt jetzt an, Studien über den Einfluß des Vietnamkriegs auf die Soldaten zu machen.

Vielleicht können Sie eine Kriegsveteranen-Klinik anrufen. Berichten Sie von Ihrem Problem — daß es so schwierig ist, einen Job zu behalten. Vielleicht hat man dort Ideen, wie Ihnen zu helfen ist? Verschaffen Sie sich erst einmal am Telefon ein Gefühl dafür — gehen Sie nicht dorthin, wenn Sie nicht den Eindruck haben, daß die Leute sich darum kümmern.

## Sich an ein neues Leben anpassen

*Vor ungefähr vier Jahren wanderte ich von meiner Heimatstadt in ein fremdes Land aus. Frisch verheiratet, mit einem Herzen voller Liebe, dachte ich, alle Hindernisse ließen sich im Laufe der Zeit und mit Liebe einebnen. Ich habe mich geirrt. Ich kann mich an dieses neue Land und die Sprache immer noch nicht gewöhnen, und ich fühle mich einsam. Ich muß inneren Frieden finden und dieses Gefühl loswerden, daß ich ein Vogel ohne Flügel bin.*

Oft hat der Heilige Geist Gründe dafür, uns dahin zu bringen, wo wir sind, bis wir bestimmte spirituelle Lektionen gelernt haben. Es ist wahr, die meisten von uns fühlen sich in der Nähe ihrer Freunde und Angehörigen wohler. Sie haben in gewisser Weise Heimweh. Diese Erfahrung macht Sie als Seele sehr der Tatsache bewußt, daß Sie auch getrennt von Ihrer wahren spirituellen Heimat leben.

In Ihnen ist der Wunsch erwacht, zu Gott zurückzukehren. Diese spirituelle Seite hat ein physisches Gegenstück: Ihren Wunsch, eines Tages in Ihr Land zurückzukehren. Wenn Sie glauben, daß das die einzige Möglichkeit ist, wie Sie jemals wieder glücklich werden können, dann lassen Sie den Göttlichen Geist dieses Problem für Sie ausarbeiten. Es kann eine Zeit dauern, denn der Geist Gottes arbeitet auf seine eigene Weise und zu seiner Zeit, um denen, die darum bitten, Erleichterung zu bringen.

Eine Möglichkeit, dem ECK oder dem Heiligen Geist die Führung in Ihrem Leben zu übergeben, ist, im Inneren (und häufig) zu sagen: »Dein Wille geschehe.« Lassen Sie mich in vier Monaten wissen, wie Sie Ihre Situation sehen.

## Die Gegenwart der Liebe

*Ich lebe in einem vom Krieg zerrissenen Land, das sich trotzdem mit großen Schritten einer Gleichberechtigung der Rassen nähert. Wie kann ich in einem spirituellen Sinn dazu beitragen? Ich arbeite als Krankenschwester.*

Die Welt, die Sie beschreiben, ist die Art von Welt, in der der ECKist sich befindet: Das endlose Spiel des Hin- und Herpendelns zwischen dieser und jener Machtstruktur. Wir tun was wir können, um unser persönliches Leben in Ordnung zu bringen und es anderen besser gehen zu lassen.

Wir machen das nicht aus dem Wunsch heraus, die soziale Situation der Gesellschaft zu verbessern, sondern eher als Akt guten Willens, der aus Liebe zu Gott, zu Sugmad, getan wird. Das ist der Unterschied zwischen einem ECKisten und einem Sozialreformer.

Ihre Anwesenheit ist in Ihrem Lande in diesen vielleicht sehr unbeständigen Zeiten von höchster Wichtigkeit. Wir sind eine spirituelle Gruppe, die die Erfahrung Gottes wahr machen möchte, und nicht darauf aus ist, ECK als Vorwand für kriegerische Haltung zu verwenden.

Sie sind im pflegerischen Beruf tätig und respektieren das Leben in allen Formen, und das ist für jeden Initiierten eine gute Grundlage.

Wir in ECK wissen, daß es niemals eine absolute und vollständige Gleichberechtigung in irgendeiner Weise gibt, solange die Seele in den niederen Welten weilt. Das bedeutet jedoch nicht, daß wir aufhören, das uns Mögliche zu tun, damit es unser Nächster leichter hat.

## Freudiges Hinübergehen

*Kürzlich kamen zwei ECK-Höherinitiierte bei Flugzeugabstürzen um. Kannst Du mir helfen, zu verstehen, warum das geschehen ist? Kann ich den Familien dieser ECKisten irgend etwas Hilfreiches sagen?*

Während es für die Hinterbliebenen schwierig ist, den Grund für solch einen unerwarteten Tod zu verstehen, sind diejenigen, die in die höheren Ebenen gegangen sind, erfreut über die Veränderung, denn sie haben sie sich verdient. Das gilt besonders bei den Höherinitiierten.

Wir können den Familien unser Mitgefühl erzeigen und ihnen helfen, wenn das erwünscht ist. Das ist eine Zeit, in der wir die Fürsorge von anderen, die in ähnlicher Weise gelitten haben, besonders schätzen, und das gilt für die meisten von uns.

Als äußere Lehre ist Eckankar noch jung. Die Zeit wird für uns eine tröstliche Weise entwickeln, mit der Leere, die nach dem Hinübergehen eines Angehörigen bleibt, wirksam umzugehen.

Es heißt, daß in manchen Kulturen der Abschied eines Menschen von diesem Leben gefeiert wird. Unsere Haltung gegenüber dem Tod ist daher kulturell bedingt. Wenn aber die Umstände um uns herum so sind, ist der Trennungsschmerz wirklich da. Kein Grad der Losgelöstheit und des Loslassens gibt uns irgendeinen Trost. Das beste ist eine stille, positive Äußerung über den Verschiedenen gegenüber der Familie und das Angebot, ihnen dabei zu helfen, die Hürde der vielen Besorgungen in den ersten hektischen Tagen zu überwinden.

## Ein Haus suchen

*Ich suche ein neues Haus. Ist es richtig, materielle Dinge wie dies dem ECK zu überlassen? Soll ich erwarten, daß das ECK einen Käufer für mein altes Haus findet? Oder bin ich damit ein wenig einfältig?*

Wie benutzt man die Hilfe des ECK im täglichen Leben? Zuerst einmal handelt man so, als ob es einzig und allein von unserem Erfindungsreichtum abhinge, das ersehnte Ziel zu erlangen.

Dann müssen wir bereit sein, die Angelegenheit vollständig dem Göttlichen Geist zu übergeben. Es kann sein, daß sie sich nicht so entwickelt, wie wir wünschen, denn vielleicht erkennt der Heilige Geist in der Zukunft einen guten Grund, warum es ein Schritt rückwärts wäre, die Verwirklichung unserer Pläne zuzulassen.

## Geschäftlicher Rat

*Ich denke daran, zusammen mit einem Mann, den ich getroffen habe, ein neues Geschäft zu eröffnen. Kannst Du mir sagen, ob das eine gute Idee ist?*

Als der Lebende ECK-Meister ist meine Aufgabe in erster Linie, diejenigen Seelen zu finden, die bereit sind, zur Göttlichen Quelle zurückzukehren. In dieser Rolle kann ich in persönlichen Geschäftsfragen keinen Rat geben.

Darf ich Ihnen vorschlagen, Ihre Frage mit Hilfe der Spirituellen Übungen von ECK mit in die inneren Welten zu nehmen? Es ist wichtiger, daß man lernt, wie man mit dem Inneren Meister arbeitet, als daß man eine Antwort mit der Post bekommt.

Wie in allen geschäftlichen Angelegenheiten muß man mit großer Vorsicht vorgehen. Ein Gespräch mit dem Bankier, von dem Sie den Kredit aufnehmen wollen, kann wertvolle Informationen für eine solide Entscheidung geben. Er wird Ihre Lage in der einen oder anderen Weise bereits kennen. Wenn irgend möglich, sehen Sie zu, daß Sie zwei zusätzliche Beurteilungen von erfolgreichen Geschäftsleuten Ihres Vertrauens bekommen.

## Ein neues Zeitalter

*Ich erinnere mich der Zeit, in der die ECK-Lehre in poetischer Prosa gefaßt werden mußte, die nur die Initiierten verstehen konnten. Es ist großartig, daß wir die aufgeladenen Worte offen sagen können. Ich habe den Eindruck, wir leben in einer besonderen Zeit — nicht wahr?*

Es ist eine begeisternde Zeit jetzt. ECKisten haben die Möglichkeit, ihre Talente in einer Weise zu entwickeln, die für viele Menschen spirituell nützlich sein wird.

Neulinge, Leute, die gerade zu Eckankar kommen, erfassen die Vision des Goldenen Zeitalters oft schneller, als viele Höherinitiierte. Es ist so ähnlich, wie das, was in den 60er Jahren geschah. Damals wußten nur wenige, daß sie in einem besonderen Jahrzehnt lebten. Es war das alte Problem, daß man den Wald vor lauter Bäumen nicht sieht, und das verwirrt auch heute die ECKisten, die das nicht erkennen, was für Sie so klar ist.

Ein Bereich, der sich zunehmend entwickelt, sind die zunehmenden Besuche von Gästen aus dem Weltraum. Nicht alle sind freundlich. Wie viele Science-Fiction-Autoren voraussagen, wird in Zukunft ein Teil der irdischen Kriege nicht den Zweck haben, benachbarte Länder auf der Erde, sondern Eindringlinge aus dem Weltraum abzuwehren.

Alle Seelen — auf der Erde und im Weltraum — werden in ihrer spirituellen Entfaltung gedehnt werden. Ich sehe in der Zukunft viele Chancen. Es wird eine begeisternde Zeit, und wir stehen jetzt an der Schwelle.

## Aufgabe der Menschheit

*Wir leben in Nordeuropa und haben die Wirkungen des Unfalls von Tschernobyl sehr bewußt erlebt. Wie können wir dabei helfen? Kannst Du uns eine Sicht geben?*

Der spirituelle Notstand in Europa ist seit dem Unfall mit dem Kernreaktor viel schlimmer geworden. Nur wenige Menschen kennen die enorme Fähigkeit des ECK, das Bewußtsein der Menschen zu verändern, aber wenn die Menschheit den Zweck ihrer Existenz vergißt, geschieht eine Katastrophe, die die Menschen daran erinnert, daß die Erde nur eine Schule auf Zeit ist.

Nur das, was zur spirituellen Entfaltung im Namen Gottes, des Sugmad, getan wurde, wird überhaupt von Bedeutung sein, wenn es an der Zeit ist, in das Ferne Land einzutreten. Daher halten die ECK-Initiierten ihre Aufmerksamkeit auf den hohen und heiligen Dingen des Göttlichen Geistes.

## Spirituelle Überschneidung

*Ich habe ein Wohlstands-Seminar entwickelt, das die Leute mit einigen wichtigen spirituellen Prinzipien bekannt macht. Es steht nicht in Verbindung mit irgendeinem speziellen Weg oder einer Lehre. Ist das eine Möglichkeit, die Menschen sanft in die goldene Weisheit des ECK einzuführen, oder steht das im Widerspruch zur ECK-Lehre?*

Vielen Dank für Ihre Information zu Ihrem Wohlstands-Workshop.

Solange Sie ein persönliches Projekt vom ECK-Programm vollständig getrennt halten, gibt es keinerlei spirituelle oder rechtliche Bedenken. Für viele Menschen ist es notwendig, zu lernen, wie sie ein spirituelleres Element in ihr Leben bringen können. Wenn sie nicht wirklich in materiellen Gütern wohlhabender werden, können sie vielleicht mindestens spirituell ein solches Ziel erreichen.

Wenn Ihre Werbung für den Wohlstands-Workshop durch öffentliche oder professionelle Kanäle geschieht und nicht im Kreise von ECK, dann gibt es keinerlei Bedenken, wenn ECK-Initiierte diese öffentliche Werbung lesen und Ihre Veranstaltung besuchen. Weisen Sie alle, die es vielleicht bei einer ECK-Klasse zur Sprache bringen könnten, darauf hin, daß das Wohlstands-Programm nichts mit den ECK-Aktivitäten zu tun hat.

## Unangebrachtes Vertrauen

*Mir scheint, alles, was ich nur angerührt habe, ist zu Asche geworden. Mein Geschäft ist eine riesengroße Enttäuschung gewesen. In meiner Garage stapeln sich Kisten mit Büchern über Geschäfte, aus denen nie etwas geworden ist. Warum habe ich nach zehn Jahren intensiver Anstrengung mit keinen einzigen Geschäft Erfolg gehabt?*

Ich denke, im Laufe der Zeit werden Sie wieder einen ehrlichen Lebensunterhalt für sich zusammenbringen können. Wenn die Zeit jetzt auch extrem schwierig ist, werden Sie darauf als die spirituell produktivste Zeit in Ihrem ganzen Leben zurückblicken. Allein das wird Ihnen ein Selbstwertgefühl geben, das Ihnen niemand nehmen kann.

Es sieht vielleicht nicht so aus, aber durch die Umstände unseres Lebens zieht sich die Spur einer göttlichen Ereigniskette hindurch. Das ist in schwierigen Zeiten besonders schwer zu verstehen. Wie Sie bemerkt haben, war unangebrachtes Vertrauen Ihr Niedergang. Es gibt eine Möglichkeit, andere zu lieben und immer noch fähig zu sein, ihre Motive zu durchschauen und entsprechend zu handeln. Ich denke, Ihre jüngsten Erfahrungen haben Ihnen mehr über Sie selbst und andere Menschen beigebracht, als Sie in Ihrem ganzen übrigen Leben gelernt haben.

In gewisser Weise verlangt das Leben von uns, daß wir ihm alles hingeben, was uns besonders teuer ist — wenn wir seine Geheimnisse wissen möchten. Ihr letzter Verlust war notwendig, und sei es nur, um zu erkennen, warum er nicht mehr notwendig ist. Geben Sie acht, denn das ECK öffnet Tore zu Ihrem Vorteil.

## Etwas zurückgeben

*Ich arbeite in der Altenhilfe in meiner Gemeinde mit, aber ein Ausbildungskurs, an dem ich gerne teilnehmen möchte, kollidiert mit meinen ECK-Verpflichtungen. Als Viertinitiierte möchte ich unbedingt dem ECK das wiedergeben, was ich bekommen habe. Bin ich selbstsüchtig, wenn ich meine Arbeit im Bhakti-Marg fortsetzen und meine Arbeit im örtlichen ECK-Center aufgeben möchte?*

Ich nehme an, inzwischen wissen Sie, was Sie mit Ihrem Problem von vor einem Monat machen sollen. Tun Sie das, wobei Sie sich am wohlsten fühlen, und das ist, Ihre Fähigkeiten zu erweitern, um Alten besser dienen zu können. Wenn Sie das tun, geben Sie dem ECK zurück, was Es Ihnen gegeben hat.

Ihre Ausbildung für die Arbeit wird erfordern, daß Sie soviel Ruhe wie möglich bekommen. Bitten Sie jemand anderen, bei Ihren Verpflichtungen als Arahata im ECK-Center auszuhelfen. Übernehmen Sie, mindestens bis Ihre Ausbildung in achtzehn Monaten beendet ist, keine weiteren ECK-Verpflichtungen.

Sie arbeiten im Bhakti-Marg. Sie sind einer der Führer auf diesem Gebiet. Das ist eine Weise, wie ein ECK-Initiierter lernt, ein Mitarbeiter des Mahanta zu werden. Das ist der Grund für die spirituelle Existenz.

Seien Sie es deshalb in Zukunft selbst, der sagt, was in Ihrem Leben geschehen soll. Lassen Sie andere

Menschen ihre eigenen Fehler machen, ohne sich einzumischen.

## Ihre Nische im Leben

*Ich bin gerade von der Armee entlassen und arbeitslos. Meine Ehe ging kürzlich in die Brüche, und meine Frau hat alles bekommen. Kannst Du mir helfen, herauszufinden, warum mein Leben so miserabel ist?*

Als erstes müssen Sie eine Möglichkeit finden, zu leben. Sie brauchen Information. Rufen Sie die Bibliothek an, und fragen Sie nach dem zuständigen Bibliothekar. Erklären Sie ihm in ein oder zwei Sätzen, daß Sie gerade aus der Armee entlassen sind und keine Arbeit finden können. Daß am Ende des Monats die Miete fällig wird und Sie sie nicht zahlen können. Ob dem Bibliothekar nicht irgend jemand einfällt, den Sie wegen vorübergehender Hilfe anrufen können?

Vielleicht kann der Bibliothekar die Nummer von einer öffentlichen Stelle ausfindig machen, die Menschen in Not hilft. Rufen Sie die Nummer an, die der Bibliothekar Ihnen gibt, und erzählen Sie dort die gleiche Geschichte. Mit einigen Telefongesprächen sollten Sie in der Lage sein, Hilfe zu bekommen, um durchzukommen.

Nehmen wir einmal an, das funktioniert, und Sie finden Hilfe für den Augenblick — wie sieht es dann mit dem eigentlichen Problem aus? Sie sind ein kluger Mann, aber dennoch ist Ihr Leben gescheitert. Haben Sie sich jemals hingesetzt, um herauszufinden, warum?

Es ist Zeit, eine Bestandsaufnahme Ihres Lebens zu machen. Machen Sie eine Liste aller Tätigkeiten, die Sie in den letzten zwanzig Jahren ausgeübt haben, einschließlich des Dienstes beim Heer, und führen Sie den Grund an, warum Sie aufgehört haben. Eine Regel dabei: Geben Sie keinem anderen die Schuld dafür, daß es mit dem Job zu Ende ging. Vielleicht war jemand anders daran schuld, aber nehmen wir einmal an, der Finger zeigt auf Sie. Was haben Sie in jedem Job getan oder nicht getan, das dazu führte, daß Sie woanders hingingen? Sie müssen bei dieser persönlichen Bestandsaufnahme mit sich selbst ehrlich sein. Und machen Sie das Gleiche mit Ihren Ehen und Partnerschaften.

Was Arbeit betrifft: Haben Sie sich bei Schnellrestaurants beworben? Auch normale Restaurants brauchen gute Helfer in der Küche. Seien Sie offen für das ECK. Es hat für Sie einen Platz, aber Sie müssen die Liebe und Bescheidenheit besitzen, ihn anzunehmen. Es verläßt die Seinen nie.

Eine weitere Stelle, die Sie anrufen können, ist die Verwaltungsstelle für entlassene Soldaten. Dort hat man vielleicht Ideen oder kann Ihnen sagen, wo Sie Essensmarken bekommen können. Öffentliche Behörden sind dazu da, denen zu helfen, die einen Schub brauchen.

Tun Sie die Schritte, die ich Ihnen angegeben habe. Lassen Sie mich bitte in etwa einem Monat wissen, welche Tür sich geöffnet hat und wie es Ihnen geht.

## Was würde ich wirklich gerne tun?

*Wie benutzt man die Allwissenheit des Göttlichen Geistes, um eine Entscheidung über eine berufliche Veränderung oder einen neuen Job zu treffen?*

Die Weise, wie wir mit dem Göttlichen Geist in unseren täglichen Entscheidungen zusammenarbeiten, ist, uns ganz ehrlich zu fragen: Was würde ich wirklich gerne tun?

Asketische Gedanken in dem Sinne, daß Gott uns mehr liebt, wenn wir arm sind, muß man fallenlassen. Um eine geschäftliche Entscheidung zu treffen, müssen wir alle Informationen verwenden, die uns zugänglich sind. Was ist gut für mich, was für meine Familie? Es muß dabei die Möglichkeit geben, zu wachsen.

Keine Entscheidung ist vor Fehlschlägen sicher, denn so ist das Leben. Was den ECKisten von anderen unterscheidet ist, daß er seinen bestmöglichen Einsatz gibt, und mehr noch, indem er sich durch die Spirituellen Übungen von ECK für die subtilen Anstöße des Göttlichen Geistes offen hält.

Diese Entscheidungen kann ich für Sie nicht fällen, aber die Fähigkeit, es selbst zu tun, ist wirklich in Ihrer Reichweite.

## Geld und Spiritualität

*Ich habe Schuldgefühle in Bezug auf meinen Job. Es ist ein guter Job, aber ich werde das Gefühl nicht los, daß ich aufhören sollte. Ist spirituell irgend etwas schlecht dabei, wenn man Geld verdient?*

Es gibt ein Mißverständnis über den Willen Gottes für Seine Kinder. Gott liebt sowohl die Seelen, die reich sind, als auch diejenigen, die arm sind, weil Gott die Seele liebt. Sie ist ein heiliger Funke Gottes.

Es ist in Ordnung, einen respektablen Lebensunterhalt zu verdienen, wenn Sie das wünschen. Das ECK möchte uns die Fülle des Lebens bringen, aber wir müssen Angst und Schuldgefühle fallenlassen, die unseren Erfolg blockieren.

Es gibt normalerweise einen ziemlich heftigen Kampf wenn wir zu einem höheren Zustand der Bewußtheit fortschreiten, und das ist natürlich. Die

Probleme des Lebens können wir angstvoll fürchten oder sie als Gelegenheiten zum Wachstum — und als eine Herausforderung—betrachten.

Sie müssen sich selbst darüber klar werden, was Sie tun möchten. Bedenken Sie alle Seiten Ihres Lebens, einschließlich der finanziellen und emotionalen, und tun Sie das, was dem gesunden Menschenverstand zu entsprechen scheint. Und dann planen und arbeiten Sie sorgfältig.

## Ein Problem betrachten

*Ich habe einen geschädigten Rückenmuskel und eine Berufstätigkeit, bei der er täglich strapaziert wird. Ich habe das seit meinem Pflichteinsatz in Vietnam. Ich leide still vor mich hin, bis die Stunde schlägt, wo ich aufhören kann, meinem Körper Schmerz zuzufügen. Gibt es nicht irgend etwas in dieser physischen Welt, was ich tun kann und was mir nicht so viel Schmerzen bereitet.*

*Ich habe außerdem Schwierigkeiten, mich an meine Träume zu erinnern. Was bedeutet das?*

Lassen Sie uns von vorne anfangen — mit der spirituellen Seite. Manche Menschen erinnern sich ihrer Träume nicht, weil sie Angst haben, daß es Alpträume sein könnten. Sie waren in Vietnam. Diese Dinge werden zu Ihrem eigenen Wohl verborgen. Wenn der Emotional- und der Mentalkörper von den schweren Erinnerungen befreit worden sind, wird Ihre Traumerinnerung wiederkommen.

Wenn Sie sich nicht an Träume erinnern, seien Sie nicht zu ungeduldig, denn Sie werden sich erinnern, sobald Sie damit umgehen können. Sehen Sie zu, daß Sie in der Zwischenzeit vom Göttlichen Geist etwas Hilfe in Alltagsdingen erhalten. Haben Sie irgendeine

Vorstellung, warum Sie all diese Schwierigkeiten haben?

Was die Arbeit betrifft: Die Schöpfung ist abgeschlossen. Daher gibt es schon eine ausgearbeitete Möglichkeit für Sie, sich den Lebensunterhalt zu verdienen. Zwei meiner Freunde hier putzen Fenster für Geschäftsfirmen. Sie verlangen einen bestimmten Betrag pro Fenster. So haben sie finanzielle Unabhängigkeit und Sicherheit gefunden.

Haben Sie wegen Ihres Rückens Ärzte besucht? Nicht immer hat der erste Arzt die Antwort, und es sieht so aus, als ob der Besuch die Mühe nicht wert gewesen sei. Aber dieser Besuch engt die Auswahl für den nächsten Arzt ein. Wir müssen jeder sinnvollen Quelle der Heilung nachgehen. Das ECK steht hinter jeder Heilung.

Um auf der Erde Hilfe zu erhalten, ist es meiner Feststellung nach die sicherste Möglichkeit, Ärzte aufzusuchen, zu Personalbüros zu gehen und alles zu tun, was man selbst tun kann. Ich habe zeitweise auch ein schweres Leben gehabt, so schwierig, daß ich weiß, es gibt immer den Strohhalm, der dem Kamel den Rücken bricht. Aber ich weiß auch aus schweren Erfahrungen, daß es immer einen Ausweg gibt.

## Berufliche Laufbahnen in anderen Wegen

*Ich arbeite an Weihnachten als Freiwilliger für die Heilsarmee, und kürzlich wurde ich gefragt, ob ich bei ihnen nicht eine Vollzeitbeschäftigung aufnehmen möchte. Das würde meine Finanzen erheblich verbessern, aber weil es eine offizielle Tätigkeit ist, müßte ich dafür ihrer Kirche beitreten. Ich haben dem Offizier erklärt, daß ich schon einen spirituellen Weg habe. Er ist trotzdem einverstanden. Was soll ich tun?*

Der Mahanta bringt dem einzelnen in ganz unerwarteter Weise die Möglichkeit, für sich zu sorgen. Vor allem wird Ihnen eine Möglichkeit gegeben, im täglichen Leben zu überleben. Nehmen Sie deshalb jede Tätigkeit bei der Heilsarmee an, bei der Sie sich wohl fühlen. Für sie zu arbeiten wird Ihr spirituelles Wachstum in keiner Weise verlangsamen. Sie haben meinen Segen.

Wir leben in einer neuen Zeit in ECK: einer Zeit, in der wir unter allen möglichen Umständen nach draußen unter die Leute gehen und als Kanal für das Sugmad arbeiten. Tun Sie, was Sie können, ein solcher Kanal zu sein, und das möglichst, ohne bei den Leuten in der Heilsarmee Anstoß zu erregen.

Es wird eine mächtige Herausforderung sein, das zu lernen, aber es kann auch eine erfreuliche Übung für Ihr kreatives Vorstellungsvermögen sein. Wenn Sie in dieser Hinsicht weitere Fragen haben, schreiben Sie bitte wieder. Sie werden entweder durch die inneren oder durch die äußeren Kanäle eine Antwort erhalten.

## Zeiten der Not

*Ich habe kürzlich erfahren, daß ich meinen Job bald verlieren werde. Meine berufliche Laufbahn und meine zukünftigen Arbeitsmöglichkeiten hier sind ruiniert. Ich wäre dankbar, zu erfahren, wie all dies zustande kam.*

In dem Moment, in dem Sie den Brief mit Ihrer Bitte in den Briefkasten werfen, beginnt das ECK zu wirken, um die spirituelle Anhebung zu bringen, die Sie in Zeiten der Not brauchen. Seine erste Absicht ist es, Ihnen die notwendige Läuterung zukommen zu lassen, um Sie auf die hohen spirituellen Ebenen zu bringen.

Krisen und Schwierigkeiten konfrontieren uns mit dem kleinen Selbst in uns. Der Widerstreit zwischen dem, was wir uns als unser Leben vorstellen, und dem, was das ECK für uns bereithält, wird rasch zugunsten unseres spirituellen Wachstums gelöst.

Die größten spirituellen Fortschritte macht man in Zeiten äußerster Belastung. Wenn wir uns nirgendwo sonst hinwenden können, dann kommen wir auf den Gedanken, unsere Sorgen und Bedenken dem Mahanta hinzugeben. Das ECK gibt einen Ausweg aus den dunkelsten und bedrohlichsten Situationen.

Singen Sie innerlich HU in der Gegenwart jedes Menschen, der vorhat, Ihren Seelenfrieden zu stören. Das Wort erzeugt einen Schutzkreis um Sie herum, wie es kaum jemand für möglich hält.

## Spiritueller Zahlungsplan

*Sollte ich darum bitten, daß mein Karma im Traum beschleunigt wird, damit ich am Tage mehr Freiraum habe?*

Eine Beschleunigung Ihres Karma wird es schlimmer machen. Wenn Sie es beschleunigen, wird alles, was Sie durch die Verletzung spiritueller Gesetze in früheren Lebenszeiten geschaffen haben, zur Bezahlung fällig werden. Es ist so, wie wenn Sie einen Zahlungsplan für eine Menge offener Rechnungen haben und versuchen, sie alle auf einmal zu bezahlen.

Der Traummeister wird Sie in einem Tempo vorwärtsbringen, das für Sie richtig ist. Manchmal mag es ein bißchen schnell erscheinen, aber es gibt immer eine Möglichkeit, um sich herum einen kleinen Bereich des Friedens und der Heiterkeit freizuhalten.

*Ich bin acht Jahre alt. Ich glaube, das ECK wußte, daß ich etwas Falsches tun werde, bevor ich es getan habe.*

*So wurde ich krank, um für das Karma in meiner Zukunft zu bezahlen. Kann das vorkommen?*

Ja, das ist möglich. Wenn Du weißt, daß Gedanken real sind, sollte Dich das dazu bringen, noch einmal darüber nachzudenken, bevor Du überhaupt daran denkst, etwas Falsches zu tun.

Die meisten unserer Krankheiten rühren jedoch von etwas her, das wir in der Vergangenheit getan haben — zum Beispiel zuviel von etwas zu essen, das unser Körper nicht verträgt. In Deinem Alter habe ich möglichst viel Süßigkeiten, Torten und Kuchen gegessen, weil ich nie wirklich daran geglaubt habe, daß sie mir Schaden zufügen würden. Aber sie taten das.

Du wirst insgesamt besser durchkommen, wenn Du alles nicht so schwer nimmst. Du sollst Spaß haben, aber Du mußt auch verstehen, daß die Verantwortung, Dir Gutes oder Schaden zuzufügen, sowohl physisch als auch spirituell, hauptsächlich in Deinen Händen liegt.

Deshalb frage zuerst im Inneren den Mahanta, wie Du richtig handeln sollst. Dann kann Dein Leben leichter und viel reicher werden in einer weitaus vielfältigeren Weise, als Du Dir jemals vorstellen konntest.

## Sich etwas vorstellen

*Ich weiß, wenn ich mir das vorstelle, was ich haben möchte, und es in meinem Inneren als real sehe, dann wird es tatsächlich geschehen. Doch wie kann ich das, was ich mir wünsche, ins Gleichgewicht bringen, und dabei anderen Menschen noch ihre Freiheit lassen? Besonders dann, wenn meine Wünsche andere mitbetreffen?*

Nehmen wir einmal an, jemand möchte nicht allein sein. Er könnte diese Bitte an den Göttlichen Geist stellen und dann hier im Äußeren das tun, was er tun muß, um bereit zu sein — sich rasieren, hübsch anziehen und dergleichen. Dann überläßt er dem Heiligen Geist, was dabei herauskommt.

Aber wenn derjenige seiner Bitte eine Richtung gibt und sagt: »Das ist die Person, mit der ich mein Leben teilen möchte«, dann entspricht sein Wunsch vielleicht nicht dem Lebensplan jenes anderen Menschen. Er wird wahrscheinlich feststellen, daß seine Vorstellung nicht wahr wird. Sie greift in die Freiheit eines anderen ein.

Wenn Sie dem, was Sie sich vorstellen, nicht eine ganz bestimmte Gestalt geben, dann kann der Göttliche Geist uneingeschränkte Freiheit haben, diese Form zu füllen. Wenn Sie aber Einschränkungen damit verbinden, dann gehen Sie oft leer aus, weil Sie nur ein mögliches Ergebnis zugelassen haben.

## Eine Ausbildung erhalten

*Ich versuche, mich für eine zukünftige Berufslaufbahn und ein äußeres Ziel zu entscheiden, das für mich richtig ist. Ich habe mich gefragt, wie wichtig heutzutage eine akademische Ausbildung ist. Wird es meine spirituelle Entfaltung beeinträchtigen, wenn ich all dies mentale Wissen erwerbe? Und kümmert sich Gott darum, was man für seine Berufslaufbahn tut, oder ist das Sache des einzelnen? Gibt es eine Möglichkeit, herauszufinden, was Gott möchte, daß ich tue?*

Wie wichtig ist heute eine akademische Ausbildung? Das hängt davon ab, wo und in welcher kulturellen Umgebung Sie leben. Die Erde ist übersät mit Zentren voller goldener Gelegenheiten. Alles stammt vom ECK. Wir leben, wo wir leben, aufgrund dessen, was es dort zu lernen gibt.

Nehmen Sie sich eine Menge Bewegungsfreiheit,

wenn Sie sich einen Beruf aussuchen. Wenn Sie sich zu früh auf einen bestimmten Beruf festlegen, dann werden Sie viele Möglichkeiten, spirituell zu wachsen, verpassen. Aber lernen Sie inzwischen, was Sie lernen können, ganz gleich wo Sie leben. Lernen Sie aus Freude am Lernen. Wenn Ihr einziges Ziel ist, reich zu werden, dann werden Sie sich auf ein langweiliges Leben einschränken.

Die Zeiten und die Randbedingungen ändern sich von Generation zu Generation. Ein Geheimnis, das ich gefunden habe, und das immer zu beruflichem Erfolg beigetragen hat, war, alles so gut zu machen, wie ich irgend konnte. Der Erfolg hat so eine Art, diejenigen zu finden, die immer ihr Bestes geben.

Das Sugmad möchte einfach, daß Sie ein Mitarbeiter werden. Sie können das jederzeit und überall.

## Karma erzeugen

*Ich habe mich kürzlich dazu bereit erklärt, als Auditor[1] für Scientology zu arbeiten. Ich habe den Eindruck, das ist eine mentale Wissenschaft und ECK geht weit darüber hinaus, aber nicht jeder ist bereit für ECK. Wird das für mich zusätzliches Karma erzeugen oder mir in irgendeiner Weise schaden?*

Ich habe Ihren Brief mit der Frage erhalten, ob es unnötiges Karma erzeugt, wenn Sie als Auditor[1] für Scientology arbeiten. Solange Sie als ein Werkzeug des ECK arbeiten, um den Menschen auf der spirituellen Leiter hinauf und nicht hinab zu helfen, ist das nicht der Fall.

---

[1] Der Originaltext benutzt hier den Ausdruck *deaberrator*, d.h. eine Bezeichnung für jemand, der sich mit Aberrationen anderer befaßt, um sie zu lösen. Nach Auskunft von Scientology wird diese Position dort als *Auditor* bezeichnet.

Mit anderen Worten: Wenn Scientologen durch das Licht und den Ton von ECK, die durch Sie hindurchströmen, inspiriert werden und etwas über Eckankar wissen wollen, solange ist alles gut. In der umgekehrten Richtung jedoch würden Sie Karma erzeugen — wenn zum Beispiel ein ECKist die Mitglieder von ECK für Scientology gewinnt.

Ich gebe Ihnen also meinen Segen. Wir können auch in Gruppen außerhalb von Eckankar Kanäle für das ECK sein. Ich danke Ihnen, daß Sie bezüglich der spirituellen Bedenken in Ihren Plänen nachgefragthaben.

## Karma beschleunigen

*Ich habe festgestellt, daß mein Karma sich in der letzten Zeit beschleunigt hat, seit mein Mann und ich Dich kürzlich bei einem ECK-Seminar in einem Restaurant getroffen haben.*

Karma ist etwas ganz anderes, als es den meisten von uns scheint. Es ist ein Geschenk der Liebe, um der Seele zu helfen, die Höhen des Sugmad zu erreichen. Es ist eine Chance.

Die freudevollste Existenz ist das Leben im Licht und Ton Gottes. Ich empfehle, die Spirituellen Übungen von ECK mit Liebe zu tun.

## Gott durch Liebe dienen

*Von klein auf habe ich gewußt, daß ich, wenn ich dieses Leben verlasse, die Wahl haben werde, ob ich zu einem anderen Ort gehen oder hierher zurückkommen möchte. Aber jemand hat mir kürzlich erzählt, daß über mich gerichtet werden wird, wenn ich hinübergehe, und wenn ich lüge oder stehle oder sonst etwas Unrech-*

*tes tue, werde ich wiederkommen müssen. Das hat mich sehr verwirrt.*

Wird über einen ECKisten gerichtet, wenn er hinübergeht? Nicht durch die Herren des Karma, die nach dem alten Prinzip »Auge um Auge« Recht sprechen.

Der Mahanta wird Sie weiterhin in Ihren spirituellen Bemühungen um das Gottbewußtsein führen, sei es nun in Ihrem jetzigen Leben oder im folgenden auf den anderen Ebenen. Er ist das ECK und das ECK ist Liebe. Daher dringt keine Furcht in die Beziehung zwischen dem Mahanta und dem Chela ein.

Der Weg von ECK ist absichtlich so breit angelegt, daß praktisch jeder seinen eigenen Weg zu Gott darauf finden und sich dabei wohl fühlen kann. Manche leben ECK und gehen zu Satsang-Klassen, andere wiederum leben ihr spirituelles Leben für sich allein durch Kontemplation. Man erhält von ECK soviel, wie man einsetzt, und jeder macht das auf seine eigene Weise.

Um Ihnen eine Sicht zu geben, wie der Himmel wirklich ist im Vergleich zu dem, was einige Menschen auf der Erde davon denken, lesen Sie Mark Twains Kurzgeschichte *Captain Stormfield's Visit to Heaven*. Mark Twain kam mit der Weite des astralen Himmels in Berührung und hatte von den großartigeren Himmeln darüber nicht einmal eine Ahnung.

Lieben Sie das ECK in allem, was Sie tun, und Sie werden dem Sugmad dienen.

## Sich für etwas einsetzen

*Wie kann ich ECKist sein und mich doch für das, was ich glaube einsetzen, wie zum Beispiel für die Frage der Abtreibung?*

Die Frage der Abtreibung ist eine emotionale. Wenn Sie an etwas glauben, dann tun Sie in den vorhandenen öffentlichen Gruppen, was Sie tun können. Auf diese Weise wird der ECK-Initiierte in stiller Weise ein Werkzeug, indem er hinter den Dingen steht, von denen er sehr überzeugt ist, den Dingen, die ihn seiner grundlegenden Freiheit der Entscheidung zu berauben drohen.

Wenn Sie dann andere Möglichkeiten finden, einen ECK-Gesichtspunkt einzufügen, dann gibt das zusätzlichen Schwung. Lassen Sie die Menschen das tun, bei dem sie sich wohl fühlen, denn dabei werden ihre Fähigkeiten zum Strahlen kommen. Der Kampf um unsere Freiheit hat kein Ende, und er wird sein Aussehen immer wieder verändern. Der Zweck der negativen Kraft ist letztlich, die Seele als Sklave in den Klauen der materialistischen Welt gefangen zu halten. So einfach ist das.

Wir leben vielleicht in den Zeiten größter Prüfungen, jedoch gleichzeitig in den bedeutendsten Zeiten, die Menschen auf ihrer Suche nach der Wahrheit je erlebt haben. In Wirklichkeit ist der Weg des Meisters sein eigener Weg. Obwohl wir von seinen Erfahrungen lernen können, hängt unsere Entfaltung doch vollständig davon ab, wie wir uns mit den wichtigen Dingen im Leben auseinandersetzen.

Es gilt das alte Lied: »Du mußt das einsame Tal durchwandern, und du mußt ganz alleine gehen.« Der Unterschied liegt darin, daß die Initiierten von ECK im Licht und Ton Gottes gehen und die einzigen Sucher sind, die überhaupt irgendeine Art von Sicherheit besitzen, auf dem direkten Weg zu Gott zu sein und Seine Eigenschaften der Weisheit, Macht und Freiheit zu erwerben.

## Der Schutz des Meisters

*Ein Chela hat Selbstmord begangen. Chelas in dieser Gegend stellten die Frage: »Wo war der Schutz des Meisters?« Ich wußte nichts zu sagen. Kannst Du mir darüber irgendeine Einsicht geben?*

Wir lernen in ECK, daß man immer freien Willen hat. Der Meister kann niemandem Schutz geben, wenn derjenige es ihm nicht gestattet, denn das ist das spirituelle Gesetz.

Im Umgang mit Menschen, die das Gleichgewicht verloren haben, müssen Sie sich daran erinnern, daß es menschliche Wesen sind, die jetzt Liebe, Mitgefühl und Verständnis notwendiger denn je brauchen.

## Klar sein

*Du hast verschiedentlich erwähnt, wie wichtig es ist, klar zu sein. Wie sieht es aus dem Blickwinkel des Mahanta aus, »klar zu sein«? Was sind einige der Feinheiten des »Klarseins«?*

Klar zu sein bedeutet, ein offener Kanal zwischen dem ECK und der Arbeit zu sein, die man für Es tut.

Was gibt es dabei für Feinheiten? Die wichtigste ist vielleicht Bescheidenheit, die Gegenseite zum Stolz. Es ist die Fähigkeit, zu jemandem zu sagen: »Sprechen Sie weiter, ich höre«, oder »Verzeihung, das war mein Fehler.«

Klar zu sein bedeutet, den größten Teil der Zeit frei von Illusion zu sein. Es gibt Ihnen die Fähigkeit, eine Situation, und insbesondere sich selbst, im Lichte der Wahrheit zu sehen.

Und wie macht man das?

Wenn ein Problem auftritt, kann man augenblicklich

in einen höheren Bewußtseinszustand hinübergleiten. Eine Technik, die funktioniert, ist, im Inneren zu sagen: »Wah Z, laß mich mit der Weisheit des ECK sehen und hören.«

## Die Gelegenheit dieses Lebens

*Ich bin neu auf dem Weg von ECK, und ein Notfall in meiner Arbeit führte zu der Frage: Wenn ich jemandem durch Herz-Lungen-Massage oder andere Notfallmaßnahmen das Leben retten würde, würde ich dann das Karma des anderen übernehmen, weil ich mich eingemischt habe? Oder erzeuge ich Karma, wenn ich nicht handele?*

*Ich dachte, der Tod sei mir gleichgültig und wenn die Zeit für mich käme, wäre ich bereit. Aber jetzt wird mir klar, daß ich diese Angst wirklich habe, und bei dem Arbeitsunfall neulich konnte ich ihr bei einem anderen nicht in Auge schauen.*

ECK ist ein aktiver Weg. Wir erkennen, daß jede Erfahrung, die uns begegnet, spirituell lehrreich ist. Wenn jemand unsere Hilfe braucht, tun wir nach besten Kräften, was wir können.

Ein ECK-Lebensretter nimmt kein Karma von dem Unfallopfer an, denn der Initiierte tut alles im Namen des Mahanta. Ein Notfall wie der, dem Sie gegenüberstanden, kann die Weise sein, wie der Mahanta einen neuen Respekt vor der Gelegenheit dieses Lebens hervorruft. Gleichzeitig läßt einen die Erfahrung in die Quelle des Nachdenkens eintauchen, um einem ein erweitertes Mitgefühl für einen Menschen in Not zu geben.

Wie Sie festgestellt haben, war die Angst vor dem Tod in Ihnen verborgen. Denken Sie nun darüber nach: Wo die Angst vor dem Tode Platz hat, da kann auch ihr Gegenteil sein — eine Angst vor dem Leben. In ECK werden Sie feststellen, daß Angst den Zugriff auf Ihr Leben langsam verliert. Das ist der Anfang der Liebe.

Fahren Sie fort mit den überaus wichtigen Spirituellen Übungen von ECK. Sie sind Ihr Schlüssel zur Freiheit.

## Reich, aber arm?

*Vor ECK war ich sehr schüchtern. In den folgenden zwanzig Jahren wurde aus mir ein motivierter Führer, der mehr daran interessiert war, seine neu entdeckten Schätze weiterzugeben, als zu versuchen, selbst etwas davon abzubekommen.*

*Doch mein Leben ist reich. Mir ist klar, daß der Lebende ECK-Meister mich lehrt, wie ich das Leben mehr lieben kann als je zuvor und wie ich den gegenwärtigen Augenblick voll auskosten kann.*

*Aber ich hatte in meinen ersten fünfzehn Jahren als ECKist mehr Erfahrungen auf den inneren Ebenen als in den letzten fünf Jahren. Ich finde das merkwürdig. Bin ich von den spirituellen Welten abgeschnitten? Ist alles in Ordnung?*

Viele neigen anfangs, wenn sie zu Eckankar kommen, zur Selbstbeobachtung. Deshalb erinnern sie sich an soviele innere Erfahrungen. Aber diese Menschen dienen oft keinem nützlichen spirituellen Zweck, weil ihre ganze Aufmerksamkeit auf ihnen selbst liegt.

Das imitiert eine alte Haltung des Christentums. Viele glauben, daß jemand, der seine Zeit mit Seelenerforschung zubringt, heiliger ist, als ein Handler, der seine Waren auf dem Markt feilbietet. Ein sehr spiritueller Mensch ist eigentlich jemand, der den angenehmen Bereich entdeckt hat, der irgendwo zwischen den beiden Extremen existiert.

Menschen haben in ECK zu Anfang oft die Gewohnheit, ihre meiste Aufmerksamkeit nach innen zu legen. Deshalb ist es für sie natürlich, sich an so viele innere Erfahrungen zu erinnern, denn sie glauben, nur darum ginge es im spirituellen Leben. Das ist jedoch ein Mißverständnis.

Die Sichtweise dieser Menschen ist eine einfache Illusion.

Wenn sie dem Mahanta gestatten, ihnen zu helfen, spirituell zu wachsen, wird er beginnen, ihre Herzen zu öffnen. Sie werden auf den Gedanken kommen, zuerst anderen zu dienen. Der Mahanta läßt den Baum nun deutlich weg vom Eigeninteresse und hin zum Mitgefühl mit anderen wachsen. Auch wenn sich ein ECK-Chela vielleicht an viele seiner inneren Erfahrungen nicht erinnert, so gehen sie dennoch weiter. Er lebt in der Tat reicher als je zuvor — sowohl in seinem inneren wie auch in seinem äußeren Leben.

Im Laufe der Zeit werden Sie sich wieder an mehr von Ihrem inneren Leben erinnern. Messen Sie Ihre spirituelle Entfaltung nicht mit zu kurzer Elle, denn hier steht weit mehr auf dem Spiel, nämlich spirituelle Freiheit. Sie finden bereits jetzt mehr Freiheit, sowohl bei der Arbeit als auch in Ihren Verpflichtungen für ECK.

## Das Leben in einer schnell veränderlichen Welt

*Ich bin seit vielen Jahren in ECK, und ich habe meine Freunde kommen und gehen sehen. Das macht mich traurig. Kannst Du da irgendwie helfen?*

Es ist für jemanden in Ihrer Lage nicht leicht, auf dem Weg von ECK zu bleiben, besonders, wenn gute Freunde dem äußeren Weg nicht mehr folgen. Aber es ist schön, Sie dabei zu haben.

Es ist wie der Wechsel der Jahreszeiten. In Minnesota ist ganz plötzlich der Herbst eingezogen, und er hat meine schönen Geranien schlafen gelegt. Das war gestern morgen. Die Plastiktüten, die ich darüber gebreitet hatte, haben nicht so funktioniert wie bei den ersten beiden Malen. Ich habe in diesem Sommer auch ein Futterhäuschen für Vögel gekauft und habe die fettesten Spatzen, Dompfaffen und Eichelhäher. Die Vögel sind sehr eigen mit der Sorte von Vogelfutter, das ich kaufe. Ein Teil davon ist anscheinend nicht eßbar. Unsere Drosseln fressen kein Vogelfutter, aber sie mögen die Regenwürmer, die herauskommen, wenn ich den Rasen sprenge. Eine glückliche kleine Welt. Und jetzt Winter. Übrigens macht die Schneeschleuder eigentlich Spaß.

Es ist eine schnell veränderliche Welt. Das Tempo des Karma ist hoch, und Eckankar muß mit dem mithalten, was die Chelas an Hilfe in ihrem Leben haben möchten. Das ECK oder der Göttliche Geist beginnt, die gesamte Lebenssicht eines Menschen zu ändern, sobald er sich zu diesem einzigartigen Weg zum Gottbewußtsein bekennt.

Die »Taschenphilosophien« hinterlassen in einem ein Gefühl der Leere, weil sie den oberflächlichen Verstand füttern, nicht aber das Herz. Äußere Lehrer sprechen zu dem oberflächlichen Teil des Menschen, aber der Innere Meister in ECK fügt den äußeren ECK-Werken das fünfdimensionale Element hinzu.

Aus diesem Grund wird die Seele von der ECK-Lehre angezogen. Sie erhält spirituelle Befriedigung, die über mentale oder emotionale Befriedigung hinausgeht.

Halten Sie deshalb Ihr Antlitz dem Mahanta zugewandt. Er ist der wahre Lehrer.

# 3

# Göttliche Liebe und menschliche Liebe

*Was ist der Unterschied zwischen der Liebe, die man für seinen Lebenspartner hat, und der Liebe der Seele für Gott? Ist eine Art der Liebe besser als die andere? Und kann man sich immer noch in jemanden verlieben, nachdem man das Gottbewußtsein erreicht hat?*

Die höchste Liebe ist eine reine Liebe für Gott.

Eine reine Liebe für den Lebenspartner ist das Gleiche, wie eine reine Liebe für Gott. Es gibt keinen Unterschied. Aber ehrlich gesagt, reine Liebe ist selten — sei es nun für Gott oder einen Partner.

»Sich Hals über Kopf zu verlieben« bedeutet normalerweise, Hals über Kopf in Karma hinein zu fallen. Karma — sei es nun gut, schlecht oder neutral — bestimmt den Umgang in einer Partnerschaft. Manche Paare beispielsweise streiten gerne.

Die Anziehung zwischen Menschen in einem hohen Bewußtseinszustand besteht in einem beiderseitigen Wunsch, Gott und dem Leben zu dienen. Solche Partner helfen sich gegenseitig mit vereinten Kräften, noch höhere Seinszustände zu erreichen.

Eine hohe, reine Liebe ist wirklich etwas sehr Schönes.

## Ein Verständnis wahrer Liebe

*Was meint der ECK-Meister Rebazar Tarzs, wenn er in dem Buch* Der Fremde am Fluß *sagt, daß das Herz einer Frau der Thron Gottes auf Erden ist?*

Lesen Sie dieses Kapitel »Der große Baum des Lebens« noch einmal sehr sorgfältig, von Anfang bis Ende. Rebazar vergleicht ein Leben voller Liebe mit einem ohne Liebe.

Achten Sie besonders auf den Absatz vor dem, in dem er von Schönheit spricht. Es ist die Harmonie aus Freude und Schmerz, die im Körper beginnt und jenseits des Verstandes endet. Schönheit ist »die Kraft, die das Herz des Mannes dem der Frau zuführt, das auf dieser Erde der Thron Gottes ist«.

*Thron* bedeutet hier die Quelle göttlicher Liebe.

Aber Rebazar spricht weiter, und was er jetzt sagt, ist von höchster Wichtigkeit, denn es erklärt, wo wahre Liebe beginnt und welche Bedingungen der Liebende erfüllen muß.

Liebe, so sagt Rebazar, ist »jener heilige Strom, den Gott aus Seinem großen Herzen in das Herz des Liebenden gegossen hat für seine Geliebte«. Achten Sie auch auf den Hinweis, daß nicht jeder von dieser heiligen Liebe trinken kann, denn der Liebende muß eine bestimmte Bedingung erfüllen: Er muß ein reines Herz haben. »Wer von diesem Strom zu trinken vermag, ist rein und göttlich, und sein Herz ist von allem befreit, außer von reiner Liebe!« Das bedeutet unter anderem, daß keine Selbstsucht vorhanden ist.

Als nächstes spricht er über die Macht der Liebe in einer sehr machtvollen Sprache: »So sage ich, daß des Liebenden Herz, das trunken von Liebe ist, eigentlich trunken ist von Gott.«

Aber Rebazar geht noch einen Schritt weiter. Liebe

beginnt und endet nicht mit der Liebe für die Geliebte, sondern sie möchte von sich aus hinausströmen und alles Leben umfassen. So ist dies seine Botschaft: Öffne Dein Herz für die Liebe, denn sie kann dir helfen, die vollste Befriedigung im Leben mit all seiner Freude und seinem Schmerz zu erlangen.

Er fügt hinzu: »Darin möge sich dein Verständnis für Eckankar erweisen. Teile deinen Becher mit deiner Geliebten und versäume nie, den Deinen in Schmerz und Leid zur Seite zu stehen. Dies sollte dein Gesetz in dir selbst sein, mein Sohn.«

Ein letztes Wort: Wenn Rebazar hier von Mann und Frau spricht, dann meint er nicht nur männlich und weiblich, sondern die positiven und negativen Seiten des menschlichen Wesens. Seine Botschaft handelt von der Macht der Liebe. Diese göttliche Macht kann das Herz in vielfältiger Weise berühren, und Liebe zwischen einem Mann und einer Frau ist einfach eine davon.

## Der Schlüssel zur Liebe

*Ich bin seit vielen Jahren sehr einsam, und ich weiß nicht, wie ich Liebe in mein Leben bringen soll. Kannst Du mir helfen?*

Wir erleben alle zur einen oder anderen Zeit Einsamkeit. Aber wir unterscheiden uns alle in der Fähigkeit, unsere Haltung so einzustellen, daß sie Licht und göttliche Liebe in unser Leben bringt.

Manche machen einen großen Fehler, indem sie denken, daß der Weg von ECK, dem Göttlichen Geist, darin liegt, sich vom Leben zurückzuziehen. Das ist nicht so. Es verstärkt unsere Interessen und Aktivitäten, denn wir gewinnen Einsicht in uns selbst, indem wir eine breite Palette von Tätigkeiten, Gedanken und Gefühlen erleben.

Der Schlüssel dafür, uns göttliche Liebe zu bringen, ist es, erst einmal irgendwie in selbstloser Weise etwas von uns zu geben. Es kann ein kleiner Dienst für das ECK sein, jedoch es kann auch bedeuten, ältere Menschen zu besuchen oder bei einem Projekt der Gemeinde mitzuhelfen. Aber wir müssen etwas von uns geben ohne jeden Gedanken an Belohnung.

Tun Sie zuerst etwas Kleines, zum Beispiel bei einem ECK-Vortrag zu helfen oder ein Buch auszulegen. Etwas Kleines, das aber für uns wichtig ist.

Einsamkeit ist der Wunsch der Seele, Gott zu finden. Die spirituellen Übungen bringen das Licht und den Ton von ECK. Lesen Sie das Buch *Der Fremde am Fluß*.

*Wie kann ich das Wesen der Liebe erlernen? Ich habe soviel Angst davor. Kürzlich hatte ich einen Traum, in dem mich ein Ungeheuer verfolgte, und ich leuchtete es mit einem Scheinwerfer an. Ich glaube, das Ungeheuer ist Angst.*

Ihre Frage trifft den Kern des Problems beim spirituellen Wachstum: Angst ist ein Gift, das einen lähmt, und das einzige Mittel dagegen ist Liebe.

Sie haben darum gebeten, das Wesen der Liebe zu lernen, und das soll auf eine Weise geschehen, die für Sie geeignet ist. Offen gesagt, Liebe verwundet das Herz, aber es ist die einzige Möglichkeit, Läuterung zu erlangen.

Sie haben einen klares Bild von der Bedeutung des Traumes — das Ungeheuer ist Angst. Der Strahl des Scheinwerfers ist das blendende Licht der Seele, das die Dunkelheit des Nicht-Verstehens durchdringt. Langsam kann in Hinsicht auf die Liebe eine Veränderung in Ihr Leben kommen, weil Sie den Mut gehabt haben, die Angst anzusehen.

Der Kern der ECK-Lehre ist in der Tat Liebe. Beispielsweise heiratete vor kurzem ein Geschäftsmann, der Anfang vierzig war, und das Paar hat ein kleines Mädchen bekommen. Ganz plötzlich weiß er etwas von Liebe und Geben, das ihm bisher entgangen war. Es eröffnete sich ihm eine neue Welt in einer Weise, die zu ihm paßte.

Er hatte Eltern und Kinder täglich gesehen, aber solange er nicht ein Kind hatte, für das er sorgen und das er lieben konnte, sah er alles nur schwarz-weiß. Bitte mißverstehen Sie dies nicht als eine Empfehlung zu heiraten. Es geht um die Macht der Liebe, die, ganz gleich wie sie kommt, aus Ihnen ein neues Geschöpf in ECK macht. Und Sie werden sie haben.

## Feststellen, ob Liebe echt ist

*Wie erkennt man, ob eine Beziehung auf Liebe beruht und es wert ist, weiter entwickelt zu werden?*

Niemand kann das letzte Wort über Liebe sprechen, aber bedenken Sie bei der Entscheidung, ob Sie jemanden wirklich lieben, die folgenden Punkte: (1) Bringt er Freude in Ihr Herz, wenn Sie an ihn denken? (2) Möchten Sie ihn glücklich machen? (3) Werden Sie ihn so lieben, wie er ist, ohne zu versuchen, ihn zu verändern? Werden Sie ihn so sein lassen, wie er ist, und nicht so, wie Sie ihn sich wünschen? (4) Junge Menschen verlieben sich oft in ihr Ideal der Liebe. Das bedeutet, daß man das Ideal eines Märchenprinzen hat, der in Wirklichkeit eine Kröte ist. Nicht alle Märchenprinzen sind Kröten und nicht alle Kröten sind Märchenprinzen. (5) Vergessen Sie Ihren Selbstwert nicht. Wie behandelt er Sie — wie einen Schatz oder wie jemanden, den man benutzt?

Liebe ist der Ausdruck des ECK, des Göttlichen Geistes, auf Erden, und diese Punkte sollten Ihnen eine recht gute Möglichkeit geben, zu erkennen, in was für einer Art von Beziehung Sie sich befinden.

## Gesunder Menschenverstand

*Ein ECKist, der mich zu ECK gebracht hat, schien für mich der vollkommene Partner zu sein. Immer wenn wir zusammen waren, kam ein ungeheurer Strom von Energie durch. Er sagte, mit mir zusammen zu sein mache es ihm möglich, zur Seelenebene zu reisen. Wenn ich jetzt zurückblicke, frage ich mich, ob er mich nur benutzt hat. Ich vertraute ihm so sehr, daß ich über seine Lügen und seinen unsauberen Lebensstil hinwegsah und dachte, es sei eine Prüfung für mich. Wie kann ich in Zukunft derartige Situationen beurteilen?*

Vertrauen Sie in Herzensangelegenheiten Ihrem gesunden Menschenverstand. Nur Sie können entscheiden, ob eine Beziehung zu Ihrem Wachstum beiträgt oder nicht. Ich unterstütze gewiß nicht Leute, die die ECK-Lehre dazu benutzen, um jemanden in ihr Bett zu bekommen. Da das eine persönliche Beziehung zwischen zwei Erwachsenen ist, die ihre Zustimmung geben, befindet sich das außerhalb des Bereiches meiner Empfehlungen.

Um für die Zukunft etwas Verständnis zu geben, der Liebesakt erhebt niemanden wesentlich über die astrale oder emotionale Bewußtseinsstufe hinaus, und ganz sicher nicht auf die Seelenebene. Deshalb wird Eckankar auch nie ein Sexkult werden.

Es ist eine Daumenregel, daß man den Bewußtseinszustand eines Menschen in gewissem Maße anhand seiner Sauberkeit beurteilen kann. Nicht jeder saubere Mensch ist notwendigerweise ein hoch entfaltetes Wesen, aber es ist sicherlich wahr, daß kein spirituell entfalteter Mensch gewohnheitsmäßig schmutzig oder schlampig ist.

Tappen Sie nicht in die Falle der Schuldgefühle und der Selbstverdammung, sondern verlassen Sie sich auf den gesunden Menschenverstand, wie Sie ihn in Beziehungen angewendet haben, bevor Sie auf den Weg von ECK gekommen sind.

## Keine Bindungen

*Wie kann man eine gesunde Liebesbeziehung haben, ohne zu starke Bindungen aufzubauen?*

*Sich nicht zu binden* wird oft so verstanden, als bedeute es, »unbeteiligt zu bleiben.« In Wirklichkeit bedeutet es, die Beziehung nicht von Ihrer Vorstellung, wie die Dinge sein sollten, diktieren zu lassen. Eine derartige Liebe ist mit Bedingungen verbunden. Das bedeutet, daß Ihr Partner immer tun muß, was Sie für richtig halten.

Diejenigen, die reine Liebe besitzen, tun was sie können, um Ihre Partner in jeder Weise wachsen zu lassen.

So kommen wir zur wahren Bedeutung von ungebundener Liebe. Das heißt, daß wir andere sein lassen, ohne ihnen unseren Willen aufzuzwingen. Das ist spirituelle Liebe.

## Höhere Stufen des Gebens

*Wie kann man das Ego entfernen, wenn man ein Kanal für das ECK ist, und geben und empfangen, ohne daß das kleine Selbst dabei eine Rolle spielt?*

Das ist ein Kampf, der nie gewonnen wird, solange die Seele in der physischen Welt lebt. Wir stolpern meistens über uns selbst, wenn wir menschliche oder göttliche Liebe geben oder empfangen.

Eine Freundschaft kann beispielsweise auf einer hohen Stufe beginnen. Aber wenn die beiden Menschen sich allmählich besser kennen, wird die Freundschaft bedroht, wenn einer von ihnen ein Geschenk gibt, das mit Bedingungen verknüpft ist. Hier versucht Beherrschung oder Macht in die Beziehung einzutreten. Sehen Sie das Ego am Werk?

Das vielleicht schwierigste, das man als Mitarbeiter lernen muß, ist, ein Geschenk anzubieten, dem anderen aber dann die Freiheit zu lassen, es anzunehmen oder nicht. Das ist Ungebundenheit. Unser Training, ein Mitarbeiter Gottes zu werden, findet in der Schule des täglichen Lebens statt. Die Lektionen sind manchmal mühsam, aber immer gründlich.

## Keine Seelenpartner

*Im sechsten Kapitel von* Der Zahn des Tigers *erwähnte Paul Twitchell die Existenz von Seelenpartnern. Seitdem wurde in anderen ECK-Schriften festgestellt, daß es keine Seelenpartner gibt, aber daß die Seele die zwei Hälften von sich selbst wieder vereinigen muß. Wieso schrieb Paul dann über die Theorie der Seelenpartner?*

Paul befand sich im Training für die ECK-Meisterschaft, als er 1957 das Buch *Der Zahn des Tigers* schrieb. Sein spirituelles Wissen war unvollständig, soweit das überhaupt bei irgend jemand jemals vollständig sein kann.

Shamus-i-Tabriz drückt das im Kapitel 9 von *Der Zahn des Tigers* aus. Als Rebazar Tarzs und Paul ihm begegnen sagt Shamus: »Er wurde zum Anami? . . . Dann sollte er alle Dinge wissen, aber ich sehe am Licht um ihn herum, daß es noch viele Dinge gibt, die er wissen muß, ehe er in den uralten Orden der Bourchakoun aufgenommen wird!«

Paul verglich sich selbst mit einem Studenten, der eine Dissertation schreibt. Jahre später, nach weiteren Erfahrungen, kann es sein, daß der Betreffende noch einmal über das gleiche Thema schreibt, um einige frühere Mißverständnisse zu korrigieren. Jetzt aber werden wenige seine neuen Feststellungen akzeptieren.

Paul nahm selbst zurück, was er über Seelenpartner in *Der Zahn des Tigers* gesagt hatte. Lesen Sie Kapitel fünf des Buches *Das ECK-Vidya, die uralten Wissenschaft der Prophezeiung*, »Die ECK-Vidya-Theorie der Zeitzwillinge«.

Paul schrieb: »Gotta, einer der ersten ECK-Meister auf dieser Welt, war unter den Führenden des alten Ordens der Vairagi, die der Vorstellung Ausdruck gaben, daß die Zeitzwillings-Theorie nicht praktisch anwendbar sei; daß es die Seele selbst ist, die eins-in-eins wird und zuletzt das Sugmad in Seiner Vollendung der Herrlichkeit erblickt.«

Die Seele kann nicht gespalten werden. Aber wenn man in die niederen Welten kommt, nimmt die Seele zwei Aspekte an, männlich und weiblich, positiv und negativ. Die positive und die negative Natur sind beide in jedem von uns enthalten.

Manche Menschen denken, wenn ich mich nur aufmache und meine vollkommene Ergänzung finde, dann werde ich ein Ganzes sein. Aber die Spaltung liegt nur in der Unreife der Seele und der Ausgleich entsteht in einem selbst. Wenn man mehr Erfahrungen und größeres Verständnis bekommt, gelangt man an einen Punkt, Selbstrealisation genannt, an dem die beiden Seiten zusammenkommen. Dann ist man im neutralen Zustand, dem Anfangsschritt zu Vairag, der Losgelöstheit.

## Beziehungen zwischen Partnern unterschiedlicher Rassen

*Ich habe gehört, man solle sich nicht in eine gemischtrassige Partnerschaft begeben. Wenn das wahr ist, warum?*

Alles hängt von den Menschen, der Zeit und dem Ort ab. Wenn diese drei Dinge nicht dem entsprechen, was eine Gesellschaft als normal ansieht, dann werden die Menschen in dieser Gesellschaft einem Paar das Leben schwer machen.

Lassen Sie uns einmal einen Extremfall betrachten. Nehmen Sie einmal an, zwei Menschen die dem gleichen Geschlecht *und* verschiedenen Rassen angehören, erwarten alle Rechte, die einem gegengeschlechtlichen Paar zukommen. Sie würden in vielen Teilen der heutigen Welt eine Menge Schwierigkeiten haben. In etwas geringerem Maße hätte ein gegengeschlechtliches gemischtrassiges Paar an vielen Orten mehr Schwierigkeiten, als ein entsprechendes Paar der gleichen Rasse.

Wägen Sie die Chancen ab und tun Sie, was Ihnen beliebt. Wenn Sie sich gegenseitig lieben, trägt es alles zu Ihrer spirituellen Entfaltung bei.

## Heiligkeit des persönlichen Freiraums

*Ein Mit-ECKist, der mich besuchte, mißbilligte das Nicht-ECK-Studienmaterial auf meinem Kaffeetisch zu Hause. Habe ich mich geirrt bei dem Eindruck, daß er in meinen persönlichen Freiraum eindrang?*

Was für Lektüre wir zu Hause haben, ist unsere eigene Sache. Das einzige, was mich interessiert, ist, wie der ECK-Initiierte die Botschaft von ECK den

Nachbarn in seiner Gemeinde weitergibt. Sie darf nicht mit irgendeinem anderen Weg vermischt werden. Wie Sie wissen, gestattet das ECK keinerlei Verunreinigung innerhalb des reinen Bewußtseinsstroms, und Es rührt sich auf Seine eigene und sichere Weise, um das richtigzustellen.

Der Schutz unseres Bewußtseinszustandes jedoch hängt von uns ab. Wir müssen andere bitten, uns in Ruhe zu lassen, wenn sie es nicht von sich aus wissen. Es gibt eine taktvolle Möglichkeit, einen Initiierten, der dies vergißt, daran zu erinnern, anderen Initiierten absolute Freiheit des Seins zu gewähren.

## Umgeben Sie sich mit Liebe

*Wie kann ich die Liebe des Mahanta spüren, wenn ich von Menschen mit negativer Haltung umgeben bin? Es scheint so schwierig zu sein.*

Es ist schwierig. Es gibt zwei Dinge, die man tun kann: (1) Seien Sie höflich in der Nähe dieser Leute, aber singen Sie leise HU. Hören Sie ihnen lieber zu, während Sie HU singen, als daß Sie sich in ein längeres Gespräch mit ihnen verwickeln lassen. Sprechen Sie möglichst wenig, aber bleiben Sie immer freundlich. (2) Sehen Sie in Ihrer Vorstellung den Mahanta in Ihrer Nähe.

Kal Niranjan benutzt diese Menschen als seinen Kanal, um zu sehen, ob Sie ihren Meinungen zustimmen. Übrigens beobachtet auch der Mahanta Ihre Reaktion auf das Kal. Jede Konfrontation ist eine Prüfung.

## Eheprobleme

*Mein Mann hat mir gesagt, solange wir in den höheren Bewußtseinszuständen verweilen, wird unsere Beziehung in der Ehe problemlos sein. Aber ich kann diesen hohen Standpunkt nicht immer halten, und er macht meine Unfähigkeit, eine spirituelle Sicht aufrechtzuerhalten, für unsere Schwierigkeiten verantwortlich.*

Ganz allgemein gesprochen entspringen Eheprobleme bei ECKisten oder Nicht-ECKisten meist aus folgenden Bereichen: (1) Die Kommunikation zwischen den beiden kommt zum Erliegen, (2) es gibt unterschiedliche Meinungen zu Geldangelegenheiten (auch ein Kommunikationsproblem) und (3) es gibt Probleme mit der ehelichen Treue.

Die beste Möglichkeit für alle Paare, Eheprobleme anzugehen, mit denen sie selbst nicht mehr fertig werden, ist, eine Eheberatung aufzusuchen. Meist ist es nicht die Schuld eines einzelnen, wenn die Ehe in Schwierigkeiten gerät, obwohl das vorkommen kann.

Initiierte müssen sich verantwortungsbewußter Beratung bedienen, ganz gleich ob das Problem in der Ehe, der Gesundheit oder den Finanzen liegt. So lebt man eben in dieser Welt. Der Göttliche Geist gibt den Menschen eine Reihe verschiedener Möglichkeiten, die günstigste Lösung zu wählen. Das ist so, damit die Betroffenen ihre eigenen Entscheidungen treffen.

## Kommunikationshilfen

*Kannst Du mir mit irgendeinem Rat helfen, wie ich die Liebe in meiner Ehe in Fluß halten kann? In letzter Zeit stand sie sehr unter Spannung.*

Es ist in jeder Ehe schwierig, die Kommunikation in Gang zu halten. Wenn die Situation angespannt ist, ist es eine nützliche Technik, daß der eine dem anderen zwanzig Minuten lang Fragen stellt und sich Notizen macht.

Der Fragesteller kann fragen, was er will. Die einzige Bedingung ist, daß er keine Frage so stellt, daß sie mit einem einfachen ja oder nein beantwortet werden kann. Das dient nicht der Öffnung des Gesprächs.

Der Fragesteller kann sich nicht gegen irgendwelche Vorwürfe verteidigen, sondern er muß dasitzen und sie hinnehmen. Nach zwanzig Minuten werden die Rollen natürlich getauscht.

Dann wird der andere Partner zum Fragesteller über Hoffnungen und zerschlagene Träume. Es ist überraschend, was Eheleute über ihre Partner lernen, das aus ihnen wirklich interessante Menschen macht, die auch ihre Ziele haben.

## Die Seele ist einzigartig

*Gibt es einen Unterschied, wenn man sich mit einer ECKistin oder einer Nicht-ECKistin zu einer Verabredung trifft?*

Die beste Antwort ist eine Frage: Sind zwei verschiedene Seelen gleich?

Natürlich nicht. Was möchte demnach eine ECKistin bei einer Verabredung finden? Können Sie ihren Glauben und ihre Gefühle respektieren? Respektiert sie die Ihren? Sind Sie in ihrer Gesellschaft ein besserer und glücklicherer Mensch?

Mit einer unbeschwerten Freundschaft kann man leicht umgehen, aber wenn eine besondere Frau mit dem Gedanken an Heirat oder eine dauerhafte Beziehung kommt, dann achten Sie sorgfältig auf ihre Familie, ihre Erziehung, ihre Familienpläne, ihre Art, den Haushalt zu führen, und ihren Umgang mit Geld. Entsprechen sie den Ihren?

Junge Liebe übersieht eine Menge von Schwächen,

wie zum Beispiel eine Partnerin, die mehr ausgibt, als sie verdient. Aber was passiert, wenn sich die Schulden häufen und plötzlich ein Kind unterwegs ist? Wo ist das Geld für die Arztrechnungen? Derartige Probleme können zwei Menschen sehr unglücklich machen.

Ganz gleich, wie groß Ihre gegenseitige Liebe ist, die Umstände werden immer an ihr zerren. Das Lied der Liebe erklingt in gegenseitigem Respekt und Aufmerksamkeit für den anderen. Sie sind die beste Garantie für eine erfreuliche und liebevolle Verbindung auf Jahre hinaus.

## Die ECK-Trauung

*Ich bin mit einem ECKisten verheiratet. Wir hatten vor zwei Jahren eine zivile Trauung vor einem Friedensrichter. Jetzt beginne ich gerade, meinen Mann als Seele, als Freund und als Ehemann sehr zu schätzen, und ich weiß, er hätte sehr gerne eine ECK-Trauung. Aber bedeutet eine ECK-Trauung nicht implizit, daß zwei Seelen dazu verdammt sind, den Rest der Ewigkeit aufeinander zu warten?*

Sie haben nach der Rolle gefragt, die eine ECK Trauung im Leben eines ECK-Paares spielt. Es ist selbstverständlich eine spirituelle Verpflichtung, aber sie fesselt nicht Menschen aneinander, die später feststellen, daß ihre Entfaltung auf zwei unterschiedlichen Wegen verläuft, und die sich scheiden oder trennen möchten.

Die eigentliche Eheschließung findet wirklich in jedem Augenblick statt, in dem zwei Menschen sich gegenseitig verpflichten. Im Laufe der Zeit haben sich die Priester eingemischt, um sich unentbehrlich zu machen, indem sie die Eheschließung heiligten. Aber die Ehe ist heilig von dem Augenblick an, an dem die zwei Menschen eine gegenseitige Verpflichtung eingehen. Alles andere ist wirklich ein Teil der niederen Welten, der seinen Platz in unserer Gesellschaft hat. Heutzutage ist die Eheschließung in unserer Kultur erforderlich, wenn die Kinder den Besitz der Eltern in direktester Weise erben und Versorgungsrechte erwerben sollen. Sie ist natürlich nichts Ausschlaggebendes, jedoch nützlich im Umgang mit der Bürokratie.

Was bedeutet nun die ECK-Trauung für das ECK-Paar? Sie wird nur auf Grund der Hingabe des Paares aneinander zu einer heiligen Verpflichtung. Diese Verpflichtung dauert nur so lange, wie sie erklären, daß sie es tut. Kein anderer kann ihnen das vorschreiben. Wenn man mit Hingabe an den Göttlichen Geist in sie eintritt, ist die ECK-Trauung einer der höchsten Schritte, die man im Leben tun kann. Aber die Trauung erlegt niemandem Schranken der Furcht oder Verdammnis auf, wenn das Paar später entscheidet, daß die Ehe den Lauf der Dinge gegangen ist. Sie müssen Ihr eigenes Leben zusammen bewältigen.

## Rat im Traum

*Ich hatte wiederholte Träume, in denen ich, mein Freund und eine andere Frau vorkommen. In all diesen Träumen behandelt mich mein Freund wie ein überflüssiges Gepäckstück und ignoriert mich, während er ihr gegenüber aufmerksam ist.*

*Wir haben Schwierigkeiten in unserer Beziehung und aus bestimmtem Grund traue ich ihm nicht. Wie kann ich entscheiden, ob meine Träume Eingebungen sind oder einfach meine Unsicherheit widerspiegeln?*

Eine Beziehung ohne Vertrauen wird keinen Bestand haben. Was ist die Quelle dieses Mißtrauens? Blickt er sich nach anderen Frauen um, wenn Sie gemeinsam in der Öffentlichkeit sind?

Träume können Sie darauf vorbereiten, daß eine Beziehung zu Ende geht. Sie werden Ihnen mitteilen, daß etwas faul ist. Wenn Ihr Partner Ihnen gegenüber weniger Zuneigung zeigt, dann müssen Sie sich entscheiden, ob Sie die Beziehung in Ordnung bringen oder aufgeben wollen.

Betrachten Sie Ihre Träume als Ratgeber. Sie können Probleme aufzeigen und Lösungen anbieten, aber bedenken Sie alle Tatsachen, bevor Sie über etwas Wichtiges entscheiden. Beobachten Sie besonders das tägliche Verhalten der Menschen Ihnen gegenüber. Ihre Träume können Ihnen einen Hinweis geben, auf welches Verhalten Sie achten sollen, aber brechen Sie keine Beziehung ohne einen physischen Beweis ab, der Ihren Verdacht bestätigt.

Ganz gleich, was aus dieser Beziehung wird, versuchen Sie ein größerer Kanal für die göttliche Liebe zu sein. Liebe wird Argwohn überwinden, der jede Beziehung zerstören kann.

## Sich selbst lieben

*Wie kann die Seele auf dem Weg zur Selbstrealisation vorgehen, um sich selbst lieben zu lernen?*

Liebe Sie andere noch mehr. Dann geschieht es einfach, daß Sie sich selbst lieben.

## Einsamkeit

*Vor einem Monat haben meine Frau und ich uns getrennt, und ich spüre den stechenden Schmerz der Einsamkeit und Trauer. Wir konnten unsere Differenzen nicht beilegen. Ich wüßte gerne, ob ich jemals jemanden finden kann, den ich in warmer, fürsorglicher Weise lieben kann.*

Die Trennung einer Ehe ist eine schmerzliche Erfahrung. Beide Menschen in einer Beziehung müssen sich dem Altar der Liebe täglich mit Dankbarkeit nähern.

Unserem Partner steht vor allem die Liebe zu, die wir anderen so leicht erweisen können. Liebe bedeutet, jemanden zu finden, der den Strom der Liebe, der aus Ihnen kommt, annehmen kann.

## Der Plan des Sugmad

*Ich bin immer wieder erstaunt, wie hart das Leben für mich ist. Offen gesagt, ich stelle das System des Sugmad in Frage — es scheint mir zu schwierig. Ich bin zu ECK Spirituellen Helfern gegangen, habe alle möglichen spirituellen Techniken verwendet, und ich bin immer noch verwirrt.*

*Es geht um meine persönlichen Beziehungen. Ich ziehe Männer an, die sich andere Frauen wünschen, sogar in der Agonie der höchsten Liebe. Kein Mann scheint so lieben zu können, wie ich es kann. Was mache ich falsch, daß ich so unglücklich bin?*

Wenn alle die tiefen Probleme hätten, die Sie haben, wäre ich gezwungen zu sagen: »Ja, der Plan des Sugmad für die Entfaltung der Seele ist nicht realisierbar und undurchführbar.« Aber sehr wenige ECK-Initiierte haben das Leben ständigen Elends, das Sie berichten.

Nach allem was ich höre sind Sie ein attraktiver und begehrenswerter Mensch. Aber in Ihren persönlichen Beziehungen befinden Sie sich ständig in den unglücklichsten Umständen. Wir wollen sehen, ob wir die Gründe dafür einmal beleuchten können.

Haben Sie jemals als persönliche Untersuchung die Namen aller Männer, die in Ihrem Leben wichtig waren, auf ein Blatt Papier geschrieben, mit zwei Rubriken unter jedem Namen: *Anziehungskräfte* und *entscheidende Schwachpunkte* —, mit anderen Worten, was Sie an jedem Mann anzog? Seien Sie sowohl ehrlich als auch fair.

Dann schauen Sie sich jeden Mann daraufhin an, was speziell bei ihm die Trennung verursachte. Es gibt eine Kluft zwischen dem, was Sie zu bekommen glauben, und dem, was schließlich für Sie herauskommt. Sie wollen die Kluft zwischen Illusion und Realität schließen, *bevor* Sie allzuviel Kummer in die Beziehung investieren.

Ich habe Menschen gekannt, die die unheimliche Fähigkeit besaßen, sich dreimal nacheinander Alkoholiker als Partner auszusuchen. Vielleicht war das nicht allzu überraschend, weil sie ihre Partner an Stellen suchten, wo getrunken wird. Nicht eine von diesen Personen machte sich klar, daß sie immer im gleichen Wasser und mit dem gleichen Köder fischte. Kein Wunder, daß sie immer Fische der gleichen Sorte an der Angel hatte.

Wenn alle Briefe, die ich bekommen habe, so niedergeschlagen wären, wie der Ihre, würde ich das ECK-Programm von Kopf bis Fuß umstellen, um es für die wahren Bedürfnisse der Menschen ansprechender zu machen. Glücklicherweise gibt es wenige in ECK, die sich dermaßen beständig an der Unterseite des Rades bewegen. Vieles — eigentlich alles — was auf uns zukommt, rührt von Entscheidungen her, die wir getroffen haben. Manche Menschen treffen bessere Entscheidungen als andere.

Um ein Leben umzudrehen, das so oft auf dem Kopf steht, muß der Betreffende zuerst eine ehrliche Bestandsaufnahme all der Einflüsse machen, die die Schwierigkeiten verursacht haben. Es ist zu einfach, etwas außerhalb von uns für unsere Schwierigkeiten verantwortlich zu machen, besonders dann, wenn uns das nicht gefällt, was wir in uns selbst sehen. Aber wenn wir die Schuld an anderer Stelle festmachen, wird das die Schwierigkeiten nicht verschwinden lassen.

Machen Sie zuerst eine Liste aller Männer in Ihrem Leben mit den Eigenschaften, die Sie an ihnen anfangs angezogen haben. Darin sollte sich ein Anhaltspunkt finden, warum Ihre Beziehung immer schlecht enden. Vergessen Sie nicht, *wo* Sie sie getroffen haben. Welche gemeinsamen Interessen haben Sie gegenseitig angezogen? Kamen die gleichen Interessen später auf Sie zurück und zerstörten genau die Beziehungen, die mit ihrer Hilfe entstanden war?

Seien Sie bitte objektiv in der Beurteilung der Männer in Ihrem Leben. Andernfalls stehen Sie hinterher nicht besser da, als am Anfang. Sie sind ein liebevoller, gebender Mensch. Jetzt müssen Sie lernen, jemanden zu finden, der dieser Liebe wert ist.

Wenn Sie mit der Liste der Männer fertig sind, dann nehmen Sie ein weiteres Blatt und überschreiben Sie es mit »Streitpunkte«. Führen Sie wieder die gleichen Männer auf. Versuchen Sie, die Dinge aufzuschreiben, über die Sie sich mit jedem Mann am meisten gestritten haben. Gab es neben Beziehungen zu Dritten auch Streit über Geld? Schreiben Sie alle Gegenstände der Meinungsverschiedenheit mit jedem der Männer auf. Diese Liste sollte Ihnen etwas über Sie selbst sagen.

Wenn Sie möchten, schreiben Sie mir wieder mit den Antworten, die sich aus Ihrer Liste ergeben haben, und dem, was Sie als nächsten Schritt ansehen, die Bedingungen Ihrer Gedanken zu ändern, um die alten Muster der Vergangenheit aufzubrechen und

Ihnen eine neue Aussicht auf eine bessere Zukunft zu geben. Von da aus werden wir weitergehen.

## Einem Freund helfen

*Eine Freundin schrieb mir kürzlich über ihre Probleme. Ich weiß, wir sollten uns nicht für jemand anderen verwenden, aber ich habe das Gefühl, ich kann nicht so recht allein damit umgehen. Sie bat mich, Dir in ihrem Auftrag zu schreiben. Wie kann ich ihr helfen?*

Schreiben Sie ihr, wie Sie es vorhaben, und tun Sie das Bestmögliche. Es ist interessant, wie sie über die Bitte um die Hilfe des Mahanta schreibt »... aber es hat sich nichts verändert, abgesehen von einigen Verbesserungen meines physischen und mentalen Zustands.«

Wenn das ECK wirklich hilft, wird das Wenige übersehen, und das sorgt dafür, daß keine weiteren Veränderungen eintreten können.

Sie werden niemals Karma vom Unglück einer Freundin übernehmen, solange Sie mit wahrer Liebe handeln. Das ist eine reine Liebe, welche die Umstände nicht zu verändern sucht. Eben diese Liebe nennt man Nächstenliebe. Sie liebt diejenigen einfach, die sie liebt, und sie ist bereit, es dabei zu belassen. Jede Heilung, die sich einstellen kann, ist Sache des ECK.

## ECK und andere Wege

*Ich bin kürzlich einem überzeugten Christen begegnet und habe mich in ihn verliebt. Er kann ECK nicht folgen, und um ein harmonisches Heim zu bewahren, habe ich mich entschieden, Christin zu werden. Aber ich empfinde eine solche Untreue und einen Verlust, wenn ich ECK loslasse und Jesus annehme. Wie soll ich mit diesen neuen Gefühlen umgehen?*

Was Ihre persönliche Situation betrifft, Liebe wird alles überwinden. Das heißt nicht, daß wir frei von Problemen sein werden, aber daß diese Liebe heilig ist und allen anderen Überlegungen vorgehen muß.

Folgen Sie in Ihrem Herzen, wem Sie folgen wollen. Es ist der gleiche Heilige Geist, der nur durch ein anderes seiner Instrumente wirkt. Es gibt viele Möglichkeiten, das Himmelreich zu erreichen. Wozu gäbe es sonst so viele religiöse Wege, sogar innerhalb des Christentums (Baptisten, Episkopalkirche, Pfingstkirche usw.)?

Das Leben bringt zwei Menschen nicht ohne Grund zusammen. Unsere früheren Leben mischen sich dabei ein, und wir stellen fest, daß neue Freunde in diesem Leben eigentlich alte Bekannte von früher sind. Liebe ist es, die Sie zu Ihrem christlichen Freund hingezogen hat. Die Beziehung wird, wenn sie aufrechterhalten wird, demjenigen spirituelle Bereicherung bringen, der die Hand des Göttlichen Geistes als den zugrundeliegenden Faktor erkennt.

Unser inneres Leben kann mit jedem beliebigen Meister in Harmonie sein, der fähig ist, in Freud und Leid da zu sein. Kein anderer, ganz gleich, wie nahe er uns steht, kann wirklich je wissen, was alles in unserem Herzen ist.

## Vorurteilen begegnen

*Ich liebe es, dem ECK zu dienen, auch wenn ich erst drei Jahre in ECK bin. Kürzlich wurde ich gebeten, Centerdienst im ECK-Center zu machen, was ich sehr gerne tue. Aber ich stellte fest, daß einer der Höherinitiierten es nicht gerne sah, daß ich mit Geld umging, wenn jemand ein Tonband oder ein Buch kaufte. Er kam zu mir, um sich das Geld von mir geben zu lassen. Das machte mich wirklich niedergeschlagen. Liegt das daran, daß ich schwarz bin? Ich weiß, manche Leute trauen Schwarzen nicht.*

Ich bedauere, daß Ihre Wahrnehmung des Vorfalls im ECK-Center so ist, wie Sie gesehen haben. Das ist zutiefst enttäuschend — wenn Höherinitiierte ihre Zuflucht zu einer Ausrede wie sorgfältigem Umgang mit Geld nehmen, um Ihre Rassen-Vorurteile zu kaschieren.

Manche Menschen setzen mit dem ECK die Machtspiele des Kal fort, auch wenn Sie es besser wissen sollten. Solange ich sie nicht dabei erwische, daß sie Kreuze verbrennen[1] oder offensichtliche Verbrechen der Gesellschaft gegenüber begehen, lasse ich sie den vollen Zyklus des Vorurteils durchlaufen, bis das ECK sie eines Tages zur Rechenschaft zieht.

Sie gehören zu den Auserwählten des ECK, und ich möchte Sie ermutigen, im Ton und Licht zu wandeln. Halten Sie sich von solchen Menschen fern und bilden Sie einen Kreis von Bekannten (und von Pflichten für ECK), der Ihnen Liebe und Wohlwollen bringt. Bitten Sie die Frau, die den Centerdienst organisiert, für Sie einen Ersatz beim Centerdienst zu suchen. Sagen Sie ihr einfach, daß Ihre persönlichen Lebensumstände sich so verändert haben, daß Sie nicht in der Lage sind, das ECK-Center zu öffnen.

Den Höherinitiierten wurde die Verantwortung übertragen, für eine ordentliche Buchhaltung über alle Geldmittel zu sorgen, aber das kann man überprüfen, indem man die Kassenbestände mit den Lagerbeständen vergleicht.

Ich neige dazu, eine Haltung der Konfrontation zu vermeiden und ziehe es vor, den Menschen viel Raum

[1] Ritual einer rechtsextremen und rassistischen Gruppe, die vorwiegend in den Südstaaten der USA vertreten ist.

zu geben, in dem sie sich bewegen können, soweit das irgend möglich ist. Sie können dann ihr Gesicht bewahren, aber immer ist das nicht möglich.

## In einer Familienkrise

*Eine Entscheidung zerrt meine Frau und mich auseinander. Sie möchte in den mittleren Westen umziehen, um einer wirtschaftlichen Krise hier an der Ostküste aus dem Wege zu gehen. Ich möchte nicht gehen, aber ich möchte auch unsere Ehe nicht spalten. Ich habe sogar den Eindruck, dieses Problem könnte auch von äußeren Kräften verursacht werden. Gibt es für uns irgendeine Möglichkeit, unsere Ehe zu erhalten und auch noch beide spirituell zu wachsen?*

Angst ist etwas Zerstörendes. Diejenigen, die ECK-Initiierte beneiden, welche ein erfülltes Leben führen, werden alles tun, was in ihrer Macht steht, den Keil der Angst zwischen sie zu treiben.

Es gibt überall Krisen. Um das zu erkennen muß man nur die Geschichte studieren. Die Chelas des Mahanta werden bei allen kommenden Schwierigkeiten, die sie vermeiden können, vorher gewarnt.

Es gibt keine Krise von einem derartigen Ausmaß, das einen Umzug Ihrer Familie in einen anderen Staat erfordert. Wenn Sie woanders hin ziehen wollen, schön — aber es steht keine lokale Katastrophe bevor.

Andere benutzen beängstigende Warnungen, um Macht über eine Anhängerschaft von Menschen zu gewinnen, die sie für ihre eigenen Zwecke manipulieren wollen. Machen Sie sich klar — wo Angst eintritt, verschwindet die Liebe. Diejenigen, die den Mahanta lieben, werden nicht zulassen, daß die Propheten des Untergangs ihr Leben zerstören. Das verzerrt sich zu der Zerstörung eines Liebesbandes.

Lieben Sie den Mahanta, und bei Ihnen wird alles gut sein.

## Wie man liebt

*Angst hat mich gelähmt und mich kalt und gefühllos gemacht. Mahanta, ich möchte lernen zu lieben. Kannst Du es mir zeigen?*

Mit der Liebe sind viele Schmerzen verbunden, wie Sie sicherlich aus erster Hand wissen. Aber das Feuer der Liebe bringt eine Änderung der spirituellen Sicht, die sich nicht auf kürzerem Wege einstellen kann. Ohne Liebe sterben wir also, aber mit der Liebe sind wir mit den Schmerzen konfrontiert, die tief ins Herz hinein brennen.

Einerseits sehe ich einen Chela, der keine Liebe hat, sie aber haben möchte. Andererseits sehe ich viele, die sie gehabt und verloren haben, und die sich entscheiden müssen, ob sie sich wieder auf sie einlassen wollen.

Das Geheimnis ist, daß man nicht ohne Liebe leben kann. Sie müssen die Art von Liebe finden, die mit Ihrer spirituellen Struktur in Übereinstimmung steht. Wenn Sie sie gefunden haben, stellen Sie fest, daß sie etwas Empfindliches ist, das einem wie Wasser durch die Finger rinnen kann.

## Wie trauert man als ECKist?

*Vor fünf Monaten wurde mein Sohn bei einem Flugzeugunglück getötet. Obwohl ich sein Hinübergehen akzeptiert habe und ihn häufig auf den inneren Ebenen sehe, vermisse ich seine physische Anwesenheit. Bitte sag mir, wie trauert man als ECKist?*

Der Schmerz, einen geliebten Menschen zu verlieren ist ein Kummer, der allen Menschen gemeinsam ist, unabhängig vom Glauben. Es ist natürlich, jemanden zu vermissen, der so sehr ein Teil von uns gewesen ist.

Wie trauert man als ECKist? Es gibt nicht nur eine Möglichkeit, weil unsere Gefühle in Bezug auf den einzelnen geliebten Menschen, der uns verläßt, von Fall zu Fall verschieden sind.

Um mit dem Trennungsschmerz zurechtzukommen, bemühen Sie sich, anderen zu helfen. Bieten Sie jemand anders an, auf seine Kinder oder Haustiere aufzupassen. Oder rufen Sie das örtliche Krankenhaus an, und sagen Sie dort, Sie hätten ein paar freie Wochen, in denen Sie als freiwilliger Helfer arbeiten könnten.

Jetzt im Augenblick müssen Sie über Ihren Schmerz hinausgehen. Die Zeit heilt alle Wunden. Seien Sie also eine Zeitlang ein freiwilliger Helfer, um sich selbst Zeit zum Heilen zu geben. Und schreiben Sie wieder, wenn es Ihnen ein Bedürfnis ist.

## Furcht, die Liebe zu verlieren

*Wenn es mit einer Beziehung abwärts zu gehen beginnt, komme ich in Panik. Ich kann es nicht ertragen, zu sehen, daß ich all die Zeit und Liebe umsonst dahinein investiert habe. Warum erlebe ich diesen Aufruhr? Warum kann ich nicht leichter loslassen?*

Der Aufruhr der verlorenen Zuneigung, den Sie erleben, ist eigentlich die Sehnsucht der Seele nach Gott. Er läßt Sie fast in Panik geraten, wenn eine Beziehung anders verläuft, als man zu Recht davon erwarten könnte. In all dem liegt eine Lektion, welche einfach heißt, dem ECK zu vertrauen, daß es uns die Umstände bringt, die zu unserem Besten sind.

Ich frage mich, ob es in den niederen Welten wegen ihrer Unbeständigkeit jemals möglich ist, vollständige Sicherheit zu erlangen. Immer wenn es so scheint, als ob die Welt unseren Vorstellungen entspricht, erscheint irgend etwas, das unsere Pläne durchkreuzt und unsere Gefühle in Aufruhr bringt.

Aber wir wissen, daß das Leben das ECK ist, und daß das ECK wiederum Liebe ist. Wenn die Beziehung mit einem geliebten Mensch aus welchen Gründen auch immer zu Ende geht, hat das ECK bereits etwas als Ersatz. Die Zwischenzeit, in der wir warten, ist die schwierige Zeit, in der unser Herz nach Verständnis schreit. Wenn es nicht genau in dem Augenblick kommt, in dem wir es brauchen, dann jagen wir in blinder Raserei herum, als würde dadurch etwas besser.

Bitte denken Sie daran, daß der Mahanta immer bei Ihnen ist, auch in den dunkelsten Zeiten. Wir neigen dazu, das zu vergessen, und denken an seine Gegenwart nur, wenn alles stetig verläuft. Das ECK ist gerade jetzt schon dabei, die Dinge für Sie auszuarbeiten, aber man kann nicht sagen, daß für Sie von nun an alles glatt geht.

Das Leben ist so gemacht, daß es uns mit uns selbst konfrontiert, bis wir mit den Schwierigkeiten umgehen können, die uns noch gestern in den Dreck gestoßen haben. Je höher die Bewußtseinszustände sind, in die Sie eintreten, desto größer werden die Probleme, denen Sie begegnen. Dieses Leben auf der Erde ist eine goldene Gelegenheit für die Seele, wichtige Schritte zu ihrem Ziel der Selbstmeisterschaft in ECK zu gehen. Obwohl der Weg manchmal schwierig sein kann, Sie sollten wissen, daß der Mahanta Ihnen so nahe ist wie Ihr Herzschlag.

Ihre Ziele in ECK sind am rechten Platz, denn Sie streben danach, in allem das Beste zu tun. Es sei hier an die Macht der spirituellen Übungen erinnert, Ihnen eine starke Aura zu geben, die von äußeren Ereignissen nicht so leicht durchbrochen werden kann, welche immer versuchen werden, Sie von der Liebe des ECK abzuziehen.

Bei allen Ihren Sorgen bin ich immer bei Ihnen.

## Einen geliebten Menschen vermissen

*Mein geliebter Ehemann starb kürzlich. Wir waren zwanzig Jahre lang verheiratet und liebten einander sehr. Es ist unerträglich, ohne ihn zu leben. Ich brauche Deine Hilfe.*

Ihre Liebe für Ihren Mann und seine Liebe für Sie leuchteten auf seinem Gesicht, erkennbar für alle, die wissen, was Liebe ist. Worte des Beileids werden keinen Balsam auf die Wunde der Trennung legen.

Wir haben eine tiefe Liebe für unsere Angehörigen, und wir vermissen sie, wenn sie uns verlassen. Aber in ECK wissen wir, daß das Band der Liebe stärker ist, als der Tod.

Er lebt in Ihrem Herzen weiter. Wenn Sie einsam sind und weinen, dann suchen Sie ihn dort, denn er ist so glücklich, an der Seite des Mahanta zu gehen. Er kann jetzt die Freiheit kosten, von der er wußte, daß es sie gibt.

Der Schmerz der Trennung heilt langsam. Lassen Sie Ihren Tränen freien Lauf, denn sie sind auch Tränen der Liebe. Und in Ihren dunkelsten Stunden bin ich bei Ihnen — und gebe Ihnen die ganze Liebe des Sugmad.

## Ihr persönliches Leben

*Ich wüßte gerne, was Homosexualität vom spirituellen Standpunkt aus bedeutet. Ich habe dazu in den ECK-Büchern und in meinen Kontemplationen keine Antwort gefunden, und ich kann mit niemandem darüber sprechen.*

*Ich bin seit ein paar Monaten in Eckankar und frage mich, ob Homosexualität die spirituelle Entfaltung beeinträchtigt.*

Vielen Dank für Ihren Brief, der sich auf Homosexualität und das Leben von ECK bezieht. Ihr persönliches Leben ist Ihre Entscheidung.

Das ECK beginnt, die Seele von ihrem jetzigen Zustand zu höheren hin anzuheben. Wenn das geschieht, werden sich diejenigen Gewohnheiten, die bei Ihrem nächsten Schritt zur Selbst- und Gottrealisation hinderlich sind, durch die Läuterung, die das ECK bewirkt, auflösen.

Was jemand in seinem persönlichen Leben tut, ist ausschließlich eine Angelegenheit zwischen dem Göttlichen Geist und dem Betreffenden. Jedoch bitte ich die Führerschaft in ECK, persönliche Überzeugung und Lebensweise nicht zum Gegenstand der Aufmerksamkeit anderer in ECK-Satsangs oder ECK-Centern zu machen. Der Grund liegt darin, daß der Lebende ECK-Meister die Seele zu ihrer wahren Heimat im Ozean der Liebe und Gnade führen möchte. Er hat kein Interesse an sozialen Themen oder Reformen, nur an der Erhaltung des einzelnen in alle Ewigkeit.

## Die Seele ist ewig

*Vor elf Jahren beging unser Sohn Selbstmord. In diesem Jahr tat der Sohn unseres Nachbarn das gleiche. Was geschieht mit denen, die dies tun? Können ihre Angehörigen helfen, indem sie vergeben und sie dem ECK übergeben? Ich verstehe einfach nicht, warum er unbedingt gehen wollte.*

Wir können nicht beliebig viel tun, wenn geliebte Menschen sich vor der Liebe verschließen und sich selbst zerstören. Aber trösten Sie sich: Die Seele ist ewig.

Sie haben alles getan, was menschenmöglich ist, ihn darin zu unterstützen, sich in diesem Leben zu verankern. Bitte haben Sie nicht das Gefühl, Sie hätten an ihm in irgendeiner Weise versagt. Er weiß, daß das nicht der Fall ist, und möchte nicht, daß Sie lange Zeit eine unnötige Bürde an Kummer mit sich herumtragen.

Diese unglücklichen Seelen irren eine Zeitlang verloren durch die Astralebene. Manche müssen die Tat ihrer Selbstzerstörung immer wieder neu durchleben. Dabei lernen sie, wie kostbar das Leben ist.

Schließlich dreht sich das Rad des Karma, und sie werden wiedergeboren. Ihr neues Leben kann hart sein, aber es ist dazu da, sie Liebe zu lehren.

Ihres Sohnes Tat der Selbstzerstörung ist vorübergehender Natur, denn schließlich wird er als Seele seine Verantwortung gegenüber dem Leben erkennen und ihm glücklich und ohne Bedauern dienen. Der Mahanta arbeitet jetzt gerade mit ihm, um ihm zu helfen, seine spirituelle Sicht zu korrigieren, damit er des Dienstes an Gott würdig werden kann.

*Ich bin sehr deprimiert, seit ein ECKist und Freund beschloß, sich selbst zu töten. Ich denke, das war eine Dummheit. Seitdem bin ich nicht mehr in der Lage zu kontemplieren oder einen Job zu behalten.*

Der Selbstmord Ihres Freundes war tragisch, denn er wußte es besser. Jedoch beendete das nicht seine spirituelle Existenz, sondern ein besonders wichtiges Kapitel in seinem Leben.

Warum tun Menschen etwas, das für uns übrige irrational erscheint? Sie machen in Anbetracht ihrer Überlebensinstinkte Gebrauch von ihrem freien Willen.

Durch viele Inkarnationen entwickelt sich ein heftiger Überlebensdrang. Aber viele, auch in ECK, sind nur auf den untersten Stufen dieser Skala des Überlebensfaktors.

Es gibt Chelas in ECK, die viel schlimmere körperliche Behinderungen haben als Ihr Freund. Aber diese Menschen, von denen einige Veteranen des Vietnamkriegs sind, sind fröhliche und optimistische Menschen. Warum? Der Unterschied liegt darin, wieviel mehr Liebe sie sich selbst entgegenbringen können. Ihr Freund wird beim nächsten Mal lernen, sich selbst mehr zu lieben.

Denken Sie daran—Liebe ist alles!

## Wo gibt es Liebe?

*Ich habe viele körperliche Probleme in diesem Leben und mußte viele Hindernisse überwinden. Ich bin zu dem Schluß gekommen, daß es dieses Mal für mich keine Liebe gibt. Wie kann ich es anfangen, in meinem Leben Liebe zu haben? Ist es zu spät für mich?*

Ihr Leben ist sicherlich außergewöhnlich, und seine Besonderheit könnte Sie auf den Gedanken bringen, daß es nur für andere Liebe gibt, aber nicht für Sie. Sie mögen das für kaum glaublich halten, aber Menschen können jahrelang in einer Beziehung miteinander leben und immer noch nicht wissen, was Liebe ist.

Es wäre unrichtig, wenn ich oder irgend jemand sonst versuchen würde, Ihre Ansicht über etwas zu ändern, das zwischen dem Sugmad und Ihnen liegt, und deshalb werde ich das nicht tun. Diese Welt hat ihre Folterlager (wie im zweiten Weltkrieg in Deutschland und an anderen Stellen) und Orte, um den Geist der Menschen zu brechen. Aber aus irgendeinem Grunde hatten einige wenige unter den vielen, die täglich die gleiche Aussicht auf Angst und Tod hatten, einen glühenden Lebensdrang. Warum? Wer kann es sagen? Vielleicht waren die Überlebenden diejenigen mit dem stärksten spirituellen Herzschlag.

Wo gibt es Liebe? Wiederum, wer kann das sagen? Wir wissen, sie umgibt uns wie ein Ozean, aber wo ist der kleine Strom, der den Garten unseres Herzens nährt?

Wir haben ja nichts dagegen, daß alle Welt Liebe hat, aber wir möchten auch ein bißchen davon abbekommen. Sicherlich, wir kennen den Fall von Helen Keller, die im Alter von neunzehn Monaten blind, taub und stumm wurde. Mit der Hilfe von Anne Sullivan, die ihre Freundin und Lehrerin war, wurde Helen Keller eine berühmte Schriftstellerin und Dozentin. Sie sammelte Spenden für die Ausbildung von Blinden und für andere Projekte.

Was ich Ihnen hier sagen möchte, ist, daß Menschen mit außerordentlichen Problemen wie Sie viel härter arbeiten müssen als der Durchschnittsmensch, um Liebe oder irgend etwas zu bekommen. Aber ihr Erfolg kann den anderer auch weit übersteigen.

Liebe beginnt an einem kleinen Ort in Ihrem Herzens. Lieben Sie Ihre Musik, die hinausgreifen und anderen Liebe bringen kann, und so kann die Liebe in Ihnen wachsen.

Es gibt andere Menschen mit Behinderungen, die sich ebenso wie Sie nach Liebe sehnen. Manche haben sie gefunden. Wie? Sie könnten sich mit einer Organisation Behinderter in Verbindung setzen, um zu sehen, wie deren Mitglieder mit ihrer Suche nach Liebe umgchen.

Liebe ist etwas, das wir alle ebenso sehr brauchen, wie Luft und Licht.

## Kann ich gleichzeitig Liebe und ECK haben?

*Ich habe kürzlich eine Beziehung mit jemandem aufgenommen, den ich sehr liebe. Aber das läßt mich meinen Glauben an ECK in Frage stellen. Ich verstehe die Rolle menschlicher Liebe im Zusammenhang mit Eckankar nicht, und ich habe mich oft davon überzeugt, daß ich sie nicht haben darf. Daher fürchte ich oft, daß meine Ergebenheit gegenüber Eckankar mich von diesem Menschen, den ich liebe, entfernen wird. Es ist so schlimm geworden, daß ich zögere, meine spirituellen Übungen zu machen.*

Der Weg von ECK ist eigentlich für diejenigen da, die das Gottbewußtsein auf einem sicheren, direkten Kurs erreichen möchten. Es gibt viele Wege zu Gott, und ich meine, jeder sollte seinen eigenen religiösen Weg ohne eine von außen verursachte Angst wählen können.

Die Motivation für die spirituellen Übungen ist vollkommen Teil Ihrer Selbstdisziplin. In dieser Hinsicht können andere wirklich sehr wenig tun, um uns zu helfen. Sie ist ein Maß dafür, wie wichtig uns ein Wunsch ist, und wozu wir bereit sind, um ihn zu erarbeiten. Niemand kann diese Entscheidung für einen anderen treffen.

Auch andere haben Fragen über Eckankar und die Rolle der menschlichen Liebe. Der ECKist ist kein Asket, und er gestattet auch anderen Menschen nicht, ihm vorzuschreiben, wie er sein persönliches Leben führen soll. Eckankar ist dazu da, unser Leben zu verbessern und die schlafenden Quellen in unserem Inneren zu öffnen, damit wir in unserem Leben fortschreiten und es genießen können — aber mit Liebe und Verantwortung für alles Leben.

Mit anderen Worten, wir verletzen niemanden absichtlich. Wenn wir eine Liebesbeziehung mit einem anderen Menschen haben wollen, müssen wir sie insgesamt sorgfältig prüfen, denn sie wird unser Leben. Es gehört zum Leben, unsere Erfahrung auf der Erde so reich und interessant wie möglich zu gestalten.

## Was trennt mich von der Liebe Gottes?

*Wie kann ich der Liebe Gottes näher kommen? Mir scheint, ich stolpere oft.*

Das Buch *Der Fremde am Fluß* enthält eine Reihe guter Abschnitte, um das Bewußtsein spirituell zu machen. Die heiligen Werke zu lesen ist eine vorläufige Phase, und dann entschleiert das Heilige ECK langsam den Blick des Menschen für die Gelegenheiten in seiner Umgebung, die es ihm ermöglichen, Liebe sowohl zu geben als auch zu empfangen.

Zuerst muß man lernen zu lieben, um einem anderen oder etwas anderem Liebe zu geben. Das bedeutet, in den kleinen Dingen etwas von sich selbst zum Vorteil eines anderen zu opfern.

Der nächste Abschnitt ist einer, den wenige erreichen, weil sie über die Hürde des Gebens nicht hinüber kommen. Dieser zweite Schritt betrifft die Kunst, von anderen Liebe zu empfangen. Man braucht Bescheidenheit dazu, sie mit offenem Herzen anzunehmen.

Der dritte, unausgesprochene Teil liegt darin, die Liebe, die gegeben oder empfangen wird, umzuwandeln und an jemand anderen weiterzugeben. Niemand kann die Liebe des Sugmad festhalten und erwarten, daß er noch mehr davon bekommt.

Insgesamt lernt man erstens, Liebe zu geben,

zweitens, sie zu empfangen und drittens muß, ob nun gegeben oder empfangen, der Absender oder der Empfänger sie weitergeben.

Es ist außerordentlicher Mut erforderlich, um dahin zu folgen, wohin die Liebe führt. Ihre Früchte sind mit großer Sicherheit bittersüß. Ich zweifele daran, daß jemand, der menschlicher Liebe aus dem Wege geht, die Liebe Gottes wirklich kennen kann.

## Mit anderen auskommen

*Ist es wichtig, mit anderen ECKisten befreundet zu sein? Ich bin Höherinitiierter und habe mir diese Frage schon eine Zeitlang gestellt.*

Viele Höherinitiierte sind dabei, Bande der Freundschaft und des Respckts untereinander aufzubauen. Ich habe so oft beobachtet, wenn die Liebe des ECK in das Herz eintritt, gibt es sowohl bei einzelnen Menschen als auch in Gruppen alle möglichen Veränderungen.

Liebe ist der Balsam, der über Ungeduld und Kränkungen hinwegsieht. Arbeiten Sie in Harmonie mit allem Leben, auch mit denjenigen, die mit Ihrem Verständnis von Gott und dem Göttlichen Geist nicht übereinstimmen. Der ECKist mit seinem umfangreicheren Verständnis spiritueller Muster geht tolerant mit anderen um.

## Harmonie in der Familie

*Ich bin an Eckankar sehr interessiert und würde gerne sowohl im äußeren als auch im inneren daran teilnehmen. Das einzige Problem ist, daß meine Eltern dagegen sind. Gibt es irgendeine Möglichkeit, ein ECKist zu werden, ohne daß sie es wissen?*

Wenn jemand sich einer anderen Religion als die übrigen in der Familie anschließen möchte, ist es meist das Beste, das nicht zu übereilen. Zu späterem Zeitpunkt gibt es vielleicht mehr Anhaltspunkte für eine derartige Entscheidung.

Es ist interessant zu beobachten, daß der Göttliche Geist eigentlich versucht, die Familien zusammenzuhalten. Man kann sich selbst spirituell fördern, indem man viel in Büchern anderer Denkweisen liest. Noch besser ist es, wenn es kontemplative Übungen gibt, mit denen man beginnen kann.

Es gibt immer die Zusicherung, wenn jemand eine tiefreichende Verpflichtung gegenüber dem Göttlichen Geist eingeht, ganz gleich, welchen Weg er wählt, werden seine Interessen bestens gewahrt.

Göttliche Liebe ist grenzenlos, nicht eingeschränkt durch die Grenzen der Furcht vor dem Unbekannten. Ein solcher Mensch, ein Verehrer des Göttlichen Geistes, kann in der Sicherheit ruhen, daß der Innere Führer immer bei ihm sein wird, sowohl in diesem Leben als auch im nächsten. Sein spirituelles Wohlergehen ruht immer in den Händen Gottes.

## Kindern beim Aufwachsen helfen

*Ich habe meinen Sohn allein großgezogen und war für ihn Vater und Mutter. Jetzt ist er verheiratet und hat selbst eine Familie. Aber er war für mich immer ein Grund zu Befürchtung und Sorge, weil er mental sehr wenig stabil ist. Ich habe einen Mann gefunden, den ich gern habe und mit dem ich gerne zusammen wäre, aber ich habe Angst vor der Reaktion meines Sohnes. Kannst Du eine Lesung über ihn machen und herausfinden, warum er so ist? Kannst Du mir helfen, diese Angst zu überwinden?*

Das spirituelle Gesetz verbietet mir, mich mit den Lebensumständen Ihres Sohnes ohne dessen Genehmigung zu beschäftigen. Ich kann jedoch Ihr Problem ansprechen.

Wie Sie schon verschiedentlich gesagt haben, halten Ihre Befürchtungen Sie spirituell zurück. Sie hindern Sie an klaren Gedanken darüber, was Sie für sich selbst tun möchten. Sie sind für Ihren Sohn Vater und Mutter gewesen, und das war eine edle, aber schwierige Aufgabe. Das Problem ist, daß Sie soviel von sich gegeben haben, um ihn glücklich zu machen, daß Sie dabei Ihr eigenes Glück vernachlässigt haben.

Sehen Sie zu, ob Ihr Sohn verstehen kann, daß Sie alles Mögliche getan haben, um ihm einen guten Start ins Leben zu geben. Er ist jetzt gesund, hat eine gute Frau und ist Vater zweier Kinder. Er hat die Grundlagen dazu, glücklich zu sein. Jetzt, wo für ihn gesorgt ist, möchten auch Sie einen Partner haben und glücklich sein. Würde er Ihnen das gönnen?

Man kann für einen anderen nur begrenzt viel tun. Auch Sie haben ein Recht, glücklich zu sein. Es gibt keinen Grund, deshalb Schuldgefühle zu haben. Jeder muß einmal erwachsen werden, und Ihr Sohn kann jetzt für seine Kinder das tun, was Sie für ihn zu tun versucht haben. Und Sie werden ihn immer lieben, aber er kann nicht erwarten, daß Sie immer noch Ihr ganzes Leben für ihn aufgeben. Er ist kein kleines, hilfloses Kind mehr. Er ist jetzt ein Erwachsener, der seine Liebe und Unterstützung seiner wachsenden Familie zukommen lassen muß, wie Sie es einst taten.

Wir sind gerne mit den Unseren zusammen, auch wenn sie schon erwachsen sind und das Haus verlassen haben. Aber dann ist die Beziehung zwischen Eltern und Nachkommen die zwischen zwei Erwachsenen und nicht mehr die zwischen einem Erwachsenen und einem hilflosen Kind.

## Durch Trauer hindurchgehen

*Ich gehe gerade durch eine Zeit schwerer Trauer über den Tod meines Ehemanns, der vor wenigen Wochen starb. Die überaus liebevolle Beziehung, die wir miteinander hatten, war etwas unbeschreiblich Seltenes und Besonderes. Ich hoffe, Du kannst mir helfen, etwas von der Verzweiflung zu überwinden, die ich empfinde.*

Ich habe Ihren Brief eine Woche lang auf einer Reise mit mir herumgetragen und versucht, Worte zu finden, um die Leere zu füllen, die das Hinscheiden Ihres Mannes, den Sie sehr geliebt haben, gelassen hat. Ich finde keine Worte für einen so tiefen Verlust wie den Ihren. Die Liebe, die Sie füreinander hatten, war etwas Echtes und Seltenes, das unersetzlich ist.

Wenn Sie aufrichtig einen Weg aus der schrecklichen Niedergeschlagenheit, die sich Ihrer bemächtigt hat, finden wollen, dann kann ich nur zu etwas raten, das Ihre Liebe für ihn so umlenkt, daß durch Sie andere an ihr teilhaben können. Liebe braucht jemanden, zu dem sie fließen kann, und die Liebe, die Sie für ihn haben, muß an einen anderen weitergegeben werden, an jemanden, der sie so dringend braucht, wie einst Sie.

Es ist natürlich Ihre Entscheidung, und Sie kommen vielleicht auf einen anderen Plan, der Ihrem Gefühl besser entspricht, aber gehen Sie doch in ein Altersheim, und bitten Sie einen der Menschen dort, er möge Ihnen erzählen, was er in seinem langen Leben über Trauer gelernt hat. Suchen Sie den Menschen sorgfältig aus. Es sollte jemand sein, der aufmerksam und empfindsam ist und dessen Antlitz von

Güte, Freundlichkeit und Humor leuchtet. Stellen Sie sich vor, Sie seien ein Kind, das einem Lehrer eine schwierige Frage stellt, aber daß Sie bescheiden sind und die Antwort wirklich wissen wollen.

Ich bin glücklich für Sie in der Freude, die Ihr Leben erleuchtet hat, und ich weine mit Ihnen über Ihren Verlust. Ich sende Ihnen meine Liebe, mit spirituellem Segen.

*Warum sterben die Menschen, die wir lieben, und lassen uns hier zurück? Mein Mann starb plötzlich, und ich stehe mit meinem Kummer ganz allein da.*

Worte allein können ein gebrochenes Herz nicht heilen. Das kann nur die Zeit. Ihr Mann ging aus eigener Entscheidung in die Höhle der Läuterung, denn die Seele trifft ihre eigene Entscheidung über den Wert, den die Liebe Gottes für sie hat.

Er wußte, daß Schmerz reinigt, aber auch, daß er ihn hinter sich lassen konnte, indem er in einen Bewußtseinszustand aufstieg, wo der Schmerz einfach nicht existieren kann.

Er ist jetzt glücklich. Ich bin sicher, das wissen Sie schon. Lassen Sie die Zeit und seine Liebe Ihre Wunden heilen, denn das wird sicherlich geschehen.

## Liebevoller Dienst

*In den letzten zwei oder drei Monaten war ich vertieft in den Tonstrom. Ich konnte Ihn auf Wunsch in jedem Moment wahrnehmen. Aber erst jetzt habe ich plötzlich verstanden, daß ich mich mitten in dem Geschenk Gottes, dem Hörbaren Lebensstrom, befinde.*

Ich freue mich zu hören, daß Sie sich bewußt sind, im Hörbaren Lebensstrom zu verweilen. Es gibt einfach keine Möglichkeit, schreibend der Realität des Sugmad gerecht zu werden, deshalb werde ich es hier nicht versuchen.

Das ECK öffnet unser Herz der Liebe. Wir können jetzt das Leben und alles Lebende lieben. Sein Geschenk macht uns freudig und zufrieden damit, Ihm mit Bescheidenheit zu dienen. Andere sehen vielleicht Sein Licht in uns nicht—obwohl wir Seinen Ton hören —aber wir sind jetzt reine Kanäle für die göttliche Liebe.

Diese Rolle braucht weder die Zustimmung noch das Verständnis anderer Menschen. Wir sind zufrieden damit, die Auserwählten zu sein. Unser Leben danach ist immer ein Leben des liebevollen Dienstes.

## Gottes Gnade

*Du verweist auf den Ozean der Liebe und Gnade*[2], *wenn Du über das Sugmad sprichst. Du hast Dich sehr dafür eingesetzt, uns ein Gefühl für göttliche Liebe zu geben. Ich erinnere mich jedoch nicht, daß irgend etwas über göttliche Gnade oder irgendeine Art von Mitgefühl gesagt oder geschrieben wurde. Würdest Du bitte über Gnade sprechen, und darüber, wie sie mit Deiner Aufgabe zusammenhängt?*

Gnade und Mitgefühl sind zwei sehr wichtige Eigenschaften, aber Liebe ist von allen die größte.

Von oben bis unten ist das Sugmad der Ozean der Liebe und Gnade. Im *Shariyat*, Buch Eins, steht: »Das Leben hatt keine Bestehen, wenn nicht die Liebe und die Gnade Gottes wären.« Aber man kann den Mahanta, den Lebenden ECK-Meister, nur finden, wenn man Liebe

---

[2] Hier steht im Englischen das Wort *mercy*, das sowohl Gnade, wie auch Barmherzigkeit oder Güte heißen kann. Die deutsche Wortwahl ist vom Zusammenhang bestimmt, wobei hier insgesamt die Bedeutung *Gnade* im Vordergrund steht.

und Demut besitzt und anderen gegenüber Mitgefühl *(mercy)* zeigt.

»Liebe ist der Hauptschlüssel zum Reich des Himmels«, heißt es im *Shariyat*, Buch Zwei.

Bisher lag die Aufmerksamkeit in ECK auf göttlicher Liebe. Es gibt einen Grund dafür. So viele Menschen innerhalb und außerhalb von ECK haben die verkehrte Vorstellung, daß Gnade eine göttliche Eigenschaft ist, die Gott und andere ihnen schuldig sind. Eine derartige Denkweise gehört zu dem Drängen nach »Berechtigungen«, das seit der Gründung von Eckankar Mitte der sechziger Jahre in der Gesellschaft so beliebt geworden ist. Die Spur, die diese Haltung im Verstand der westlichen Gesellschaft hinterlassen hat, drückt sich in einem alten Gebet aus: »Herr, sei mir armem Sünder gnädig.«

Solch eine Sicht der Gnade löscht den kreativen Funken in der Seele aus. Sie führt zu passiven Menschen.

In ECK gehen wir schrittweise vor. Liebe und Gnade sind gleichermaßen wichtig in der ECK-Lehre. Unsere Aufmerksamkeit hat jedoch bisher auf der göttlichen Liebe gelegen wegen dem, was Gnade voraussetzt: einer Position der Stärke, von der aus man Mitgefühl mit den weniger Glücklichen zeigen kann. Ein ECK-Meister spricht beispielsweise aus einer Stellung spiritueller Stärke. Deshalb kann seine Gnade Wunder wirken, zum Beispiel mit nur einem Blick einem Menschen die Tore des Himmels zu öffnen. Aber die Gnade eines Sklaven ist nicht viel wert, denn er beherrscht ja kaum sein eigenes Schicksal.

Das zweite der vier Zoas führt unter den Eigenschaften eines Mahdis, eines Höherinitiierten in ECK, Mitgefühl auf. Das geschieht mit dem Verständnis, daß alle, die die Atma Lok erreichen, ihre Aufgabe kennen: ein Mitarbeiter Gottes zu werden. Diese Rolle bedeutet, daß man allen Liebe und Barmherzigkeit *(mercy)* gibt.

Darüber hinaus verleihen die Spirituellen Übungen von ECK Weisheit. Sie geben Einsicht, wie Mitgefühl die Wände zwischen den Seelen zusammenschmelzen läßt, denn wie könnte jemand nicht Mitgefühl mit einem anderen Licht Gottes haben, das ein Lächeln, ein freundliches Wort oder sogar etwas zu essen braucht?

## Menschliche Liebe, göttliche Liebe

*Was ist menschliche Liebe und was ist göttliche Liebe? Wie kann ich lernen, göttliche Liebe zu leben?*

Sie möchten den Unterschied zwischen Liebe und göttlicher Liebe wissen. Fangen Sie mit Liebe an, und die wächst in die göttliche Liebe hinein. Ich weiß, das ist nicht die Antwort, die Sie suchen, aber der Verstand hat mit Liebe nichts zu tun.

Sie müssen das Kapitel »Liebe« im Buch *Der Fremde am Fluß* einige 'zigmal gelesen haben, aber verwenden Sie es jetzt für die nächsten zehn Tage in der Kontemplation. Dann wird Ihr Herz anfangen, sich der Liebe zu öffnen.

Fangen Sie mit der Liebe an, die Sie haben. Lieben Sie mit Dankbarkeit. Diese Liebe erweitert Ihr Herz zu einem noch größeren Gefäß, das mehr Liebe aufnehmen kann. Äußerlich können göttliche Liebe und emotionale Liebe genauso aussehen, aber göttliche Liebe ist freudig und dankbar. Sie gibt sich selbst in vollem Maße.

Lassen Sie Liebe sein, was sie will. Lassen Sie sich nicht vom Verstand sagen, daß die eine menschlich und die andere göttlich ist. Geben Sie einfach Liebe, ohne zu erwarten, daß sie zurückkommt. Ich bin immer bei Ihnen — und das ist Liebe.

# 4

# Was Tiere uns lehren

*Ich habe viele Fragen über das Wesen der Seele. Haben beispielsweise Mineralien, Pflanzen und Tiere Seelen?*

Da die Seele meist nicht sichtbar und nicht Gegenstand der Untersuchung in einem naturwissenschaftlichen Labor ist, bleibt ihr Wesen eine Angelegenheit spekulativen Glaubens oder persönlicher Erfahrung.

Der Zweck der ECK-Lehre ist, dem Menschen das Wesen der Seele auf eine Art zu beweisen, die für ihn sinnvoll ist. Wann und wie das geschieht, hängt vom Mahanta ab, der die beste Zeit und den besten Ort bestimmt.

Wenn die Zeit richtig ist, wird jede Frage, die Sie haben, zu Ihrer Zufriedenheit beantwortet werden.

## Die Wahl der Seele

*Welche Lebensform kommt nach der menschlichen?*

Ich denke, Katze oder Hund (Scherz).

Es gibt eigentlich viele Wahlmöglichkeiten für die Seele. Wir halten den menschlichen Körper für die höchste Form auf der Erde. Aber manchmal frage ich mich, ob nicht manche Tiere, Vögel oder Fische manchen Menschen spirituell überlegen sind.

Zuweilen frage ich mich auch, was die Menschen täten, wenn sie feststellten, daß unsere ersten Besucher aus dem Weltraum Delphine wären (wiederum ein Scherz), welche kraft ihrer Gedanken und nicht mittels Raketenantrieb zur Erde gekommen sind. Sie sind sicher gescheiter als viele Menschen.

Es gibt Tausende von Formen, die eine Seele annehmen kann. Aber am Ende gibt die Seele alle äußeren Formen auf und wird zum reinen Licht und Ton Gottes. Das ist der Seelenkörper. Es ist eine weit höhere Form, als die jedes Menschen, Geistes oder Engels.

## Tiere und Himmel

*Ich möchte wissen, ob es auf der Astralebene, Kausalebene usw. Tiere gibt.*

Ja, die gibt es. Wie oben, so unten. Das bedeutet, daß Katzen, Hunde und Schildkröten genauso wie die Menschen einen Himmel haben. Man wundert sich, warum manche Menschen so ärgerlich werden, wenn sie hören, daß Tiere in den Himmel kommen. Von dort kommen wir ja alle.

## Wenn ein Haustier stirbt

*Werde ich wissen, was ich tun soll, wenn es meiner Hündin mit zunehmendem Alter schlechter geht? Werde ich insbesondere wissen, ob ich ihr beim Hinübergehen helfen soll, so wie es heute allgemein durch eine Spritze beim Tierarzt praktiziert wird? Ich möchte kein Karma übernehmen, indem ich mich in ihr Leben einmische, möchte aber doch unserer Beziehung liebevoll Ehre erweisen.*

Wenn die Zeit kommt, benutzen Sie die vorhandenen Möglichkeiten, einem Haustier zu einem schmerzlosen Hinübergehen zu verhelfen. Woher wissen Sie, wann die Zeit dafür richtig ist? Wenn Ihr Haustier nicht mehr am Leben teilnehmen kann. Immer wenn Schmerz oder Behinderung ihm nicht mehr die Möglichkeit geben, Sie so zu lieben, wie es das normalerweise tun würde.

Sprechen Sie darüber zuerst mit Ihrem Haustier, und bitten Sie um Führung im Traum, um die richtige Entscheidung zu treffen. Es wird kein Karma damit verknüpft sein, wenn Sie Ihr Haustier den Händen des Mahanta übergeben.

## Auch Haustiere inkarnieren sich wieder

*Unser geliebter Familienhund starb kürzlich. Inzwischen haben wir einen neuen Lhasa-Apso-Welpen gefunden. Könnte es sein, daß sich die Seele in so kurzer Zeit wieder inkarniert hat?*

Ja. Die Seele bewegt sich frei durch die Körperformen, die für sie passend sind. Die Seele inkarniert sich in Tierkörpern sowohl auf der physischen Ebene wie auch auf den höheren Ebenen. Familien können die Wahl treffen, sich zusammen zu inkarnieren, und das können auch die Haustiere.

## Das spirituelle Wesen der Tiere

*Worin liegt das spirituelle Wesen der Tiere? Helfen Sie uns bei unserem spirituellen Wachstum?*

Nicht jedermann hat ein Haustier, und nicht jeder

kann eines haben. Manche Wohnungsverwalter gestatten keine Tiere, und nicht alle Eltern können sich eines leisten. Aber wenn Sie eines haben, werden Sie feststellen, daß Ihr Haustier ein wunderbarer Gefährte ist, um einen gewisse Arbeitsweisen des göttlichen ECK zu lehren.

Es gibt ein interessantes Buch darüber, was Tiere denken und fühlen. *What the Animals Tell Me* [Was mir die Tiere sagen] von Beatrice Lydecker (Harper & Row) berichtet darüber, wie die Autorin mit ihren Tieren zu »sprechen« lernte, indem sie Methoden der bildlichen Vorstellung benutzte.

Im Laufe der Jahre bestand die Tierfamilie von Beatrice Lydecker unter anderem aus Hunden, Katzen, Kühen, Enten und anderen Tieren auf dem Bauernhof. Die mentalen Bilder, die sie benutzte, um mit ihnen zu sprechen, sind so ähnlich wie die Vorstellungstechniken, die Paul Twitchell in *Die Flöte Gottes* erklärt. Frau Lydeckers Methoden, Tiere zu unterrichten, sind von der spirituellen Weisheit des ECK geprägt, aber ihre Tiere brachten auch ihr eine Menge Lektionen über das Leben bei.

Die Autorin versuchte einst, ihre Hündin Princessa sprechen zu lehren. Sie wollte, daß die Hündin für etwas, was sie haben wollte, bellen sollte. Stundenlang versuchte sie das hervorzurufen, indem sie »wuff, wuff« sagte, aber die Hündin saß still mit einem verwunderten Stirnrunzeln da.

Schließlich fragte sie sie, warum sie nicht sprach. In der inneren Sprache sagte die Hündin: »Du weißt ja schon, was ich will. Warum muß ich dann bellen?«

In anderen Experimenten stellte sie fest, daß Tiere verneinende Ausdrücke wie zum Beispiel *du darfst nicht, du kannst nicht, du solltest nicht, du könntest nicht* und *du würdest nicht* nicht verstehen. Ein Hund, der auf das Bett springt und der mit dem Befehl: »Geh nicht auf das Bett!« herunter kommandiert wird, wird vermutlich sitzen bleiben. Das Tier überhört das Wort *nicht* und versteht: »Geh auf das Bett!« Also gehorcht es, glücklich, seinem Meister eine Freude zu machen. Dann ist es verwirrt, wenn es wegen seines Ungehorsams gescholten wird.

Um Ihrem Haustier Gehorsam beizubringen, versuchen Sie Sätze mit ausschließlich positiven Worten zu benutzen. Stellen Sie sich zuerst im Verstand ein Bild vor, bei dem der Hund auf dem Boden neben dem Bett sitzt. Als nächstes sagen Sie: »Setz dich auf den Boden!« Das ist ein positiver Befehl und wird bei den meisten Hunden im Lauf der Zeit funktionieren.

*What the Animals Tell Me* gibt vernünftige Ratschläge für die Erziehung von Tieren. Das Buch ist leicht zu lesen für jeden, der mindestens zwölf ist. Es ist voller Geschichten, Beispiele und Hinweise zur Pflege von Haustieren, die sich auf die Leitsätze von ECK konzentrieren. Aber die eigentliche Botschaft steht zwischen den Zeilen: wie man seine Augen für das ECK öffnen kann.

Vielleicht ist das Buch in Ihrer örtlichen Bibliothek enthalten. Rufen Sie den Bibliothekar an und fragen Sie unter Angabe des Titels und der Autorin danach. Wenn es nicht vorhanden ist, fragen Sie, wie Sie es finden können.

Wenn Sie selbst keine Haustiere haben, dann freunden Sie sich mit Katzen oder Hunden in Ihrer Nachbarschaft an. Dann schauen Sie sich die Welt mit ihren Augen an. Das ist eine Seelenreisen-Übung. Sie werden altbekannte Dinge in neuem Licht sehen. Jedesmal, wenn man mit neuen Augen sieht, ist man näher daran, ein Mitarbeiter Gottes zu sein.

## Zum Nutzen des Ganzen

*Meine Tochter sah ein Tierheim in unserer Stadt, in dem die Hunde unter sehr schlechter Behandlung leiden. Sie leben in äußerst kleinen Boxen aus Betonblöcken. Manche der Hunde sind verrückt geworden. Weil wir beide Tiere lieben, möchte meine Tochter wissen, warum diese Hunde so schrecklich leiden und unter so grausamen Bedingungen leben müssen.*

*Wenn Menschen leiden und unter schlimmen Umständen leben, kann ich es mit dem Gesetz des Karma und der Wiedergeburt erklären. Aber wie können diese Tiere die spirituellen Gesetze gebrochen haben? Ich wußte nicht, wie ich ihre Frage beantworten sollte. Könntest Du bitte erklären, ob auch Tiere Karma erzeugen und falls ja, auf welche Weise?*

Leiden ist nicht immer eine unmittelbare Folge davon, daß ein spirituelles Gesetz gebrochen wurde. Auch wenn jeder ein *Adi Karma* erhält, das primäre Karma, mit dem wir in unserem ersten Leben beginnen, gehört zur spirituellen Reise doch noch sehr viel mehr. Eine Seele kann absichtlich ein schweres Leben wählen, um mehr über Liebe, Weisheit und Barmherzigkeit zu lernen. Schmerz ist wie Freude einfach ein Werkzeug im Arsenal von Karma und Wiedergeburt.

Um spirituell zu wachsen, gehen wir darüber hinaus, das Karma unreflektiert anzunehmen, und so beschreiten wir den hohen Weg zu Gott.

Als spirituelle Wesen können Sie versuchen, das Tierheim Ihrer Stadt zu einem lebenswerteren Platz zu machen. Sprechen Sie mit dem Besitzer oder Verwalter. Wenn das zu nichts führt, suchen Sie Ihr Rathaus auf oder rufen Sie dort an. Fragen Sie jedesmal den Mahanta, welche Schritte zu tun sind, und dann tun Sie jeweils nur einen Schritt, bis die Umstände im städtischen Tierheim menschlicher sind.

Ein ECKist muß nicht ein hilfloses Rädchen in der Maschinerie des Lebens sein. Sie gehorchen einem höheren Gesetz: der göttlichen Liebe. Verwenden Sie Ihre spirituellen Schöpfungskräfte zum Nutzen des Ganzen.

## Vogelgeschichten

*Ich liebe Deine Seminargeschichten über Tiere und Vögel. Wir haben an unserem Haus am See viele Vögel. Wenn ich ihren Liedern zuhöre habe ich ein so friedvolles Gefühl.*

Der Gesang der Vögel ist einer der Töne von ECK. Darum habe auch ich die Vögel gerne.

## Sich selbst schützen

*Ich bin besorgt über das Karma, das mit folgender Situation verbunden ist: Als Polizist im Dienst mußte ich einen bösartigen Hund erschießen, der jemanden angegriffen hatte. Ich liebe Tiere. Warum kommt so etwas vor?*

Während wir wo immer möglich das Leben schützen, müssen wir dem Göttlichen Geist vertrauen, daß er uns zum Nutzen des Ganzen leitet.

Einige der Tiere, denen die Hüter des Gesetzes im Dienst begegnen, wurden dazu trainiert, bewegungsunfähig zu machen und zu verletzen. Es ist unwahrscheinlich, daß sie jemals als Familienhaustiere nützlich sein können. Polizeibeamte haben den Auftrag, für den Frieden und die Sicherheit der Bürger zu sorgen. Dies ist ein kriegerisches Universum, und manchmal ist es erforderlich, für unsere Freiheit und unser Wohl zu kämpfen.

Der Unterschied liegt in unserer Haltung. Wenn wir unsere Pflicht erfüllen und ein bösartiges Tier töten müssen, lassen wir nicht zu, daß sich in unserem Bewußtsein Schuldgefühle festsetzen. Wir können im Namen des Sugmad handeln. Obwohl wir danach streben, friedlich und in Harmonie mit allem Leben zu handeln, gibt es ECKisten, die im Dienst für ihr Land Waffen tragen. Damit ist keine Schuld verbunden.

Wir müssen mit menschlichem Leben sehr sorgsam umgehen, wenn nicht das unsere oder das anderer Menschen bedroht ist.

## Die Schuld eines Jägers

*Ich bin mein ganzes Leben lang ein begeisterter Jäger und Fischer gewesen. Aber die ECK-Kurse sprechen davon, Liebe für die gesamte Schöpfung Gottes zu haben. Bedeutet diese Liebe, daß wir nicht wie bei der Jagd auf Rehe und Hirsche töten oder Raubtiere erschießen? Und wie sieht es mit dem Fischen aus? Ich bin soweit gekommen, daß ich Schuldgefühle bekomme, wenn ich ein Raubtier erschieße, aber dann denke ich an das Fleisch der getöteten Fische und Rinder, das wir täglich essen. Ich bin verwirrt.*

Ich freue mich sehr über Ihre Frage über das Töten von Tieren. Anhänger mancher Religionen gehen mit zu Boden gesenkten Augen, nicht als Zeichen der Demut, sondern angeblich als Zeichen ihrer großen Liebe für das Leben. Sie wollen kein Insekt zertreten.

Aber man muß für sich selbst entscheiden, ob man jagen oder fischen will. Wenn es für die Ernährung nötig wäre, würde ich auch jagen. Aber es als Sport zu tun ist wiederum eine persönliche Entscheidung.

Ich mache keine Einschränkungen in Bezug auf

Fleischgenuß. Manche Menschen würden sehr krank werden, wenn sie plötzlich die Kost, die sie ein Leben lang genossen haben, aufgeben und sich entscheiden würden, Vegetarier zu werden. Aber auch Pflanzen gewähren der Seele einen Wohnort.

Was jedoch wichtig ist — ob man sich nun entschließt, zu fischen und zu jagen oder nicht — ist die Haltung. Die Haltung des Schuldgefühls könnte sich als schädlicher erweisen, als die Handlung selbst. Tun Sie, was Sie wollen. Der Innere Meister wird Ihnen Schritt für Schritt die notwendigen Erkenntnisse geben. Sie können den Weg wählen, der für Sie richtig ist.

## Eine Haltung der Dankbarkeit

*Ich bin fünfzehn und ich jage gerne. Was für ein Karma bringt das mit sich? In dem Buch Der Wind der Veränderung hast Du gesagt, daß Du Dir einen Arm gebrochen hast, weil Du einen Hirsch geschossen hast. Heißt das, daß ich sterben muß, weil ich einen Fasan geschossen habe?*

Leben ernährt sich von Leben. Im achten vorchristlichen Jahrhundert sagte der griechische Dichter Hesiod: »Große Fische fressen kleine Fische.«

Manche Indianer brachten vor der Jagd ein Gebet dar, in dem sie dem Göttlichen Geist für das Geschenk der Nahrung dankten, die sie an diesem Tage zu finden hofften. Das Gebet bewies einen Respekt vor dem Leben, während es gleichzeitig die Notwendigkeit anerkannte, daß sich physische Lebensformen wiederum von anderen Lebensformen ernähren.

Als ich den Hirsch jagte, hatte ich dieses Gefühl der Losgelöstheit und Dankbarkeit nicht.

Es gab eine Menge sozialen Druck in meiner heimatlichen Gemeinde, daß Männer auf die Jagd gehen und ihre Mannheit beweisen sollten. Die Hirschjagd war ein jährliches Ritual des Übergangs in das Mannesalter, aber ich begann, damit Schwierigkeiten zu haben. Mein tiefstes Bedauern später bezog sich darauf, daß ich zur Jagd gegangen war, um anderen zu gefallen. Das Karma, das daraus folgte, beruhte darauf, daß ich meine eigenen starken Gefühle ignoriert hatte.

Du kannst jagen und fischen. Bewahre Dir einfach eine Haltung der Dankbarkeit gegenüber dem ECK für Seine Geschenke der Nahrung.

## Ein besonderer Freund

*Ich bin acht Jahre alt, und ich hatte einen Traum von einer Katze mit einem Kristall an ihrer Stirn. Sind Tiere wirklich so etwas besonderes?*

Die Katze mit dem Kristall auf der Mitte ihrer Stirn klingt nach einer besonderen Katze zum Liebhaben.

Wenn meine Frau mit unserer kleinen Hündin Molly ausgeht, kommt die schwarze Katze eines Nachbarn vorbei, um guten Tag zu sagen. Die Katze heißt Nubby. Sie hat Molly und meine Frau gern, deshalb brachte sie ihnen eines Tages ein Geschenk. Das war ein glatter weißer Kieselstein. Nubby hat ihn in der Nähe der Haustür auf die Wiese gelegt, und sie kommt täglich vorbei, um zu sehen, ob ihr Geschenk noch da ist. Es ist noch da.

Nubby ist eine besondere Katze. Sie kann hören, wenn man leise flüsternd mit ihr im Inneren spricht.

Die kleine Hündin Molly schien heute nachmittag auf einmal ihren Spaziergang machen zu wollen, deshalb öffnete ich die Tür um Nubby zu sagen, wir würden gleich rauskommen. Natürlich änderte Molly ihren Entschluß und legte sich wieder hin.

Ich vergaß Nubby, die an der Haustür auf uns wartete. Nubby ist eine höfliche Dame. Sie hat gute Manieren. Aber schließlich miaute sie an der Tür. Ob Molly und ich jetzt kämen? Ich war beschäftigt und nahm sie nicht wahr. Dann kratzte sie an der Türe. Deshalb gingen Molly und ich hinaus, bevor Nubby uns die Tür aufbrach.

## Die orangefarbene Katze

*Eine orangefarbene Katze kam zu meinem Haus, und ich sorgte eine Weile lang für sie. Sie war trächtig und bekam Junge, aber bald danach wurde sie von einem Auto angefahren. Ich ging mit ihr zum Tierarzt und pflegte sie dann zu Hause, aber da ihre Rückenmarksnerven zerstört waren, mußte sie eingeschläfert werden.*

*Ich liebe Tiere sehr und dachte, ich hätte das Richtige getan. Aber vielleicht sollte ich davon eine Lektion lernen. War ich irgendwie nachlässig? Warum tut das so sehr weh?*

Sie haben alles in Übereinstimmung mit dem Göttlichen Geist getan. So sehr Sie es sich auch wünschen würden, es ist einfach nicht möglich, jedes streunende Tier aufzunehmen, das an Ihr Haus kommt. Aber die Katze hat gesehen, was Liebe sein kann, als sie Ihnen begegnete. Sie wußte jetzt, was sie vorher nicht gewußt hatte, nämlich daß ein ganz neues Leben nötig war, um sich derartiger Liebe zu erfreuen, denn sie hatte sich ihr gegenwärtiges Leben ohne Kenntnis der Liebe ausgesucht.

Deshalb wird sie tatsächlich wiederkehren, um in solche Umstände einzutreten, die ihr gestatten, Liebe zu geben und zu empfangen.

Die Katze und Sie wissen, daß Sie alles menschenmögliche für sie getan haben. Ruhen Sie jetzt im Trost der Gnade des Mahanta, und lassen Sie das ECK-Gesetz der Manifestation dafür sorgen, daß die orangefarbene Katze das Leben bekommt, das sie beim nächsten Mal braucht.

# 5
# Jugend und Familie in ECK

*Wie können die ECK-Jugendlichen in Anbetracht des Standpunktes, daß wir unerfahren, unterentwickelt oder naiv sind, eine führende Rolle übernehmen — ohne dabei rechthaberisch aufzutreten?*

Akzeptieren die Führer der ECK-Jugend wirklich die Meinung, daß sie unerfahren, unterentwickelt oder naiv sind? Das würde zu hoffnungsloser Stagnation führen. Ja, es ist wahr, daß wir alle Frischlinge, Greenhorns oder Küken sind, wenn wir damit beginnen etwas Neues zu lernen. So ist das Leben.

Ob der Trainer einer Highschool-Basketballmannschaft wohl einen reinen Anfänger in die erste Mannschaft bringt, bloß weil der kleine Neuling meint, er gehöre dahin? Warum sollte er sich nicht wie jeder andere auch seinen Platz in der Mannschaft erobern?

Wie kommt eine Flötistin dazu, die erste Flöte zu spielen? Sie erarbeitet es sich, nicht wahr?

Das alles steht mit der ECK-Lehre in Übereinstimmung. Durch Erfahrung erwerben wir uns einen ehrenvollen Platz unter den Vairagi-Adepten, aber nur, wenn wir die Lektionen in allen Lebensbereichen meistern. Manche Menschen scheinen niemals zu lernen, und für sie dauert es länger.

Führerschaft bedeutet, einen ausgeprägten Sinn für Verantwortung zu haben. Es ist eine Verpflichtung, ein Projekt bis hin zum bitteren Ende zu verfolgen, ganz gleich, wie die Chancen stehen. Manche Menschen sind Führernaturen und blühen bei solchen Anforderungen auf, aber wir übrigen können dabei lernen.

Um zusammenzufassen, wir müssen unseren Wert auf die Probe stellen, sowohl hier auf der Erde wie auch im Himmel. Das macht das Leben so interessant.

Das Jugendprogramm nimmt Form an, und irgendwann in der Zukunft werden wir auf die jungen Leute in noch vollständigerer Weise eingehen können, als es heute möglich ist. Wenn man die Vision hat, wie die Szene in ein paar Jahren aussehen wird, dann sieht man es als dringlich an, heute schon da zu sein. Natürlich sind solche plötzlichen Bewegungen nicht möglich, weil sie das Bewußtsein der heutigen Jugend überfordern.

## Fragen über Gott

*Mein siebenjähriger Sohn hat mich gefragt, wann Gott angefangen hat. Ich habe ihm gesagt, daß Gott ohne Beginn und Ende ist, aber er möchte mit einer Zeitreisemaschine in die Zeit zurückgehen, zu der Gott begonnen hat. Mahanta, wie soll ich seine Fragen beantworten?*

Die Fragen Ihres Sohnes habe ich schon seit einiger Zeit im Kopf. Kinder wollen die Antworten auf die letzten Rätsel Gottes wissen und versetzen dabei gelegentlich die Erwachsenen in Erstaunen, welche sie für albern halten.

Sagen Sie Ihrem Sohn, daß der Innere Meister ihm zeigen muß, warum Gott nicht so wie alles andere angefangen hat. Um das zu tun, helfen Sie ihm, eine Zeitmaschine zu zeichnen — eine, mit der er als einem würdigen Raumfahrzeug für eine derartig edle Unternehmung zufrieden ist. Sehen Sie einen Platz für den Mahanta, den Lebenden ECK-Meister, vor.

Sagen Sie ihm, er soll vor dem Einschlafen an seine Zeitreisemaschine denken und den Mahanta bitten, ihm das zu zeigen, was er über Gott wissen muß. Wenn dies der Wille des ECK ist, wird er feststellen, daß das Bedürfnis, das in dieser Frage liegt, erfüllt wird.

## Lichtkörper

*Ich bin zwölf Jahre alt. Ich ging auf dem Flur meines Hauses, als ich dachte, ich sähe einen Körper aus Licht vor mir. Mein Verstand sagte mir, das sei nur deshalb, weil ich in einem dunklen Flur war und in einen hell erleuchteten Raum eintrat.*

*Aber das nächste Mal, als ich durch den Flur gehen mußte, bekam ich Angst. Gab es wirklich einen Lichtkörper in meinem Flur?*

Es gibt immer Lichtkörper rund um uns. Die Astralebene befindet sich auf einem Schwingungsniveau gerade oberhalb der physischen Ebene, aber manchmal gibt es plötzliche Absenkungen in der Schwingung. Dann bekommen die Menschen eine Ahnung von Nachbarebene.

Gerade jetzt gibt es auf der Astralebene ein zwölfjähriges Mädchen, das ebenfalls glaubt, es hätte jemand auf dem Flur gesehen.

Wenn Du durch den Flur gehst, singe HU. Dann flüstere ihr zu: »Ich wollte Dir auch keine Angst einjagen.« Mach Dir keine Sorgen, ich werde bei Dir sein.

## Die Güte des ECK

*Mein zweijähriger Sohn hat plötzlich Angst und Unruhe in Bezug auf ECK, die ECK-Meister und das HU bekommen. Früher hatte er es gerne, wenn einmal in der Woche in unserem Hause HU gesungen wurde, und er sang sogar seinen Plüschtieren das HU vor. Jetzt bittet er uns, nicht mit ihm HU zu singen, und bevor er einschläft, sagt er: »Kein Z!«. Wenn ich eine ECK-Kassette laufen lasse, kommt er schreiend angerannt und bittet mich, sie abzustellen. Ich weiß nicht, was ich tun soll.*

Während eine solche Wendung bei einem Zweijährigen häufig eine Reaktion auf etwas auf den inneren Ebenen sein kann, kann es auch einfach mit physischen Schmerzen zu tun haben. Zum Beispiel mit Zahnweh. Weil er sich selbst nicht gut ausdrücken kann, weist er etwas zurück, von dem er weiß, daß Sie es für gut und wichtig halten. Wenn später sein Schmerz nachläßt, wird auch seine Reaktion gegen ECK nachlassen.

Aber es hängt davon ab, wie die Eltern reagieren, wenn ein Kind etwas ablehnt, was für die Familie einen wichtigen Wert darstellt wie zum Beispiel ECK. Er wird sich an Ihre Reaktion erinnern, und er könnte das in der Zukunft dazu verwenden, Kontrolle über Sie auszuüben. Kinder tun das.

Haben Sie Mitgefühl mit seinem Schmerz, aber seien Sie *sicher* in Bezug auf die Güte des ECK.

## Unterscheidungsvermögen erlernen

*Ich bin zwölf Jahre alt. Ich hatte einen schlechten Traum, in dem ich vom Kal in Form schlechter Schwingungen aus einem Zeichentrickfilm im Fernsehen angegriffen wurde. Wie kann ich Angstträume wie diesen in Zukunft vermeiden?*

Du fragtest, wie Du Angstträume vermeiden kannst, die von einem bestimmten Zeichentrickfilm im Fernsehen hervorgerufen werden. Sieh Dir statt dessen andere Zeichentrickfilme an.

Laß nichts in Dein Leben hinein, das Dich verletzt oder ängstigt, wenn Du irgend etwas dagegen tun kannst. Das betrifft nicht nur Zeichentrickfilme, sondern auch Menschen, Nahrungsmittel, Gewohnheiten usw. Du wirst viel mehr Frieden mit Dir selbst haben.

Wenn Du etwas Positives im Leben haben willst, dann suche etwas Positiveres. Wenn in der Schule ganz plötzlich eine Menge schiefgeht, dann könnte das von negativen Gedanken kommen, die von einer Fernsehshow oder einen Film herrühren.

## Wenn Kinder ihre Vergangenheit erkennen

*Meine vierjährige Tochter wacht jede Nacht schreiend und weinend auf. Es dauert Stunden. Sie kann uns nicht sagen, was nicht stimmt, und wir haben zu ihrer Hilfe alles Erdenkliche versucht. Ich bin bange. Kannst Du helfen?*

Manchmal kann es sein, daß ein Kind mit den Einflüssen seiner Vergangenheit, so wie sie in seinen Träumen erscheinen, nicht zurechtkommt. In diesem Falle würde ich dazu raten, einen Berater zu suchen, der ihr hilft, mit ihren inneren Schwierigkeiten umzugehen. Es ist wichtig, jemand zu finden, der wirklich Anteil nimmt und sensibel ist. Bitten Sie, wenn möglich, Ihren Hausarzt, Ihnen einen derartigen Berater zu empfehlen.

Das ECK benutzt alle Arten von Ärzten und Heilmethoden, um uns ein besseres Leben zu ermöglichen. Nehmen Sie die Führung des ECK an, ihnen zu helfen, einen Berater für Ihre Tochter finden.

## Das Rad des Lebens

*Endet das Rad des Awagawan überhaupt jemals?*

Ja, das tut es. Das Rad des Awagawan bedeutet eine endlose Runde von Geburt und Tod. Die Menschen machen ihre Runden auf diesem Rad viele hundert Male, und jedes Mal ist eine Lebenspanne. Sie müssen jedoch dem Mahanta, dem Lebenden ECK-Meister, begegnen, wenn sie je hoffen wollen, es zu verlassen.

Der Mahanta zeigt Ihnen, wie man die Spirituellen Übungen von ECK macht. Sie helfen Ihnen, das Karma abzuarbeiten, das Sie auf dem Rad des Awagawan festgehalten hat.

Die spirituellen Übungen läutern Sie (als Seele).

Wenn Sie in diesem Leben hinreichend geläutert sind, werden Sie niemals wieder zur Erde zurückkehren müssen, soweit Sie nicht vorhaben, anderen dabei zu helfen, ebenfalls spirituelle Freiheit zu finden. Das ist das, was die ECK-Meister tun.

## An Träumen teilnehmen

*Nehmen die Freunde und Familienmitglieder, die ich in meinen Träumen treffe, tatsächlich an der Erfahrung teil? Ist sie für sie genauso real, wie für mich (auch wenn sie sich daran vielleicht nicht erinnern)? Oder sind sie nur als Attrappen in meinem Verstand vorhanden?*

Es kann sein, daß Sie alle die gleiche Traumerfahrung haben. Aber es gibt Zeiten, in denen Ihr Verstand eine

Phantasiewelt erschafft wie ein Dramatiker, der Spieler in einem Stück auftreten läßt. Woran erkennt man den Unterschied? Was ist Illusion, was ist Wahrheit?

Der Schlüssel sind die Spirituellen Übungen von ECK. Sie helfen Ihnen, die echten und die falschen Erfahrungen voneinander zu unterscheiden.

Manche Menschen erzählen anderen ihre Träume in der Absicht, andere zu beherrschen. Zum Beispiel erzählt ein Mann einer Frau von seinem Traum, in dem sie ihre Zustimmung gegeben hat, ihn zu heiraten. Das ist ein Würgegriff. Seine Absichten sollten für sich sprechen. Das bedeutet, er sollte ihr einfach sagen, daß er sie liebt. Dann kann sie ohne den Druck, zu versuchen, seinen Träumen gerecht zu werden, darüber entscheiden, ob die Beziehung etwas für sie verspricht.

Wie ich schon gesagt habe — das Innere ist für innen, das Äußere ist für außen.

Es ist unfair, anderen zu sagen, sie hätten zu etwas, das in Ihren Träumen geschehen ist, ihre Zustimmung gegeben. Vielleicht waren Sie dem Zauber der Illusion erlegen.

Jeder Mensch hat in jeder Nacht viele Traumerfahrungen, und niemand kann sich hinterher an alle erinnern. Genauso, wie andere sich ihrer Rolle in Ihren Träumen nicht erinnern, werden Sie wahrscheinlich in Bezug auf Ihre Rolle in deren Träumen eine Niete ziehen.

Jeder erinnert sich an die Begebenheiten, die seine Vorstellung anregen.

## Etwas über das Leben lernen

*Auf wen soll man hören, wenn die innere Führung einem sagt, daß eine bestimmte Handlung für einen richtig ist, aber die Eltern oder eine andere Respektsperson einem sagt, daß man das nicht tun darf?*

Das hängt davon ab, was unsere sogenannte innere Führung uns aufträgt. Vielleicht ist die Führung vom Kal und nicht vom Mahanta. Der ganze Sinn der ECK-Lehre liegt darin, uns den Unterschied zu lehren.

Erwachsen zu werden, spirituell und physisch, bedeutet, daß mehr und mehr Menschen von dem betroffen werden, was wir tun. Wenn ein vierjähriger Junge seinen kleinen Bruder mit der Hand auf den Kopf schlägt, erkennen seine Eltern, daß kein großer Schaden entstanden ist, weil das Kind noch so schwach ist. Deshalb bekommt das Kind einen milden Verweis.

Aber sagen wir mal, das Kind wird größer. Jetzt ist er fünfzehn. Er schlägt einen Klassenkameraden in einem plötzlichen Wutausbruch und verletzt ihn. Wird er ebenso leicht bestraft werden, wie damals, als er ein kleines Kind war? Das hängt wiederum davon ab, was seine Wut erregte — Streitsucht oder Selbstverteidigung.

Die meisten Menschen treffen unter der Herrschaft der Leidenschaften des Verstandes impulsive Entscheidungen. Das hat mit der inneren Führung des Mahanta nichts zu tun. Es sind selbstbezogene Menschen, die nur an ihre eigene Befriedigung denken. In diesem Falle müssen sie unter den Folgen ihrer unbeherrschten Emotionen leiden.

Es gibt eine schwierige und eine leichte Weise, etwas über das Leben zu lernen. Wenn Du jemals ein neues Spiel in der Video-Spielhalle ausprobiert hast, kannst Du im Handumdrehen eine Handvoll Münzen verlieren, wenn Du versuchst, das Spiel allein zu lernen. Eine bessere Möglichkeit ist es, jemanden zu beobachten, der das Spiel schon einmal gespielt hat, und ihn nachzuahmen.

Eltern und Lehrer sind Vorbilder für uns. Sie haben nicht alle Antworten, aber sie sind dafür verantwortlich, daß ihre Kinder als reife Menschen in die Gesellschaft eintreten. Wenn sie ihre Aufgabe nicht erfüllen können, dann sorgt das Kal dafür, daß die Gerichtshöfe das zerstörerische Verhalten ihrer Kinder in Schranken halten.

Je älter Du wirst, desto mehr stellst Du fest, daß kein Richtig oder Falsch in einem absoluten Sinne gibt. Die Richtlinie, die Dich gut durchs Leben bringen wird, ist der Ausspruch in ECK: Ist es wahr, ist es notwendig, ist es gütig? Wenn die Antwort nicht in allen drei Fällen auf ja lautet, dann tätest Du gut daran, die von Dir beabsichtigte Handlung noch einmal zu überdenken.

Dieser Spruch wird viele der Probleme auflösen, mit denen Du jetzt konfrontiert bist, wenn Du versuchst, den Widerspruch zu verstehen, den Du zwischen Deiner inneren Führung und der Führung durch Deine Eltern und andere spürst.

## Empfindsames Alter

*Ich habe eine Menge Probleme in meinem Zimmer. Ich bin vierzehn Jahre alt, und ich habe immer noch Alpträume und sehe Erscheinungen wie zum Beispiel Geister. Ich mache eine Technik der bildhaften Vorstellung, in der ich die ECK-Meister rundherum an Fenstern und Türen postiere, aber das funktioniert nicht immer. Ich bekomme immer noch Angst. Was kann ich tun?*

Du bist in einem sehr empfindsamen Alter. Das kann die Form von Alpträumen oder Geistererscheinungen annehmen, ein Problem, das auch meine Schwester und mich im Alter von etwa zwölf bis fünfzehn Jahren betraf.

Ein oder zwei kleine Nachtlampen in Deinem Zimmer sind eine Möglichkeit, die Mächte der Nacht in Schach zu halten. Eine andere ist es, ein Haustier nachts in Deinem Zimmer zu haben. Und mache weiterhin die spirituellen Übungen. Sieh Dir keinerlei Horrorfilme im Fernsehen an, aber versuche, unterhaltsame Programme wie Lustspiele, Natur- oder Sportsendungen zu sehen. Viele Softdrinks enthalten viel Koffein, das zu angespannten Nerven führt—deshalb ersetze schädliche Softdrinks durch Tee oder Fruchtsäfte. Nimm Mulitvitamin- und Multimineralpräparate. Sorge für genug Ruhe und körperliche Bewegung.

Die genannten Ratschläge können Dir mehr Ruhe bringen. Lege für die Dauer von einem oder zwei weiteren Jahren besondere Aufmerksamkeit auf Friedlichkeit und Stille, und danach wird Deine Empfindsamkeit langsam ins Gleichgewicht kommen.

## Harmonie in der Familie

*Ich würde gerne Mitglied von Eckankar werden, aber meine Eltern wollen das nicht. Ich bin jetzt auf der High School. Was kann ich tun?*

Im Augenblick ist es besser, die Bücher von Eckankar zu studieren und zu lesen, als eine Mitgliedschaft zu erwägen. Ich halte Familien gerne zusammen. Es ist besser, wenn man mündig wird, bevor man Mitgliedschaft ins Auge faßt, es sei denn, die übrigen Familienmitglieder sind schon Mitglieder.

Wenn Du in einem der ECK-Bücher eine spirituelle Übung findest, die Du gerne selbst machen möchtest, bevor Du Dir Deinen eigenen Weg erarbeitest, dann kannst Du das sicher gerne tun. Wenn Du die Technik »der leichte Weg« oder eine andere Übung aus dem Buch *Die spirituellen Übungen von ECK* praktizieren willst, wirst Du feststellen, daß die Liebe und der Schutz des Mahanta immer bei Dir sind.

Ich kann Deinen Hunger nach Wahrheit verstehen. Aber denke daran, daß das ECK die Familien eigentlich zusammenhält und sie nicht trennt. Solange Du im Haus Deiner Eltern lebst, ist es ehrlicher, ihre Wünsche zu respektieren, indem Du nicht die äußere Mitgliedschaft in ECK annimmst.

Ich möchte über ECK keinen Familienkrach haben. Wir versuchen, mit unseren Verwandten so ruhig, taktvoll und harmonisch wie möglich zu leben. Es bringt nichts, wenn wir unseren Glauben zum Gegenstand häuslicher Kontroversen machen. Eltern haben der Gesellschaft gegenüber eine Verpflichtung, ihre Kinder so zu erziehen, wie es für diese richtig ist, und ich kann mich da nicht einmischen.

## Verantwortung

*Wie bei anderen ECK-Jugendlichen kommen auf mich Entscheidungen zu, wie ich mit meinen Verantwortlichkeiten umgehen soll—sei es im Berufsleben, im College oder in persönlichen Beziehungen. Ich sehe Verantwortung als ein anderes Erscheinungsbild der Liebe an. Aber gibt es eine Möglichkeit, zu erkennen, ob ich Verantwortlichkeit als Ausrede benutze, um Erfahrungen zu vermeiden?*

Verantwortung ist ein großes Wort, und sie kann uns Angst machen. Sie versucht, einen Schnappschuß von uns zu machen, wie wir durchs Leben rennen, und diesem einen Bildchen, das im Vergleich zum ganzen Leben fast unsichtbar klein ist, eine Überschrift zu geben.

Aber was bedeutet schon ein solches unseren Handlungen angeheftetes Wort, nachdem wir sie getan haben? Wie Du sagst, Verantwortung ist ein anderes Erscheinungsbild der Liebe. Jedesmal, wenn eine Entscheidung auf Dich zukommt, ist die Frage: »Wirst Du verantwortlich handeln oder nicht?« Aber verantwortlich wem gegenüber?

Die übliche Definition von Verantwortung ist das, was die Gesellschaft von Dir erwartet, aber das ist vielleicht nicht immer die richtige Handlung. Am Scheideweg des Entschlusses frage den Inneren Meister, was Du tun sollst. Er wird Dir durch Intuition, durch Wissen oder durch direkte Rede mitteilen, welche Entscheidung spirituell richtig ist.

Jetzt mach erst mal Erfahrungen bei der Arbeit, Deiner Ausbildung, Deinen spirituellen Übungen und Deinen persönlichen Beziehungen. Wenn Du Entscheidungen dem Mahanta übergibst, wirst Du das tun, was verantwortlich ist. Es geht darum, mit einem liebevollen, dankbaren Herzen durchs Leben zu gehen.

## Arbeiten, um Meisterschaft zu erreichen

*War es schwierig, ein ECK-Meister zu werden?*

Ja, ein ECK-Meister zu werden war eine Menge Arbeit, aber ich arbeite gerne mit dem Sugmad.

## Liebesbande

*Ich bin seit fast zwei Jahren in ECK. Ich entstamme einer sehr traditionell katholischen Familie, und mei-*

*ne Eltern sind sehr aufgebracht über ECK. Sie sagen, ich werde zur Hölle fahren, und sie wollen mich enterben. Ich fühle mich zerrissen. Ich liebe sie, und ich möchte sie nicht verlieren. Was kann ich tun?*

Das ECK ruft in den Menschen manchmal eine rabiate Reaktion hervor. Ich stellte fest, daß das gleiche bei mir der Fall war, als meine Eltern erfuhren, daß ich die Lutherische Kirche verlassen wollte, um zu Eckankar zu gehen. Es war eine schmerzliche Zeit. Diese Spaltung in meiner Familie dauerte mehr als zehn Jahre lang und ist immer noch nicht ausgeheilt.

Ich bin heute gegenüber Initiierten, die wie Sie in dem unglücklichen Niemandsland zwischen der Religion ihrer Familie und ECK gefangen sind, nachsichtiger als früher. Wenn es also eine Hilfe wäre, katholisch zu bleiben und Ihre ECK-Studien fortzusetzen, dann tun Sie dies auf alle Fälle.

Wenn der Druck der Familie zu stark ist, dann haben Sie auch meinen Segen, wenn Sie den Eindruck haben, es wäre besser, eine Ruhezeit bei der ECK-Lehre einzulegen. In erster Linie müssen Sie mit sich selbst leben können. Lassen Sie sich daher von Ihren inneren Gefühlen zu dem leiten, womit Sie leben können. Meine Liebe und meine Gedanken sind in diesen schwierigen Zeiten bei Ihnen.

## Persönliche Freiheit haben

*Ich habe Schwierigkeiten mit meinem Leben. Ich habe alles, was ich mache, so satt. Ich habe immer den Eindruck, ich folge den Regeln, die jemand anders aufstellt, statt einer natürlichen Erweiterung meines eigenen spirituellen Wesens. Wo ist die Freiheit, die ich mir vom Leben wünsche?*

Ich kann Ihre Frustration nachfühlen. Sie haben so viel Energie, aber Sie haben nichts gefunden, wo oder wie Sie sie einsetzen können.

Etwas, das mich auf der Hochschule störte, war die Tatsache, daß ich so früh jemandem mitteilen mußte, an welchen zu den Plänen meiner Berufslaufbahn passenden Kursen ich teilnehmen wollte. Ich hatte keine Pläne. Es gab soviel Freiheit und soviel Energie, aber ich wußte nicht, was ich mit meinem Leben anfangen sollte.

Dann engagierten sich die USA in Vietnam. Die Wehrdienstbehörde verhalf mir zu einer Entscheidung: Es war besser, zur Luftwaffe zu gehen, als zur Armee eingezogen zu werden und in Vietnam zu landen. Ich verlor beim Dienst etwas von der Freiheit, aber die Luftwaffe brachte mir einiges bei und gab meinem Leben eine Richtung.

Sie sind jung, gesund und voller Energie. Wenn Sie Ihre Selbstdisziplin in den Griff bekommen, liegt Ihnen die Welt zu Füßen. Es gibt vieles, für das Sie trotz aller Unsicherheit dankbar sein können.

*Meine Eltern lassen mich in Eckankar einiges studieren, woran ich nicht glaube. Was kann ich da tun? Wie kann ich sie wissen lassen, daß ich bestimmte Dinge nicht lernen möchte?*

Sie lassen Dich vermutlich auch außerhalb von Eckankar einiges tun, das Du nicht möchtest.

Keine zwei Menschen werden jemals etwas genau gleich sehen. Das Problem kann in einem Haushalt noch schlimmer sein, denn dort ist es wie in einem Drucktopf. Du und Deine Eltern müssen miteinander unter dem gleichen Dach leben und sich täglich begegnen.

Als Eltern haben sie die Aufgabe, Dich darauf vorzubereiten, ein verantwortungsvoller Erwachsener in der heutigen Gesellschaft zu werden. Eine Zeitlang hatten meine Tochter und ich das gleiche Problem. Sie glaubte, sie könne gerade so leben, wie es ihr paßte. Ich stimmte ihr zu, aber ich sagte ihr auch, daß sie dafür einen Preis zahlen müßte. Ob sie wohl wüßte, was für einen Preis, und ob sie ihn zahlen wolle?

Die meisten jungen Menschen kennen den Preis nicht. Sie brauchen Rat, aber sie wollen ihn nicht von ihren Eltern bekommen. Immerhin sind ihre Eltern gerade diejenigen, von denen sie mehr Freiheit gewinnen wollen. Diese Spannung gibt es in nahezu jeder Familie.

Ich habe keine einfache Antwort für Dich. Wenn Deine Eltern für Deine Unterbringung dort, wo Du lebst, aufkommen, dann haben Deine Eltern auch ziemlich viel dazu zu sagen, welche Regeln im Hause gelten. Lerne von ihnen, was Du kannst. Gleichzeitig beginne damit, für die Zeit zu planen, in der Du volljährig bist und selbständig leben kannst. Lies die Anzeigenspalten und informiere Dich, was eine Mietwohnung kostet.

Dann schaue noch einmal in die Anzeigen, und zwar dieses Mal unter Aushilfsarbeiten. Schau nach, wieviel Geld Du verdienen müßtest, um Dir eine Wohnung leisten zu können, wie Du sie gerne hättest. Deine Eltern können Dir dabei helfen, etwas über die vielen Kosten zu lernen, die damit verbunden sind, selbständig zu leben. Frage sie nach den Kosten für Versicherungen, Heizung und Nahrungsmittel. Das könnte Euch eine gemeinsame Verständnisgrundlage geben.

Es könnte sein, daß Du dann feststellst, daß Ihr auch eine Menge Gemeinsamkeiten in Bezug auf die

Lehre von ECK habt. Sieh zu, ob Du etwas ausarbeiten kannst.

## Drogen — eine spirituelle Sackgasse

*Wo steht man, wenn man drogensüchtig ist?*

Drogen sind ein mit Rosen bestreuter Weg zu Elend und Unglück. Ich kann das gar nicht stark genug betonen.

Wenige, die mit Drogen herumspielen, sind bereit zuzugeben, daß mit deren Genuß eine Gefahr verbunden ist. Sie verwenden sie, um der Langeweile zu entkommen, und Langeweile ist selbst schon ein Verbrechen gegen die kreative Kraft der Seele.

Jede Handlung hat eine Folge, daher ist die Frage: Sind wir bereit, die Zeche zu zahlen?

Drogen bringen einem irreale Erfahrungen in der unteren Astralwelt — manche sind gut und manche schlecht, aber alle unbedeutend. Was kann überhaupt Gutes daraus entstehen, wenn wir für kleine Pillen und Pülverchen unsere Gesundheit aufs Spiel setzen?

Wie sagt man Nein zu »Freunden«, die einem Drogen aufdrängen? Mir passierte das einmal in einem Haus, in dem ich mit dreizehn anderen Menschen zusammen lebte. Ich habe einfach Nein gesagt. Mein Ziel war das Gottbewußtsein, und ich wollte nicht zu einem Drogenabhängigen werden wie sie.

Haben Sie je festgestellt, was für hübsche Namen Kal Niranjan den Drogen gegeben hat? Sie werden die meisten davon kennen — Engelsstaub, Coca, Knöpfchen, . . . und dergleichen. Die hübschen Bezeichnungen sollen den Schrecken verdecken, der die Seele ergreift, wenn sie ihnen verfällt. Drogen sind eine Abkürzung zu weiteren unerträglichen Inkarnationen, und sie bringen einem kaum mehr als bestenfalls einfaches Licht und Farbe.

Singen Sie HU oder Sugmad, wenn Sie das Gesicht des Kal hinter dem eines »Freundes« sehen wollen, der Ihnen Drogen aufdrängt. Seelenreisen ist besser — es gibt Ihnen die Herrschaft über Ihr Leben und ist vollkommen sicher.

## Sein Benehmen bessern

*Was geschieht mit denjenigen, die schmutzige Ausdrücke verwenden? Ich höre so etwas immerzu in der Schule, und ich möchte verstehen, was das für Folgen hat.*

Schmutzige Ausdrücke, ganz gleich, wie Du sie aussprichst, sind für den Hinterhof. Das einfache Prinzip in ECK ist: Du bist da, wo Deine Aufmerksamkeit ist. Du wirst zu dem, was Du in Deinen Gedanken hältst.

Da Du ein Ausdruck des Tonstroms bist, möchtest Du Schönheit, Freude, Liebe und Harmonie in die Welt bringen? Dann wähle Worte, die das tun. Die Worte, die Du sprichst, sind ein Ausdruck dessen, was Du bist und was Du sein möchtest.

*Fast jeden Tag kommen Leute zu mir und sprechen schlecht von jemandem, oder ich höre, wie Leute um mich herum Klatsch verbreiten. Ich habe festgestellt, daß sie auch dann, wenn ich das, was sie sagen, nicht unterstütze, meine Meinung von dem Betreffenden verschlechtern.*

*Was kann ich tun, um nicht in diese Klatscherei verwickelt zu werden?*

Als ich seinerzeit ein Neuling auf der High School war, klatschten vier meiner Zimmergenossen über unseren anderen Mitbewohner. Ihre Äußerungen waren scharf, bissig und weitgehend unwahr.

Ich hörte ihnen nur mit halbem Ohr zu, aber ich stellte genau so wie Sie fest, daß ihre Meinungen eine schlechte Wirkung auf mich ausübten. Plötzlich kamen von meinen Lippen die Worte: »Will keiner hier etwas zu Gunsten von Bill sagen?«

Alle vier drehten sich um und starrten mich an. Es war sehr ungemütlich, denn ich hatte nicht die Absicht gehabt, jemanden vor den Kopf zu stoßen, besonders, weil zwei von ihnen in der Oberstufe waren. Aber meine Frage spaltete die Gruppe. Danach wählten sie ihre Worte in meiner Gegenwart etwas sorgfältiger.

War es Mut, der mich dazu gebracht hatte, mich für Bill einzusetzen? In gewissem Sinne, ja. Der Mahanta hatte mir die Worte gegeben, aber ich mußte sie aussprechen. Er führte mich damals schon, Jahre bevor ich zum erstenmal von Eckankar hörte.

Es kann sein, daß das in Ihrem Falle nicht funktioniert. Aber horchen Sie das nächste Mal, wenn eine derartige Situation entsteht, auf den Inneren Meister, und Sie werden wissen, was Sie tun oder sagen sollen.

## Unterscheidungsvermögen und innere Führung

*Wie kann man feststellen, ob man vom ECK oder vom Verstand geleitet wird?*

Sie können niemals sicher sein.

Warum?

Der Verstand hat die Fähigkeit, Sie glauben zu lassen, Sie hätten immer recht. Aus diesem Grunde handelt ein eigensinniger Mensch so raffiniert. Er denkt, er hat immer recht, obwohl er oft nicht recht hat.

Was ist denn dann der Vorteil von ECK?

Wenn wir vom ECK geführt werden, ist die Wahrscheinlichkeit größer, daß wir unsere Meinung ändern, wenn wir neue Informationen erhalten. Wir geben schneller zu, daß eine frühere Entscheidung, die auf unvollständiger Information beruhte, geändert werden muß. Diejenigen, die sich unter der Führung des ECK befinden, sind immer wachsam. Der Zweck von ECK ist, daß sich die Chelas auf dem Höchststand der Bewußtheit befinden.

## Fehler der Vergangenheit

*Als ich ein achtjähriges Kind war, stahl ich meinem Vater etwas zu essen. Das war im Krieg, als Nahrungsmittel so kostbar waren, wie das Leben. Jetzt bin ich erwachsen und habe große Angst, ein Dieb genannt zu werden. Wie kann ich diese Fehler aus meiner Jugend wieder gut machen und mich selbst von dieser Schande befreien? Ich bin jetzt neunundzwanzig und arbeite als Rechtsanwalt in unserer kleinen Stadt.*

Lassen Sie die Fehler Ihrer Jugend in der Vergangenheit ruhen. Jeder hat etwas in der Vergangenheit, das er gerne vergessen würde. Wichtig jedoch ist, daß Sie etwas getan haben, um sich selbst zu verbessern. Durch Ihre Rechtspraxis und durch die Erfahrungen Ihrer Jugend können Sie ein besserer und nützlicherer Mitarbeiter des Mahanta sein.

Gehen Sie mit den Menschen in fairer Weise um, und Sie können viel Gutes tun.

## Zorn

*Ich bin ein dreizehnjähriger Junge. Wie kann ich lernen, meinen Zorn zu beherrschen und aufzuhören, mit meinem Bruder zu raufen?*

Ein wichtiger Grund für Zorn in Deinem Alter ist, daß Du in jeder Hinsicht mehr Freiheit haben möchtest, mehr Unabhängigkeit, das zu tun, was Du möchtest, und nicht, was andere Dir vorschreiben.

Der Zorn entsteht, weil wir denken, wir wissen mehr, als es tatsächlich der Fall ist. Aber wichtige Lektionen, die in den nächsten Jahren auf Dich zukommen, sind unter anderem: Welches Wissen brauchst Du, um Dich darauf vorzubereiten, nach der High School aus dem Haus zu gehen? Wie sehr mußt Du den Meinungen Deiner Kollegen auf halbem Wege entgegenkommen, um ein Leben voller reicher spiritueller Abenteuer und Wachstum zu haben?

Die Aufgabe der Eltern ist es, ihren Kindern eine stabile Grundlage in den ECK-Prinzipien zu geben, damit wir Möglichkeiten lernen können, mit den Menschen in unserer Umgebung einschließlich unserer Brüder in Harmonie zu leben. Betreibe eine Sportart, die Du gerne hast, damit Du etwas Energie abarbeiten kannst, und gehe in die Kontemplation, um den Rest der Antwort auf Deine Frage zu erhalten.

## Richtig und falsch unterscheiden

*Wenn man etwas Unrechtes tut, aber es im Namen des Sugmad macht, ist es dann immer noch unrecht? Zum Beispiel, wenn man mit Freunden zusammen ist und Drogen nimmt, es aber im Namen des Sugmad tut?*

Drogen helfen Dir in keinem Fall weiter. Sie halten Dich auf dem direktesten Weg zu Gott auf.

Jede Handlung, die einen anderen oder Dich selbst zurückhält, ist unrecht, ganz gleich ob Du nun sagst, daß Du sie im Namen des Sugmad tust oder nicht. Die Worte machen sie nicht richtig.

## Zeit der Kontemplation

*Hast Du irgendwelche Empfehlungen, wie man mit einem guten Schema für die spirituellen Übungen beginnt? Ich lege eine Zeit fest, aber dann kommt immer irgend etwas anderes dazwischen, was statt dessen zu tun ist. Wenn ich die Zeit für die Übungen ändere, habe ich das Gefühl, daß das Schema durcheinanderkommt.*

Es ist besser, die spirituellen Übungen zu wechselnden Zeiten zu machen, als sie überhaupt nicht zu machen.

Sie können auch versuchen, eine Zeit zu wählen, zu der keine anderen Dinge in die Quere kommen sollten, zum Beispiel unmittelbar vor dem Einschlafen.

Wenn Sie die spirituellen Übungen machen, werden Sie sich recht bald überall und zu jeder beliebigen Zeit auf das ECK einstimmen können. Sie werden in der Lage sein, das ganz leicht zu tun, ganz gleich, wo Sie sind.

*Wenn ich in der Kontemplation meine Aufmerksamkeit auf das Dritte Auge lege, beginnt es unstet hin und her zu schwanken und zu wandern. Das bringt mich zum Gähnen und stört meine spirituelle Übung. Hast Du irgendwelche Vorschläge?*

Der Verstand langweilt sich schnell. Wenn es Sie daher zum Gähnen bringt, Ihre Aufmerksamkeit auf das Dritte Auge zu legen, dann legen Sie sie statt dessen auf das Kronenchakra. Das befindet sich am Scheitel Ihres Kopfes. Dieses spirituelle Zentrum ist eigentlich die Stelle, von der aus man am leichtesten Erfolg mit dem Seelenreisen hat.

## Sich an Träume erinnern

*Wenn man einen Traum hat, warum vergißt man ihn am nächsten Morgen?*

Es kann dafür beliebig viele Gründe geben. Manchmal möchte der Verstand einen beschützen, weil der Traum einen schockieren würde. Es ist eine andere Welt mit anderen Gesetzen. Man wacht auf, und sofort überfällt einen diese Welt, und man sagt: »Ich muß aufstehen, ich muß zur Schule.«

Sie können einen Traum in Ihrem Verstand verankern, bevor Sie aufwachen, indem Sie sich seine Hauptpunkte wiederholen und dann laut darüber sprechen oder ihn niederschreiben, sobald Sie aufwachen. Träume sind real, aber sie sind wie leichte Wolken in der Hinsicht, daß sie davontreiben werden, wenn man nicht versucht, sie noch realer zu machen.

## Wettkampf

*Ist es »un-ECKistisch«, wenn man Spiele wie Schach liebt, weil das eigentliche Wesen solcher Spiele auf Krieg, Macht und egoistischem Wettkampf beruht?*

Meiner Meinung nach nicht. Die ECK-Lehre sagt, daß dies ein kriegerisches Universum ist. Um hier zu überleben, muß man seine Eigenarten kennen.

Schach ist einfach eine andere Art, wie ein Mensch seinen Überlebensinstinkt prüfen kann. Wettkampf ist nicht notwendigerweise etwas Schlechtes. Er bildet die eigentliche Grundlage vieler Gesellschaften heutzutage. Deren Mitglieder müssen wissen, wie sie sich in einer solchen Umgebung bewegen müssen und wie sie für sich und ihre Familie einen Schutzwall (zum Beispiel ein Haus) errichten können.

Wettkampf ist in Ordnung, soweit man Regeln für faires Verhalten entwickelt und befolgt.

## Bis zur Hochzeit keusch bleiben

*Warum empfehlen die ECK-Meister, daß man bis zur Hochzeit keusch bleibt?*

Zunächst einmal ist das eine Empfehlung, nicht ein Befehl. Ein junger Mensch befindet sich in den ersten achtzehn oder mehr Jahren seines Lebens in intensivem Training und lernt die Verantwortung der Selbstdisziplin, die er braucht, um sich in dieser Welt selbst zu unterhalten.

Es gibt für alles eine Zeit und einen Ort. Es ist ganz natürlich, daß wir uns über die Regeln ärgern, die unsere Freiheit einschränken. Aber die Gesellschaft legt uns Beschränkungen auf, bis wir lernen, welche Folgen wir für bestimmte Handlungen auf uns nehmen müssen. Unwissen ist unter dem Gesetz des Karma keine Entschuldigung.

Solange man ein Kind ist, ist man häufig egozentrisch und selbstsüchtig. Weil man hilflos ist, ist man daran gewöhnt, daß die Welt die eigenen Launen bedient. Das Baby muß nur schreien oder weinen, um Aufmerksamkeit zu erhalten. Natürlich lernt der Mensch irgendwann zwischen Kindheit und Erwachsensein, daß er die Wirkungsweise der Welt jetzt umgekehrt zu spüren bekommt: Er muß dem Leben dienen, das Leben dient nicht ihm. Bis er diese Lektion wirklich kapiert hat, versteht er den Zweck der Wiederverkörperung der Seele nicht, welcher darin liegt, ein Mitarbeiter Gottes zu werden.

Keuschheit wird den Jugendlichen empfohlen, weil ein Mensch ohne eine gute Grundlage im Leben innerlich hohl ist und Sex mit Liebe verwechselt. Sex nimmt,

Liebe gibt. Wenn keine Liebe da ist, kann das Leben eine erbärmliche und traurige Erfahrung sein: ein unnötiger Umweg auf der Straße zu Gott.

## Bedeutung der ECK-Initiationen

*Ich erfuhr kürzlich, daß jugendliche ECKisten unter achtzehn Jahren nicht zu Initiationen zugelassen sind, die über die zweite hinausgehen. Für diejenigen unter uns, die zu der Zeit aufgewachsen sind, als ganze Familien ihre Initiationen gemeinsam erhielten: Beschreibt unsere Initiation unseren spirituellen Stand genau? Wo stehen wir?*

Ein Chela erhält die nächste ECK-Initiation, wenn er spirituell bereit für ein reicheres und lohnenderes Leben ist.

Die ECK-Initiation ist nicht nur eine Erfahrung der Familie. Wenn ein Jugendlicher sich eine Initiation, die über die zweite hinausgeht, verdient hat, bevor er achtzehn ist, dann wird der Meister dafür sorgen, daß er sie erhält.

Jedoch müssen alle Initiationen täglich wieder neu erworben werden. Die zweite Initiation bedeutet, daß jetzt die Heimat eines Chela in den anderen Welten auf der zweiten, der Astralebene liegt. Aber auch dann kann er oft an einem beliebigen Tag eine höhere spirituelle Ebene erreichen, wie die Kausal-, Mental- oder Seelenebene.

## Etwas über ECK lernen

*Welche Möglichkeiten gibt es, zu erreichen, daß meine zwei Töchter (fünf und sieben Jahre alt) sich mehr dafür interessieren, etwas über ECK aus den Kursen zu lernen?*

Die Eltern können es für die Kleinen interessant machen, indem sie sie beim Lesen helfen lassen. Beispielsweise kann ein fünfjähriges Kind ein einfaches Wort wie *ECK* beitragen, wenn ein Elternteil den ECK-Kurs liest. Die Siebenjährige könnte sich an einem Absatz versuchen wollen, wenn Mama oder Papa helfen, oder gar an einer ganzen Seite, wenn das Kind im Lesen besonders fortgeschritten ist oder es wünscht.

Kinder haben meist eine unmittelbarere Verbindung zum Mahanta als viele Erwachsene. Sie schätzen die Möglichkeit, ein oder zweimal im Monat am Lesen der ECK-Kurse teilzunehmen. Fragen Sie sie beispielsweise: »Möchtest du heute abend ECK lesen?« Man kann ihnen auch zeigen, wie man einen monatlichen Initiiertenbericht sendet. Meistens malen die Kleinen Bilder.

## Kann mich der Innere Meister sehen?

*Kannst Du mich sehen, wenn ich fernsehe?*

Sehr oft, wenn Du gerade Deinen normalen Beschäftigungen nachgehst, komme ich nicht in Deinen Raum und belästige Dich nicht. Ich dringe niemals in irgendeiner Weise ein. Ich blicke Dir nicht immer über die Schulter.

Aber wenn es um etwas Spirituelles geht, bei dem Du Hilfe brauchst, bin ich spirituell immer anwesend. Immer wenn Du eine Einsicht brauchst oder etwas verstehen möchtest, dann kann ich in dieser Weise helfen.

*Wenn ich von Dir träume, siehst Du mich dann zur gleichen Zeit?*

Ich sehe Dich immer, aber manchmal erinnere ich mich auch daran.

## Erinnerung an innere Erfahrungen

*Gibt es irgend etwas, das ich tun kann und das dazu beiträgt, mich an die Erfahrungen zu erinnern, die ich im Inneren habe?*

Sie könnten die Sachen aufschreiben, aber das ist eine schwierige Vorgehensweise. Manchmal hat man keine Lust zu schreiben. Eine andere Möglichkeit, sich zu erinnern, besteht darin, sich die Einzelheiten der Erfahrung einzuprägen, während sie stattfindet.

Wenn Sie zum Beispiel im Inneren bei einem Baseball-Spiel sind, dann könnten Sie die Spieluniform von einem Spieler der anderen Mannschaft genau anschauen, sehen, was er für Schuhe trägt — mit Stollen oder wie auch immer — und was für eine Farbe sein Trikot hat. Merken Sie sich sogar, was an einigen Stellen auf sein Trikot aufgestickt ist.

Werden Sie für die kleinen Einzelheiten bewußt. Bemerken Sie einen Baum, eine Katze — und die Ohren der Katze, wie sie damit zuckt. Diese Übung wird dazu beitragen, daß Sie sich an Träume erinnern.

## In Harmonie zusammenarbeiten

*Ich habe festgestellt, daß die Jugendlichen in ECK in ihrem Streben, Kanäle für das ECK zu sein, gelegentlich etwas unternommen haben, ohne vorher die Zustimmung vom Spirituellen Center von Eckankar einzuholen, oder die Eckankar-Richtlinien sehr weit interpretiert haben.*

*Ist es möglich, daß es manchmal in Konflikt mit der Führungsstruktur und den Richtlinien in Eckankar steht, wenn man seiner inneren Führung folgt?*

Ihre Frage ist aufrichtig gestellt, deshalb will ich mein

Bestes tun, sie zu beantworten.

Spirituell beginnt alles in ECK von oben. Als der spirituelle Führer von ECK ist es meine Verantwortung, dafür zu sorgen, daß die ECK-Lehre und die praktische Ausübung in eine bestimmte Richtung gehen. Das wäre einfach, wenn all die Menschen in ECK ECK-Meister wären.

Ich möchte damit sagen, daß jeder Mensch einen einzigartigen Zustand der Bewußtheit besitzt. Eine weitere Tatsache ist, daß kaum jemand Gottrealisation erreicht hat. Eitle Menschen, die andere mit Stiefeln über den Haufen rennen, könnten sich selbst rechtfertigen, indem sie sagen: »Mir wurde das im Inneren mitgeteilt.« Das ist meistens eine Ausrede für einen Mangel an Verantwortlichkeit.

Um die Lehre auf Kurs zu halten, gebe ich täglich den Angestellten von ECK im Äußeren Anweisungen. Dinge, die von oben kommen (von dem Sugmad und dem ECK) verändern sich natürlich laufend. Als der Hauptbeauftragte für diese Veränderungen informiere ich die Angestellten von ECK, die ECK-Führer und jeden einzelnen ECKisten, was jetzt zu tun ist. Manche können mich hören, andere nicht. Das hängt alles von der Fähigkeit jedes einzelnen ab, den Meister spirituell zu hören.

Deshalb erreicht der Vorgang der Veränderung das Bewußtsein der Menschen zu unterschiedlichen Zeiten. Daraus ergibt sich, daß die Menschen ihre innere Kommunikation mit dem, was im Äußeren kommt, abgleichen müssen.

Sie müssen auch bereit sein, der Auffassung anderer innerhalb der Gemeinschaft von ECK Gehör zu geben. Durch eine derartige Wechselwirkung entfalten sich die Menschen und arbeiten auf einfachst mögliche Weise ihr Karma aus.

## Führung erhalten

*Hast Du jemals auf die Führung des Göttlichen Geistes gehört, bist ihr gefolgt und hast dann festgestellt, daß anschließend alles schief ging? Ich frage mich, ob ich manchmal das, was ich bekam, mißverstanden habe.*

Der Göttliche Geist möchte, daß Sie lernen und Erfahrungen haben. Das Ergebnis ist vielleicht nicht das, was Sie sich wünschen, aber es hilft Ihnen zu lernen und zu wachsen.

Nicht das, was Ihnen geschieht, ist wirklich wichtig, sondern Ihre Haltung zu dem, was geschieht. Wenn Ihnen etwas geschieht, dann stellen Sie sich die Frage: Da dies ja das ist, was der Heilige Geist für mich bereit hält, was bedeutet es? Wie hilft es mir, zu wachsen?

## Anderen Freiheit gewähren

*Kann ich das ECK benutzen, um mir jemanden zum Freunde zu machen?*

Sie meinen, wenn Sie den Wunsch haben, daß jemand Ihr Freund ist, ob Sie das wahr werden lassen können?

Es ist besser, demjenigen vollständige Freiheit zu lassen, sich zu entscheiden. Sie möchten doch eigentlich keinen Freund haben, der Sie nicht als Freund haben will. Das funktioniert nie. Aber Sie können ein guter Freund sein, wenn Sie anderen Freiraum gewähren.

Jeder, den in Betracht zu ziehen sich überhaupt lohnt, möchte seine Freiheit haben, und sobald wir diesem Menschen die Freiheit nehmen, mag er uns nicht mehr. Das macht uns viel Kummer. Freundschaft geht muß von beiden Seiten kommen.

## Im Namen des Mahanta

*Was ist das Wertvollste, das die Gruppe der ECK-Jugend als Mitarbeiter des Sugmad zu bieten hat?*

Eine Gruppe besteht aus Individuen. Deshalb müssen alle in ECK — ganz gleich wie alt — prüfen, ob sie unter der Anweisung des Göttlichen Geistes oder des Ego arbeiten.

Tut alles im Namen des Mahanta. Wie? Hier kommen jetzt die alten Hilfsmittel: Ist es wahr? Ist es notwendig? Ist es liebevoll? Fragt Euch diese drei einfachen Fragen jedesmal, wenn Ihr über irgendeine Handlung im Zweifel seid.

Bevor eine Gruppe wirklich dem Mahanta dienen kann, muß jedes Mitglied dieser Gruppe wissen, wie man auf die innere Stimme der göttlichen Liebe hört. Diese drei Fragen werden Euch helfen, das auf die beste Weise zu tun, die ich kenne.

## Uralte Lehre

*Ich bin neun Jahre alt. Ich wüßte gerne, wo oder in welchem Land Eckankar seinen Ursprung hatte.*

In alten Zeiten gab der Lebende ECK-Meister die ECK-Lehre seinen Schülern mündlich weiter. Rama war einer der ersten von diesen Meistern. Im *Shariyat-Ki-Sugmad* steht, er sei aus den Wäldern Norddeutschlands gekommen.

Von dort reiste er nach dem Iran (dem alten Persien), wo er die geheime Lehre einer kleinen Gruppe von Mystikern weitergab. Deren Abkömmlinge sollten später die Anhänger des Zoroaster, etwa 600 v.Chr., werden. Aber die ersten ECK-Schriften erschienen erst viel später, um das dreizehnte Jahrhundert herum. Rumi, der persische Dichter, gehörte zu den ersten, die auf sie hinwiesen, und er tat dies in seinem berühmten Gedicht »Die Rohrflöte Gottes«.

Nachdem er Persien verlassen hatte, zog Rama nach Indien, wo er sich niederließ. Im *Shariyat* steht, daß er die Menschen dort über die Möglichkeit, Gott in just diesem Leben zu erfahren, unterrichtete.

Wo begann also Eckankar?

Sogar noch vor Rama war die ECK-Lehre in Atlantis und Lemuria. Moderne Wissenschaftler spotten über die Existenz dieser beiden verlorenen Kontinente, und deshalb sprechen wir heute in Eckankar nicht viel darüber. Aber es gibt Beweise. Unter Wasser liegen vor der südöstlichen Küste der Vereinigten Staaten gewaltige Steinblöcke in der Form einer Mauer oder einer uralten Straße. Jemand hat sie dort vor langer Zeit errichtet, als sich dieser Teil des Ozeans über Wasser befand.

## Die Seele existiert einfach

*Schuf das Sugmad alle Seelen gleichzeitig? Wenn ja, warum? Und wenn nicht, warum nicht?*

In unserer Welt müssen wir zeitlich denken. Auch Ihre Frage sagt »gleichzeitig«. Aber das Sugmad erschuf die Seelen vor Beginn der Zeit, daher stellt sich die Frage nicht, ob Seelen früher oder später erschaffen wurden. Als Menschen finden wir das schwer verständlich.

Aber beim Studium des Ursprungs dieses Universums stoßen sogar die Wissenschaftler auf das Problem, wie man die Zeit des »big bang« feststellt. Das ist eine Theorie über den Augenblick der Schöpfung. Aber die Schöpfung geschah, bevor es Zeit gab. Deshalb arbeiten die Wissenschaftler von da aus und akzeptieren die Tatsache der Schöpfung, weil überall um uns die Beweise davon sind. Jedoch können sie keinen Zeitpunkt für den Beginn der Zeit feststellen. Das ist einfach nicht möglich.

Das Sugmad erschuf alle Seelen, bevor die Zeit begann. Deshalb gibt es keine Antwort auf Ihre Frage nach dem Zeitpunkt. Wenn Gott weitere Seelen erschafft, geschieht das ebenfalls jenseits der Gesetze von Zeit und Raum.

Die Seele existiert einfach.

Wir wissen anhand der Spuren des Lebens, das uns umgibt, daß die Seele existiert. Wenn die Seele einen Körper bewohnt, dann lebt dieser Körper, bewegt sich oder existiert. Wenn die Seele ihn verläßt, lebt dieser Körper nicht mehr, bewegt sich nicht mehr und hat keine Existenz mehr. Was ist weggegangen? Durch direkte und indirekte Beweise erkennen wir, daß irgendeine unsichtbare Kraft einem physischen Körper Leben gibt.

Was ist dieses Etwas? Natürlich die Seele.

Es gibt keine einfache Antwort auf Ihre Frage. Aber spirituell gibt es eine Antwort. Bitten Sie in der Kontemplation den Mahanta, daß er Sie etwas über die Erschaffung und das Wesen der Seele sehen und wissen läßt. Wenn Sie aufrichtig sind, wird er es Ihnen zeigen.

Das Wichtigste von allem ist, daß Sie eine Seele sind. Sie müssen wissen, daß Sie ein Funke Gottes sind und nur im Wissen dieser tiefliegenden Wahrheit vollständig existieren können. Als ein solcher sind Sie ein Licht und eine Erleuchtung für andere.

# 6
# Spirituelles Heilen

*Bei einem Seminar vor kürzerer Zeit wandte sich eine ECKistin an mich, die ich nie zuvor getroffen hatte. Sie schüttelte mir die Hand und bedankte sich bei mir für die Heilung von einer sehr schweren Krankheit, an der sie einige Zeit lang gelitten hatte. Das war für mich eine große Überraschung. Ich schaltete schnell und wies darauf hin, daß nicht ich es war, der die Heilung bewirkt hatte, sondern das ECK durch den Mahanta als Werkzeug.*

*Meine Frage, die ich immer noch an Dich habe: Ist dies wirklich geschehen? Oder könnte diese Frau sich geirrt haben?*

Ja, das ist wirklich geschehen. Was Sie berichten, ist eine ziemlich häufige Begebenheit. Andere Initiierte haben das gleiche gesagt.

Wie Sie ihr richtig gesagt haben, war es das ECK, das die Heilung durch den Mahanta bewirkte. Der Meister erscheint häufig ähnlich einem Initiierten, um die Heilung zu geben. Später sorgt er dann für ein äußeres Treffen zwischen dem Initiierten und demjenigen, der geheilt wurde. Das geschieht, damit der Initiierte dem anderen in einfachen Worten etwas wichtiges über die Arbeitsweise des ECK sagen kann.

## Karmafreies Heilen

*Wie halten sich Heiler frei von Karma? Was ist karmafreies Heilen?*

Die sichere Möglichkeit, mit Bitten um Heilung umzugehen, ist es, den Bittsteller an den Lebenden ECK-Meister zu verweisen. Sie vollbringen die karmafreie Handlung, indem Sie ihn anweisen, mir zu schreiben, damit die Heilung durch den Göttlichen Geist bewirkt werden kann, sofern Er es will.

Der Heilige Geist arbeitet in einer Weise, die zum Wohle des Ganzen ist, und bewirkt manchmal eine Heilung der Emotionen oder des Verstandes anstatt des Körpers, weil das im besten Interesse der Entfaltung dieser speziellen Seele liegt.

Sich selbst in die Rolle des Heilers zu versetzen bedeutet, unwissentlich das Karma des Bittstellers zu übernehmen. Irgendwann in der Zukunft wird das Karma fällig werden, wenn es nicht in den ECK-Strom gegeben wird.

## Mehr als Schnellverband

*Ich hätte gerne ein besseres Verständnis für den Unterschied zwischen psychischen Heilern und anderen Heilern.*

Normale Heiler tragen dazu bei, ein Problem zu beseitigen, das Menschen sich selbst geschaffen haben, indem sie ihnen einen Schnellverband anlegen. Wenn Sie sich geschnitten haben und deshalb zu einem Arzt gehen, dann reinigt und verbindet er den Schnitt, bis er von selbst heilen kann. Er gibt sich nicht mit einem spirituellen Problem ab, für dessen Heilung er nicht qualifiziert ist, aber psychische Heiler versuchen das oft und bringen dabei weitere Ursachen ins Spiel, die als weitere Probleme ausgearbeitet werden müssen.

Ein Unterschied zwischen psychischem Heilen und spirituellem Heilen ist, daß psychisches Heilen einen im gleichen Bewußtseinszustand läßt und dabei vielleicht die Symptome, die von einer eigenen Haltung hervorgerufen wurden, vorübergehend erleichtert. Spirituelles Heilen jedoch hilft, die Haltung, die das Problem verursacht hat, zu verändern, so daß es weggehen kann ohne wiederzukommen.

Erkennen Sie den Unterschied?

## Gebrochene Gesetze heilen

*Welchen Standpunkt nimmt Eckankar in Bezug auf Heilen ein? Ich war ein Spiritist, bevor ich zu ECK kam. Ich habe oft andere geheilt und frage mich jetzt, ob ich das weiterhin tun soll.*

Das Problem rund um das Heilen ist karmischer Art. Der Kranke hat einst unwissentlich gegen ein göttliches Prinzip verstoßen. Psychische Heiler können die Symptome eine Weile lang erleichtern, aber schließlich kommt die Krankheit wieder mit einem anderen Gesicht an die Oberfläche.

Unterdessen lädt sich der Heiler das Karma all der Menschen auf, die er mit psychischer Kraft heilt. Eines Tages werden die Schulden fällig. Heilen bedeutet mehr, als die äußeren Symptome für ein paar Monate oder Jahre zu beseitigen, oder bis die Leidenschaft des Verstandes, die hinter der Krankheit steckt, das nächste Symptom von Arthritis oder Krebs hervorruft.

Der Lebende ECK-Meister legt die ganze Angelegenheit in die Hände des ECK. Es erkennt in Seiner göttlichen Weisheit, ob der Betreffende gelernt hat, die geistige Aberration, die ihn krank gemacht hat, zu beherrschen oder nicht. Wenn nicht, dann gibt es keine Heilung. Schließlich möchte der Göttliche Geist nur die Ausbildung der Seele zu einem Mitarbeiter Gottes erreichen.

ECKisten lernen, karmafrei zu handeln. Das bedeutet, dem Betroffenen zu sagen, er möge direkt an den Lebenden ECK-Meister schreiben. Mit der psychischen Kraft zu heilen ist ein dornenvoller Weg. Das Abbrennen von Karma wird für einen auf dem Weg von ECK beschleunigt.

## Auf der Suche nach Gesundheit

*Ich werde von rheumatischer Arthritis geplagt und weiß nicht, wohin ich mich als nächstes wenden soll. Kannst Du mir für die Heilung dieses Problems irgendeine Richtung angeben?*

Inzwischen haben Sie vermutlich eine ganze Reihe von Ärzten dazu aufgesucht. Es gibt immer jemanden auf der Welt, der über ein bestimmtes Problem mehr weiß, als alle anderen.

Wenn Sie das nicht bereits getan haben, dann versuchen Sie, einen homöopathischen Chiropraktiker zu finden, der auf dem Gebiet der Ernährung einiges von der Wirkung der Nahrungsmittel auf den Körper versteht. Zunm Beispiel sind Nüsse und Samen, roh oder geröstet, für manche Menschen überhaupt nicht gut, während andere damit aufblühen.

Das ist nicht viel Anleitung, aber Ihre Suche nach der Gesundheit wird von dem inneren Prinzip geleitet werden, welches ich bin, der Mahanta. Der Göttliche Geist handelt auf Seine Weise und zu Seiner Zeit, um das zu bewirken, was dem Wohle aller dient.

Gelegentlich heilt der Göttliche Geist unmittelbar, in andern Fällen führt Er einen zu dem richtigen Arzt. Manchmal unterstützt Er die Heilung und Behandlung, der wir uns im Augenblick unterziehen. Einerseits müssen wir innerlich alles der Führung dieser Höchsten Kraft übergeben, während wir andererseits jede Anstrengung unternehmen, die brauchbarste medizinische Hilfe zu erhalten.

## Spirituelles Fasten

*Kannst Du mir eine Vorstellung davon geben, wie Erleuchtung in die Seele eintritt und die inneren Körper heilt, und welche Techniken dazu beitragen?*

Erleuchtung ist etwas Sanftes, wenn sie richtig ist und Sie dafür bereit sind. Sie gibt Ihnen eine andere Sicht, einen anderen Bewußtseinszustand.

Das geschieht auch, wenn wir spirituell fasten. Aus diesem Grunde wurde der Freitag ausgewählt, damit Sie sich einem mentalen Fasten unterziehen, bei dem Sie Ihre Aufmerksamkeit so lange, wie Sie können, auf dem Inneren Meister halten.

Sie werden feststellen, daß Sie im Rahmen eines spirituellen Fastens die Menschen bei der Arbeit und zu Hause anders behandeln. An diesem Tag sind Sie in einem anderen Zustand der Bewußtheit. Sie werden aus der Routine oder der Rille, die der Verstand liebt, herausgeholt.

Auf diese Weise wird wirklich Karma abgearbeitet. Der Zugriff der materiellen Welt, die Bindungen, sind dann bei Ihnen nicht so stark. Das gibt Ihnen ein bißchen mehr Entscheidungsfreiheit. Es übergibt Ihnen in subtiler Weise die Verantwortung für Ihr eigenes Leben. Andere Menschen können das spüren.

Manchmal passiert etwas bei der Arbeit, etwas, das für Sie nicht so glatt läuft. Sie können ein paar Tage lang spirituell fasten. Sie werden feststellen, daß Ihre Haltung und sogar Ihre Worte anders sind. Sie erzeugen nicht in der gleichen Weise wie vorher Karma.

Die meisten unserer Probleme sind selbstgemacht. Sobald die Dinge schiefgehen, wird das Leben einfacher, wenn wir die Verantwortung übernehmen und etwas tun, das uns ein größeres Verständnis gibt.

So sollte es sein, statt daß uns immerzu jemand spirituelle, emotionale oder physische Heilungen geben muß.

## Der Göttliche Geist handelt

*Wie löst Du eine Frage der Heilung bei einem Chela, wenn jemand mit einer Bitte an Dich schreibt?*

Das Problem wird dem Göttlichen Geist übergeben, der unmittelbar beginnt, daran zu arbeiten, sogar noch bevor Ihr Brief seinen Bestimmungsort erreicht. Ich selbst tue nichts, aber es ist meine Verantwortung und spirituelle Pflicht, als Werkzeug für die spirituelle Kraft zu handeln, damit Sie zu allen hinausströmt und jedem hilft, der eine Bitte äußert.

Ich kann nicht sagen, ob die Bitte eines Menschen so erfüllt wird, wie er es sich wünscht. Der Heilige Geist wird Seine eigene göttliche Weisheit anwenden, um jedem zu seinem persönlichen Nutzen zu helfen. Er wird ihn vielleicht zu dem passenden Arzt führen oder Sich in irgendeiner anderen Weise mit den Umständen, die hinter dem Problem stehen, befassen.

Wenn der Chela das gesamte Problem dem

Mahanta, dem Inneren Meister, übergibt, wird für das Problem zur rechten Zeit Sorge getragen werden.

## Sich befreien

*Ich stehe spirituell an einem Scheideweg. Und ich spüre, daß ich festsitze. Ist es möglich, einer spirituellen Organisation anzugehören, ohne sich einem Meister hinzugeben? Ich habe mich innerlich blockiert aus Angst vor spirituellen Fallen, die auf verschiedenen Wegen im Überfluß vorhanden sind — ich bin auf einige davon hereingefallen. Vor ein paar Jahren habe ich mich von allen Gurus abgewandt und mich auf Mutter Erde und Gartenbau zurückgezogen.*

Sie haben bei dem Versuch zu verstehen, welche Rolle diese Erfahrungen der Vergangenheit in Ihrem spirituellen Wachstum spielen, schwere Zeiten durchgemacht. Manche Menschen haben eine sehr empfindliche innere Antriebsfeder, wie die einer Uhr. Sie lassen sich leichter von Dingen verletzen, über die ein anderer vielleicht einfach hinweggeht.

Sie haben im Inneren die Notwendigkeit erkannt, sich zu heilen. Darum haben Sie sich dem Tai Chi und dem Gartenbau zugewandt. Wir alle haben das Bedürfnis, die Verbindung mit etwas Beständigem zu spüren, und das hatten auch Sie. Aber jetzt, nachdem Sie zu einem gewissen Grade geheilt sind, bietet Ihnen der innere Antrieb von der spirituellen Seite her wiederum eine Gelegenheit zu wachsen. Es geht nicht darum, sich vor dem Leben zu verstecken, sondern darum, das Leben zu leben, aber ohne die gleichen Fehler, die wir früher gemacht haben.

Die Frage, die Sie jetzt stellen, ist, ob Sie sich einer Organisation (wie Eckankar oder dergleichen) anschließen müssen, um spirituell zu wachsen. Nein, das ist nicht erforderlich. Aber seien Sie auch kein Einsiedler. Menschen brauchen Menschen. So ist das eben. Schließen Sie sich Freizeitgruppen oder Studiengruppen an, machen Sie auch Kurse—wenn Sie das wollen. Aber seien Sie mit Menschen zusammen, wenn Sie das brauchen.

Manche Menschen passen nicht in eine Organisation wie Eckankar, und ich respektiere das. Sie sind mit Ihrer eigenen Heilung recht weit gekommen, aber versuchen Sie zu verstehen, daß die Welt kein Rosengarten ist. Wir verletzen uns alle, und wir weinen, aber morgen früh müssen wir dann wieder aufstehen wegen der Menschen, die auf uns angewiesen sind.

## Das Tempo der Heilung

*Ich habe wiederholt um Heilung von meinem schrecklichen Krebsleiden gebeten. Bitte hilf mir zu verstehen, warum ich immer noch damit zu tun habe.*

Nicht ich bin es, der die Heilung vornimmt, sondern das ECK — wenn Es erkennt, daß eine Heilung bewirkt werden soll. Sie starren auf die negative Seite Ihres Lebens, als ob niemand sonst in der Welt irgendwelche Probleme hätte.

Erinnern Sie sich an die Geschichte von der verzweifelten Mutter, die ihr Kind verloren hatte und außer sich vor Schmerz zum Meister kam? Er sagte, er würde ihr helfen, wenn sie nur von Tür zu Tür ginge und einen Haushalt ausfindig machte, der niemals von Kummer oder Tod berührt worden sei. Nachdem sie ziemlich viel Zeit damit zugebracht hatte, kam sie als eine viel weisere Frau zum Meister zurück. Es wurde ihr klar, daß die Dinge in unserem Leben uns nicht gehören und daß es nur Leihgaben vom Geist des

Lebens für unser Wachstum sind.

Sie haben einen wunderbaren Ehemann, der Sie aufrichtig liebt. Es gibt nichts kostbareres in die dieser Welt als Liebe — nicht Gesundheit, Jugendlichkeit oder Schönheit. Wenn Ihre Krankheit an einem Tag von Ihnen genommen würde, wäre das Band, das heute zwischen Ihnen besteht, nicht mehr da. Und es ist sehr gut in dem Sinne, daß Sie beide einander Ihre Liebe geben können, wenn Sie sich dazu entschließen.

Der Mahanta möchte uns zeigen, wie wir unser Leben erträglich machen können, indem wir die Regeln des gesunden Menschenverstandes anwenden, und das sind die Regeln des ECK.

Wenn von Krebskranken Hilferufe zu mir kommen, aber das Gesetz des Karma besagt, daß dies die beste Möglichkeit für sie ist, Läuterung des Verstandes zu erhalten, damit die Seele befreit werden kann, dann ist das der Wille des ECK. Ich kann nicht eingreifen. Es gibt Hilfe für Sie, aber Sie müssen wirklich innehalten und auf die Hilfe hören, die zu Ihnen kommt.

## Innere Aufmerksamkeit

*Ich bemerkte einen unangenehmen Druck in meinem Kopf und schrieb an Dich mit der Bitte um Hilfe. Im Laufe der nächsten Wochen begann ich festzustellen, daß der Druck zeitweilig stärker oder schwächer wurde. Ich bemerkte auch, daß er nach dem Genuß bestimmter Kräutertees stärker wurde. Ich hielt mich an den Gedanken, die Situation würde besser, und sie wurde besser. Kürzlich konnte ich bei einer ECK-Veranstaltung meinen ersten Einzelvortrag halten.*

Ich freue mich, daß Sie sich dem Göttlichen Geist geöffnet haben, um ein Verständnis für den Grund dieses Druckes zu erhalten. Das ECK bringt Heilung auf subtile Weise, häufig indem es plötzlich eine Einsicht über gewisse Speisen oder Getränke bringt, die die Quelle des Leidens sind.

Aus diesem Grunde empfehle ich oft jemandem, zu einer Routineuntersuchung zu einem Arzt zu gehen, denn dabei kommt oft eine geringfügige Anpassung der Ernährungsweise heraus, die einen riesigen Unterschied bewirkt.

Wenn Ihr Zustand mehr Aufmerksamkeit verlangt, um die Symptome vollständig zu beseitigen, dann denken Sie bitte an eine gründliche Untersuchung, und sei es nur, um den Verstand zu beruhigen.

Es ist bemerkenswert, daß Sie über sich selbst hinausgegangen sind, und bei der ECK-Veranstaltung gesprochen haben. Hindernisse entstehen, um unser Wachstum in neuen Bereichen zu verhindern. Aber wenn wir unsere Ängste und Krankheiten in den Hintergrund setzen, führt uns unbedingtes Vertrauen auf das ECK zum Erfolg.

Es ist immer eine Prüfung. Wenn sie heute nicht bestanden wird, ist das kein Grund zur Beunruhigung, denn es wird wieder eine Gelegenheit kommen.

## Der Schutz des Heilers

*Ich meldete mich kürzlich zu einem japanischen Reiki-Workshop an. Aber als ich zu dem ersten Treffen kam, stellte ich fest, daß ich, um das zu bekommen, wofür ich bezahlt hatte, aufgefordert wurde, an allen Treffen teilzunehmen und ihre vier Initiation zu nehmen.*

*Ich bin sehr aufgebracht darüber und ich frage mich, ob das meine Entfaltung in ECK rückgängig macht.*

Um Ihren Verstand zu beruhigen, der Workshop wird

Ihre ECK-Initiationen nicht beeinträchtigen, weil Sie Ihre Aufmerksamkeit auf den Mahanta gelegt haben.

Sie wollten wissen, was man macht, wenn man sich in einer derartigen Situation befindet — wenn man ein Papier unterschreiben soll, mit dem man verspricht, an dem ganzen Seminar teilzunehmen und alle vier Initiationen zu nehmen. Wir alle werden an solche Stellen gebracht, denn die Agenten des Kal haben viele Tricks.

Aber ganz gleich, in was für einer Ecke wir uns befinden, ob hier oder in den unsichtbaren Ebenen, der Ausweg aus der Falle ist, sofort seine Aufmerksamkeit auf den Mahanta oder das ECK zu legen. Vollkommenes Denken an oder Eintauchen in das spirituelle Prinzip, welches Liebe ist, vertreibt die Angst. Wenn die Angst aus unserem Bewußtsein vertrieben wird, dann ist die Herrschaft des Jägers zerbrochen, und er besitzt keine Macht über uns.

Ich möchte Sie warnen, daß Sie nicht einem anderen beim Heilungsprozeß die Hand auflegen. Das soll verhindern, daß Sie das Karma eines anderen durch Unkenntnis der Gesetze des ECK übernehmen, welche ohne Ansehen der Person wirken. Diese wirken einfach wie mathematische Prinzipien. Natürlich benutzen Menschen in Heilberufen ihre Hände bei der Behandlung ihrer Patienten, aber sie sind dadurch geschützt, daß sie einem Heilberuf angehören. Sie werden bei ihrer Ausbildung sehr gut darüber unterrichtet, wie sie sich von den Krankheiten ihrer Patienten losgelöst halten können.

Trotz der Ausbildung, die Ärzte erhalten, sind viele von ihnen bei ihren Heilungen nicht so losgelöst, wie es ihnen beigebracht wurde.

Autodidaktische Heiler haben nicht den Vorteil einer solchen Ausbildung — Unvoreingenommenheit, die immer noch mit Mitgefühl verbunden ist, welches jeder gute Heiler haben muß. Daher sind sie wie Kleinkinder unter Wölfen in bezug auf die Kenntnis der spirituellen Gesetze, die der Kranke gebrochen hat und die für seine Krankheit verantwortlich sind.

Was mich betrifft, können die Leute tun, was sie wollen. Aber es ist meine Aufgabe, auf die Gefahren hinzuweisen. Manches hält die Menschen tatsächlich zurück bei ihrer Reise heim zu Gott. Aber sie sind so sehr in menschliche Sentimentalität verwickelt, daß sie nie verstehen, wie sie sich in das Wirken des Karma einmischen und auf diese Weise selbst Karma übernehmen.

Weil Sie Ihre Aufmerksamkeit auf den Mahanta gelegt haben, wird aus dem Reiki-Workshop für Sie kein Schaden entstehen.

## Spirituelle Verwicklung

*Ich habe schreckliche Visionen. Ich sprach mit einem befreundeten ECKisten, der mir einiges über den psychischen Bereich erklärte, mit dem ich mich befaßt habe. Er sagte mir auch, daß Du vielleicht in der Lage bist, mir zu sagen, warum ich diese beängstigenden Visionen habe.*

Der Grund der beunruhigenden Visionen ist die Vermischung des psychischen Bereichs mit dem spirituellen Weg von ECK. Es entwickelt sich ein schrecklicher Sturm im menschlichen Bewußtsein.

Das sicherste, was man tun kann, ist, erst einmal die psychischen Zentren in Ihrem Körper zu schließen. Rufen Sie United Way (auf den weißen Seiten des Telefonbuches in größeren Städten) oder ihren örtlichen Beratungsdienst an, und bitten Sie um Rat bezüglich Ihres Problems mit den schrecklichen Visionen.

Sehen Sie zu, was für eine Beratung Sie bekommen können und was sie kostet. Wenn Sie den Schritt unternehmen, eine qualifizierten Beratungsstelle aufzusuchen, dann wird der Göttliche Geist beginnen, Ihre spirituelle Verwicklung zu lösen.

## Wie man um Hilfe bittet

*Ich hätte gerne die Zulassung, als spiritueller Heiler in meinem Lande zu arbeiten. Bitte öffne mich, damit ich die Wunder Gottes in mich einströmen lassen kann.*

Ich bin glücklich, daß Ihr Hauptziel die Gottrealisation bleibt. Wenn der Initiierte diese Höhen erreicht, dann findet er die Wahrheit, die in den biblischen Worten enthalten ist: »Suchet statt dessen das Reich Gottes, und alle diese Dinge werden Euch gegeben werden.«

Der Lebende ECK-Meister ernennt niemals jemanden als spirituellen Heiler. Der Chela kann die Kunst des spirituellen Heilens erlernen, aber es darf nur seiner eigenen Heilung dienen. Daher bin ich nicht in der Lage, Sie als einen spirituellen Heiler in Eckankar zu benennen.

Was Sie jedoch als Ihren Beruf wählen, ist ausschließlich eine persönliche Angelegenheit zwischen Ihnen und dem Mahanta. Sie müssen den Zulassungsbestimmungen des Landes genügen, in dem Sie Ihren Wohnort haben, ob Sie nun den Beruf eines Arztes, eines Psychotherapeuten oder eines Zahnarztes ausüben.

Ich lasse nicht zu, daß der Initiierte die Werke von ECK zu persönlichem Profit ausnutzt. Der Chela kann Nichtinitiierten sagen, daß sie einen persönlichen Brief an den Lebenden ECK-Meister mit der Bitte um

Heilung senden können. Sein Training für die Meisterschaft hat das Geheimnis offenbart, wie man Bitten um Heilung an das ECK weiterleitet.

Daher erweist der ECKist seinen Nachbarn einen Dienst, ohne das Karma eines anderen Menschen zu übernehmen. Der Lebende ECK-Meister nimmt Bitten um Heilung nur dann entgegen, wenn derjenige, der die Bitte stellt, jede traditionelle Quelle der Heilung ohne Erfolg ausgeschöpft hat.

## Geschenke Gottes

*Ich bin kein ECKist, aber ich schreibe Ihnen, weil mein Interesse an Eckankar wächst, und weil ich Ihre Hilfe bei einem für mich verheerenden Problem brauche. Bei meinen beiden Söhnen wurde zystische Fibrose, eine lebensbedrohende Krankheit, festgestellt. Der Arzt sagt, sie werden nur zwanzig oder dreißig Jahre alt werden. Darüber bricht mir jeden Tag das Herz, denn sie sind wirklich Wesen des Lichtes. Können Sie mir eine Einsicht vermitteln, warum sie sich das ausgesucht haben oder was ich getan habe, um das hervorzurufen?*

Die Wissenschaft macht immerzu neue Entdeckungen über die Heilung von Krankheiten. Der heilige Geist oder das ECK arbeitet in vielfältiger Weise, um Heilung zu bringen, auch durch die Wunder der Wissenschaft. Die Ärzte geben Ihren Söhnen eine Anzahl von Jahren, in welchen die Wissenschaft vielleicht eine Möglichkeit finden wird, ihnen zu helfen. Als Vater weiß ich, daß Ihre Kinder Ihnen so teuer sind wie das eigene Leben.

Während die Ärzte und Wissenschaftler sich beeilen, um eine Heilung für zystische Fibrose zu finden, bitten Sie den Göttlichen Geist darum, daß er Ihnen den Grund ihrer Krankheit zeigt. Was können Sie spirituell daraus lernen, das auf andere Weise nicht zu lernen ist?

Unsere Kinder sind ein Geschenk von Gott. Obwohl sie uns nicht gehören, lieben wir sie doch mit ganzem Herzen. Bis die Ärzte eine Heilmethode gefunden haben, seien Sie für jeden Augenblick dankbar, den sie mit ihnen zusammen haben, aber denken Sie daran, Ihre Söhne atmen und in ihre eigenen Träume hineinwachsen zu lassen.

Meine Gedanken und meine Liebe sind bei Ihnen in diesen schwierigen Zeiten. Ich übergebe Ihr Problem dem ECK, damit Es damit macht, was Es möchte.

## Die Liebe Gottes

*Ich habe durch einen Autounfall eine Querschnittslähmung vom Hals abwärts erlitten. Kannst Du mir die Hand reichen und mir durch diese Zeit hindurchhelfen?*

Als ich heute anrief, haben Sie geschlafen, aber ich möchte Ihnen erneut versichern, daß die Liebe des Göttlichen Geistes nach wie vor bei Ihnen ist. Legen Sie besonders jetzt Ihre Aufmerksamkeit auf das Spirituelle Auge, und singen Sie HU oder Ihr eigenes Wort. Suchen Sie entweder das Licht oder den Ton und auch den Inneren Meister.

Sie wissen, wonach Sie suchen müssen. Sie werden erkennen, daß die Liebe Gottes Sie auch in diesen dunklen Stunden umgibt.

## Spirituelle Stürme überstehen

*Was geschieht, wenn Chelas in ECK sich mit psychischem Heilen beschäftigen? Was für ein Karma müssen sie abarbeiten, wenn sie die psychischen Gruppen ver-*

*lassen? Wie können sich ECKisten vor psychischen Angriffen schützen oder sich selbst danach heilen?*

Wenn Chelas frühere spirituelle Gruppen verlassen, kann es sein, daß auf den inneren Ebenen Angriffe von den Betreibern dieser Gruppen stattfinden. Diese sehen nichts Falsches darin. Für sie ist das wie ein heiliger Krieg. Sie glauben, daß alles, was sie bei der Verbreitung ihres eigenen Glaubens den Menschen eines anderen Bewußtseinssystems antun, in Ordnung ist.

Wenn man diese Gruppen verläßt, ist der erste und wichtigste Schritt, daß man mit diesen Menschen in Zukunft absolut nichts zu tun zu hat. Vernichten Sie ihre Post, ignorieren Sie Telefonanrufe, und besuchen Sie auf keinen Fall wegen alter Freundschaften irgendwelche Treffen. Das ist kompliziert, wenn Familienmitglieder diesen Gruppen angehören, aber man kann seine Abhängigkeit von ihnen schrittweise im Laufe der Zeit vermindern.

Statt wie in der Vergangenheit diese Gruppen als eine Krücke zu verwenden, wird die Aufmerksamkeit jetzt zu 100 Prozent auf den Mahanta gelegt. Der Mahanta kann nur dann Erleichterung bringen, wenn ein Chela alle emotionalen und inneren Bindungen zu den Menschen in der Organisation, der er früher angehörte, abgebrochen hat.

## Weißes Licht

*Ein ECKist in unserer Gegend hat das weiße Licht verwendet, um andere ECKisten zu heilen. Ist das nicht ein Eindringen in ihre Privatsphäre und ein Mißbrauch des weißen Lichtes?*

Ich bin besorgt, wenn ein ECKist die ECK-Lehre mißbraucht, weil er die Gesetze des Göttlichen Geistes nicht kennt. Als der gegenwärtige Lebende ECK-Meister ist es meine Pflicht, die Fallen für die damit befaßten Menschen aufzuzeigen. Ob sie sich dann entschließen, aufgrund der Information, die ich ihnen gebe, dem Weg von ECK zu folgen, ist völlig ihre Entscheidung.

Im *Shariyat-Ki-Sugmad* steht: »ECK aus Neugierde, auf der Suche nach neuen Sensationen oder zur Erlangung psychischer Macht zu praktizieren, ist ein Irrtum, der durch Wirkungslosigkeit, Neurosen, oder noch Schlimmeres bestraft wird. . . . Auch der Versuch, für jemand anderen zu beten oder irgendeine Heilmethode zu verwenden, wie etwa ihn in das weiße Licht zu versetzen, heißt, eine niedere Kraft ins Leben zu rufen. . . . Gebet und Heilung in irgendeiner anderen Weise als durch das ECK Selbst auszuführen, heißt, in den psychischen Welten zu wirken.«

## Heilung von Angriffen im Inneren

*Wie kann ich mich von einem psychischen Angriff heilen?*

Psychische Angriffe auf Führer in ECK können sehr schwerwiegend sein und können in der Tat regelrechte Krankheiten hervorrufen. Wenn das passiert, lassen Sie diese von einem Arzt oder von einem alternativen Zweig der Heilkunst diagnostizieren (wenn es sich um eine unschädliche Maßnahme handelt), um die Verbesserung oder Verschlechterung der Gesundheit zu verfolgen.

Das ECK wird einen durch ein Labyrinth von Spezialisten führen (manchmal scheint das endlos) bis die richtige Kombination zu Tage tritt und Hilfe erscheint, um das Leiden zu erleichtern. Der lange Prozeß der Erholung bringt eine ständige Erweiterung des Verständnisses für die Gründe der Krankheit.

## Heiler in ECK

*Wird es jemals Heiler in ECK geben?*

Eines Tages wird es Heiler in ECK geben. Dies ist einer der Bereiche des Dienens, wie sie von Paul Twitchell vorgezeichnet wurden. Eine ausgewählte Gruppe von Menschen wird sich im Laufe der Zeit darin einarbeiten und für ihre Mitmenschen einen wertvollen Beitrag leisten.

Der Lebende ECK-Meister wird ganz selten jemandem sagen, wie er sich seinen Lebensunterhalt verdienen soll. Heilen ist etwas, das nur wenige Menschen richtig tun können, denn sie müssen im Inneren ein tiefes Verständnis davon haben, wie das Karma — Ursache und Wirkung — arbeitet.

Man kann immer ein Kanal für den Heiligen Geist sein. Das bedeutet, das Bedürfnis nach Ruhm und Ehre beiseite zu schieben in dem Willen, ein bescheidener Diener der Göttlichen Macht zu sein und zu sagen: »Dein Wille geschehe.«

Die ärztliche Kunst ist ein Weg, auf dem der Heilige Geist den Menschen Heilung bringt. Das gilt auch für Zahnheilkunde und Psychologie. Jeder Beruf spielt eine wichtige Rolle dabei, wenn Seelen zusammenkommen, um eine Ahnung von der Bedeutung der verborgenen Gesetze zu erlangen, die die Krankheit überhaupt erst erzeugt haben.

## Den Grund herausfinden

*Meine Sehfähigkeit versagt aufgrund von grünem Star. Kannst Du mich heilen?*

Ihr versagendes Augenlicht und Ihr grüner Star wurden in die Hände des Göttlichen Geistes gelegt, damit Er damit macht, was Er möchte. Ich nehme die Heilung nicht selbst vor. Es geschieht alles durch das ECK, wenn das für die Seele das Beste ist.

Die Seele ist ewig, ohne Anfang und Ende. Sie kommt wieder und wieder, um jede Art von Erfahrung zu bekommen, damit sie ein Bewohner der hohen Gottwelten werden kann, während sie immer noch hier auf der Erde lebt.

Der Göttliche Geist arbeitet in vielfältiger Weise, um Heilung zu bewirken, wenn es das ist, wofür Er sich entschieden hat. Er führt Sie vielleicht zu einem Arzt, der sich sehr gut auf die Heilung Ihrer Krankheit versteht. Oder Sie werden vielleicht zu dem richtigen Kraut oder Kräutersachverständigen geführt.

Das einzige, was ich Ihnen an dieser Stelle empfehlen kann, ist, in Ihrer Kontemplation zum Mahanta zu gehen. Dort können Sie den Grund für dieses Leiden finden und erfahren, was zu tun ist, um es zu heilen. Die Antwort kommt vielleicht schnell, es kann aber auch sein, daß es Tage, Wochen oder Monate dauert.

Oft steht ein karmischer Umstand in Verbindung mit dem Problem. Die Möglichkeit der Heilung könnte ein erweitertes Verständnis über die Ursache des Gesundheitsproblems beinhalten. Man kann auch seine eigene Verantwortung in Betracht ziehen, ein Leben zu führen, das Rücksicht auf die Schwächen in der Erbmasse nimmt, die in jeder Familie vorhanden sind.

Bitte seien Sie sich gewiß, daß der Meister immer bei Ihnen ist, aber es ist der Innere Meister, der Mahanta, auf den wir in allen unseren Lebensproblemen schauen müssen.

## Weg zur Heilung

*Mein Sohn erholt sich von einer langen Krankheit — kannst Du helfen, seine Schmerzen zu lindern? Würde es dazu beitragen, wenn ich die spirituellen Übungen zweimal täglich oder öfter mache?*

Ihre Bitte um die Gesundheit Ihres Sohnes wurde dem Göttlichen Geist übergeben. Er arbeitet in Seiner Weise und zu Seiner Zeit. Wie Er damit umgehen wird, kann ich nicht sagen, denn ich bin nur Sein Werkzeug.

Er kann Sie zu dem richtigen Arzt führen oder Sich in irgendeiner anderen Weise mit diesem Umstand befassen. Alle Heilung kommt vom ECK, ganz gleich, welches Werkzeug Es verwendet. Ärzte und Psychologen sind legitimierte Heilbeauftragte auf der physischen Ebene. Wenn wir professionelle Hilfe aufsuchen, dann wird uns das ECK von einem Arzt zum anderen führen, bis die richtige Hilfe gegeben wird. Das ECK arbeitet häufig so, wenngleich es auch die seltenen Fälle von Wunderheilungen gibt.

Nehmen Sie sich Zeit für die Spirituellen Übungen von ECK, denn jeder braucht Zeit, um spirituelle Standfestigkeit aufzubauen. Es ist oft hilfreich, ein Traumtagebuch zu führen, wenn Ihre Neigungen in diese Richtung gehen. Der Weg von ECK verbessert unser Leben, um uns auf unserem eigenen Weg zu Gott zu führen. Dabei kann ich Ihnen als der Innere Meister helfen.

Im Laufe der Zeit wird der Vorhang weggezogen, und wir erkennen den Sinn der Schwierigkeiten, die wir durchmachen mußten. Es gibt für alles, was in unserem Leben geschieht, einen Grund, auch wenn im Augenblick das umfassendere Bild unserer spirituellen Sicht entzogen sein kann.

Gehen Sie jeden Schritt in Ihrem physischen Leben so, wie er kommt, und seien Sie versichert, daß der Weg vom Mahanta bereits vorbereitet wurde. Es wird in der für alle Betroffenen besten Weise gelöst werden.

# 7

# Wie steht es mit Ihrer Gesundheit?

*Ich alles versucht, mir selbst aus einer tiefen Depression zu helfen. Ich habe das Gefühl, ich ertrinke. Bitte hilf mir.*

Ich habe Ihre Bitte um Hilfe erhalten. Sie haben Gott gebeten, Ihnen eine Sicht zu geben und ein Licht, in dem Sie sehen können. Es wird geschehen, wie Sie gebeten haben, aber zu Seiner Zeit. Wiederum wird es geschehen, aber zu Ihrer Zeit. Das bedeutet, Gottes Geschenke gehören Ihnen schon, aber erst dann, wenn Sie sich öffnen können, um sie anzunehmen.

Wohlbefinden ist etwas Physisches, Emotionales, Mentales und Spirituelles. Wenn man sich nicht wohl fühlt, dann gibt es einen Mangel in einem oder mehreren dieser vier Bereiche. Beginnen Sie immer mit dem Physischen, denn es ist am leichtesten, mit dem zu beginnen, was am nächsten liegt.

Wenn Sie sich Sorgen über Ihre Gesundheit machen, dann lassen Sie sich von einem Arzt untersuchen. Überprüfen Sie auch Ihre Eß-und Trinkgewohnheiten. Alkohol zum Beispiel putscht einen auf und macht einen deprimiert. Süßigkeiten, insbesondere Schokolade, können für manche Menschen genauso schlimm sein.

Es ist paradox, daß wir, wenn wir deprimiert sind, gerne etwas Süßes essen wollen, was Depressionen hervorrufen kann. Ein Teufelskreis.

## Ein lauter Ton

*Ich habe einige Gesundheitsprobleme, nachdem ich mich den größten Teil meines Lebens eines kräftigen Körpers erfreuen konnte. Der göttliche Tonstrom ist sehr laut. Mache ich eine spirituelle oder physische Veränderung durch?*

Sie haben eine Veränderung Ihrer Gesundheit und eine Verstärkung des Tonstroms erwähnt. Wir in ECK erkennen die natürliche Wirkung einer Bewußtseinsveränderung. Sie kann sich sowohl physisch als auch emotional zeigen. Sie verlangt von uns, unsere Eßgewohnheiten und vielleicht auch unsere spirituellen Übungen zu verändern.

In meinem Fall habe ich festgestellt, daß sich das Älterwerden auf mein Wohlbefinden auswirkte. Ich wurde gezwungen, neue Eßgewohnheiten zu entwikkeln. Ich gab schließlich Stimulanzien auf Koffeinbasis, wie Kaffee, viele Softdrinks und sogar Schokolade, auf. Die Stimulanzien machten mich, zusätzlich zu meiner wachsenden spirituellen Bewußtheit, allzu empfindlich für den Tonstrom.

Wir möchten den Ton in unserem Leben haben, aber zuviel davon kann uns physisch unfähig machen, unser tägliches Leben weiterzuführen. Das bedeutet, wir müssen ein neues Gleichgewicht finden. Dies wiederum bedeutet, daß wir unsere Gewohnheiten ändern müssen.

Gehen Sie mit Vernunft daran. Schauen Sie zum

Beispiel, was Sie für Nahrungsmittel essen. Dann lassen Sie gerade nur das Nahrungsmittel oder Getränk weg, das Ihnen spirituell am wenigsten nützlich erscheint. Essen und trinken Sie Ihre anderen Nahrungsmittel und Getränke weiter. Beobachten Sie ein paar Tage lang, ob das Weglassen eines bestimmten Nahrungsmittels irgendeine positive Wirkung auf Ihr Wohlbefinden gehabt hat. Wenn das der Fall ist, dann verwenden Sie dieses Nahrungsmittel einige Wochen lang nicht. Später werden Sie vielleicht experimentieren wollen: Versuchen Sie, es wieder zu essen, aber beobachten Sie die Wirkung, die es auf Ihr Wohlbefinden hat.

Verfolgen Sie den gleichen Plan mit einem zweiten Nahrungsmittel oder Getränk, das für Ihr spirituelles oder physisches Wohlergehen *am wenigsten* nützlich erscheint. Lassen Sie sich Zeit. Sie wollen keine umwälzenden Änderung in Ihrer Ernährung vornehmen. Es könnte für Ihren Körper ein zu großer Schock sein, und das würde unnötige Gesundheitsprobleme erzeugen.

In Prinzip behandeln Sie Ihren Körper wie ein naturwissenschaftliches Labor. Was Sie hier sehen, ist einzigartig: eine Widerspiegelung Ihres sich erweiternden Bewußtseinszustandes. Während Sie Beobachtungen über Ihre Eß- und Trinkgewohnheiten anstellen, sorgen Sie dafür, daß Sie von Spezialisten für Ernährung und dergleichen jede Hilfe bekommen, die Sie für notwendig erachten.

Wir *sind* ein Bewußtseinszustand. Jeder und alles in unserer persönlichen und universellen Welt hat eine Wirkung auf uns. Wir möchten Bewußtheit darüber erlangen, was die Wirkungen sind. Dann können wir sie ordnen, die guten verstärken und die schlechten fallen lassen.

## Zu weit geöffnet

*Meine Mutter klagt über einen inneren Ton, der sich wie jammernde oder weinende Menschen anhört. Sie ist keine ECKistin und findet den Ton belastend. Kannst Du mir bitte eine brauchbare Erklärung geben, die ich an sie weitergeben kann?*

Es ist schwierig, manche Dinge Menschen zu erklären, die anders als viele ECKisten die Geographie der inneren Welten nicht kennen. Sie hört das Schreien gepeinigter Seelen, die auf halbem Wege zwischen Himmel und Erde in einem Fegefeuer gefangen sind. Das bedeutet, zwischen der physischen Ebene und der Astral-Ebene.

Menschen, die für derartige innere Töne offen sind, nehmen häufig recht stark Anteil an den Leiden anderer. Sie nehmen vermutlich heimatlose Tiere auf und bieten den Bedrückten eine Schulter, an die sie sich lehnen und weinen können.

Aber ihr mitfühlendes Wesens arbeitet eigentlich gegen sie. Sie verstehen nicht, daß die Menschen sich ihre Schwierigkeiten selbst eingebrockt haben. Das heißt nicht, daß wir dem Leiden anderer gegenüber kaltherzig sein sollten, aber es zeigt auf, daß manche Menschen im Geheimen dazu neigen, sich selbst spirituell zu verletzen, damit sie anderen gegenüber über ihre Probleme klagen können.

Ihre Mutter hört die Schreie verlassener Seelen. Dies sind im allgemeinen Menschen, die unter Streß oder ungeklärten persönlichen Umständen gestorben sind. Lassen Sie sie wissen, daß Gott ihnen ihre Befreiung vom Fegefeuer gibt (wahrscheinlich wird sie nicht an ein Fegefeuer glauben), wenn sie bereit sind, die Traurigkeit loszulassen, welche sie dort festhält. Sie befinden sich in einem Übergangszustand, und Engel werden sie schnell genug in den Himmel bringen.

Lassen Sie sie dann den Namen *Jesus* singen, wenn sie HU nicht singen möchte.

Eine letzte Bemerkung: Fehlerhafte Ernährung kann manche Menschen auch für psychische Phänomene öffnen. Lassen Sie Ihre Mutter vom Hausarzt untersuchen, um festzustellen, daß in gesundheitlicher Hinsicht in ihrem Leben alles in Ordnung ist.

## Ihre Verantwortung

*Ich bin zur Zeit kein ECKist, aber ich hoffe, es ist in Ordnung, wenn ich Sie als den Mahanta bei einem Problem um Hilfe bitte. Ich habe eine schwere Allergie in meinen Augen, die sehr schmerzhaft ist und meine Sehfähigkeit beeinträchtigt. Ich bin bei einem Arzt gewesen, und ich gehe jetzt zu einem anderen, aber das Problem ist immer noch da. Können Sie mir helfen?*

Das ECK hat in dem Moment begonnen, an dem Zustand Ihrer Sehfähigkeit zu arbeiten, in dem Sie Ihre Bitte um Hilfe abgeschickt haben. Die Möglichkeiten der Heilung durch den Göttlichen Geist sind wahrlich grenzenlos. Oft führt der Betreffende, dem Erleichterung zuteil geworden ist, dies nicht auf den Heiligen Geist zurück, sondern er glaubt, er sei durch Zufall auf Hilfe gestoßen.

Das ECK hilft heutzutage häufig durch den Bereich der Medizin. Es führt einen zu dem Arzt, der für das Problem der richtige ist.

Der Zweck des Heilens jedoch geht über die Heilung eines körperlichen Problems hinaus. Es gibt einen spirituellen Grund dafür, daß die Krankheit aufgetreten ist. Der Prozeß der spirituellen Heilung lehrt uns etwas über uns, das wir vorher nicht wußten. Wenn die Augen Probleme haben, müssen wir fragen: »Mahanta, was in meinem spirituellen Leben sehe ich *nicht*, das meine Schwierigkeiten mit meiner Sehfähigkeit hervorruft?«

Sie sehen, das Vorgehen geht davon aus, daß man für alles, was nicht in Ordnung ist, Verantwortung trägt. Sobald wir willens sind, die Schuld für unsere Gedanken und Handlungen auf unsere Schulter zu nehmen, können die inneren Kräfte anfangen, uns zu heilen, während uns gleichzeitig unser Verständnis für die Gründe klar wird, vielleicht durch unsere Träume oder durch andere Mittel des Verstehens.

Lassen Sie Ihr Problem in der Obhut des Mahanta, suchen Sie weiter nach einem Arzt, der Ihnen helfen kann (und übersehen Sie nicht einen guten Ernährungsspezialisten), und schreiben Sie mir in drei Monaten wieder über Ihre Fortschritte.

## Ein Heilmittel gegen Schlaflosigkeit

*Ich bin in ECK seit den Tagen von Paul Twitchell. Seit Jahren hatte ich ein Problem mit Schlaflosigkeit, das schlimmer geworden ist. Ich habe viele Spezialisten zu Rate gezogen, aber die Schlaflosigkeit beherrscht alles so sehr, daß sie im wahrsten Sinne des Wortes mein Leben ruiniert. Kannst Du mir irgendeinen Hinweis geben?*

Oft vermeide ich, das Gespräch auf frühere Lebenszeiten zu bringen, weil die Menschen meistens genug Mittel und Wege in ihrem Leben haben, um bei ihrem Gesundheitsproblem einen Anfang zu machen. Weil die Naturwissenschaft heutzutage so sehr im Vordergrund steht, neigen die Menschen dazu, Einflüsse aus vergangenen Leben zu übersehen, weil das ziemlich weit hergeholt erscheint.

Nichtsdestoweniger gibt Ihnen vielleicht ein Blick in Ihre Vergangenheit ein Verständnis Ihrer Unfähigkeit, Ruhe zu finden.

Heutzutage machen sich einige Geologen darüber lustig, wenn Atlantis erwähnt wird, weil keine ihrer Bohrungen in den Meeresboden gezeigt hat, daß es jemals über Wasser gewesen ist. Auf alle Fälle aber war die Zivilisation in vielerlei Hinsicht so hoch entwickelt, daß es die Wissenschaft heutzutage neidisch machen würde. Doch in ihrer Gesamtheit waren die Menschen zu dieser Zeit spirituell auf einem Entwicklungsstand, den wir als emotional kindlich bezeichnen würden.

Kurz gesagt, sie waren tüchtig bis zum äußersten, aber das Bewußtsein damals stand nur am Anfang dessen, was wir heute Mitgefühl und Menschlichkeit nennen würden. Daher wurde es im Laufe des Niederganges von Atlantis allgemeiner Brauch, daß Ärzte an Patienten, die alt, kränklich oder nach den damals üblichen Schönheitsnormen mißgebildet waren, Euthanasie ausübten.

Irgendwie waren Sie der Aufmerksamkeit der Behörden entgangen, obwohl Sie einen verwachsenen Rücken hatten, der Sie zu einer ständig vornüber gebeugten Haltung zwang. Niemand war allzu besorgt über Ihr Aussehen, weil Sie ein ländlicher Arbeiter waren, etwa einem umherziehenden Farmarbeiter entsprechend. Derartige Arbeit war notwendig, weil die verfallende atlantische Gesellschaft unserer heutigen insofern sehr ähnlich war, als jedermann allmählich zu fein wurde, um sich mit manueller Arbeit die Finger schmutzig zu machen.

Wurde dies zum Äußersten getrieben, so konnte

natürlich unter diesen Umständen keine Gesellschaft lange existieren. Deshalb wurden Sie und andere Mitglieder der untersten Klasse von Arbeitern nicht an den Schönheitsnormen gemessen, die für einen wachsenden Teil der Bevölkerung galten.

Aber Sie wurden auf den Feldern alt und krank. Dadurch wurden die Mediziner auf Sie aufmerksam. Man stellte fest, daß Ihr nützliches Leben als ein Arbeiter zu Ende war. So wie für viele andere Unglückliche wurde ein Tag und eine Stunde festgesetzt, zu der Ihnen ein Medikament verabreicht werden sollte, das Sie in ewigen Schlaf versetzen würde.

Die Mediziner behandelten Sie gefühllos wie ein Objekt, sprachen in klinischen Ausdrücken — ohne Würde — über die Beseitigung Ihres Körpers und Ihrer Habe am Morgen danach. Sie waren entsetzt über das, was auf ein Todesurteil hinauslief, und diese Angst ist der Grund für Ihre Angst vor dem Schlafen. Und während Sie schon lange Zeit an Schlaflosigkeit gelitten haben, ist das schlimmer geworden, weil Sie sich den Umständen des Alterns nähern, so wie damals in Atlantis. Das Altern ist der Auslöser.

Aus der ECK-Lehre wissen Sie, daß die Seele nicht sterben kann. In Atlantis haben Sie das nicht gewußt. Um diesem Angstzustand wieder einen vernünftigeren Platz zu geben, möchte ich empfehlen, daß Sie eine Möglichkeit suchen, als Helfer oder Freiwilliger mit kleinen *Kindern* zu arbeiten. (Das Beste wäre es, wenn Sie mit emotional — nicht körperlich — behinderten Kindern arbeiten könnten, damit Sie mit den emotional bankrotten Atlantiern, die Ihnen in der Vergangenheit soviel Schwierigkeiten gemacht haben, Frieden schließen können.)

Sie müssen die Kontinuität des Lebens spüren und erkennen. Hauptsächlich müssen Sie eine Möglichkeit finden, den Kleinen Ihre Liebe zu geben. Sie muß befreit werden und in die Welt hinausströmen.

Jetzt sehen Sie sich als den Mittelpunkt Ihrer Welt; Sie müssen andere zum Gegenstand Ihrer Liebe machen, die von Ihnen ausströmen muß. Es ist zu Anfang vielleicht schwierig, das zu tun, deshalb fangen Sie klein an.

## Zuverlässiges Wissen

*Wie zuverlässig ist die Information, die wir durch Telepathie bekommen? Kann es sein, daß meine Gesundheit dadurch beeinträchtigt wird?*

Es ist zwar wahr, daß die Telepathie eine der Methoden der Kommunikation zwischen dem Verstand und den Sinnen ist, aber sie unterliegt auch dem unstabilen Gesetz des Psychischen. Das bedeutet, daß die Information zuverlässig ist, bis man beginnt, sich darauf zu verlassen. Dann jedoch ist sich der Betreffende sicher, daß er die Wiedergeburt Christi oder eines anderen verstorbenen Meisters ist. Die Gesellschaft steckt ihn dann in psychiatrische Obhut, um die Belästigung durch ihn loszuwerden. So ist das Leben.

Wenn Sie überhaupt eine Ahnung über diejenigen haben, die auf dem negativen Feld arbeiten, werden Sie unmittelbar erkennen, daß die dunkle Kraft Ihnen einen Streich gespielt hat und Sie zum Besten hält. Ich empfehle Ihnen aufrichtig, United Way aufzusuchen oder anzurufen, um sich an einen zugelassen beruflichen Berater vermitteln zu lassen (Schauen Sie auf den weißen Seiten des Telefonbuchs nach). Sehen Sie zu, ob man Sie dort an jemanden verweisen kann, der Ihnen Einsicht in dieses Problem geben kann.

## Heilung für die Winterdepression

*Ich bin in letzter Zeit sehr traurig, aber ich versuche, anderen gegenüber ein glückliches Gesicht zu machen. Nichts scheint zu helfen, nicht einmal eine Sitzung bei einem ECK Spirituellen Helfer. Kürzlich verlor ich sowohl meinen Hund als auch meine Katze, und mein Mann lag mit einer Grippe flach.*

Es ist leicht zu erkennen, warum Sie sich niedergeschlagen fühlen nach dem Verlust Ihres Hundes und Ihrer Katze und mit einem grippekranken Mann. Seit Ihrem Brief im Januar werden Sie Veränderungen in Ihrer Situation festgestellt haben.

Der Winter ruft bei manchen Menschen aufgrund von vermindertem Sonnenlicht Depressionen hervor. Daher versuchen sie, das zu kompensieren, indem sie mehr Kohlehydrate essen. Oft greifen sie als Ersatz zu Softdrinks und anderen Nahrungsmitteln mit viel Zucker. Besser wären komplexe Kohlehydrate wie Nudeln, Getreide, Kartoffeln und andere Gemüse. Es gibt auch Lampen mit dem vollen Lichtspektrum, die einem mehr von dem richtigen Licht geben.

Noch kurz zum Zucker: Wenn Sie sich deprimiert fühlen und ihn mit irgendwelcher Nahrung oder Getränken aufnehmen (um etwas Süßigkeit zu spüren), wird er Sie in Kürze tatsächlich noch deprimierter machen. Die Nahrung kann eine ganz wichtige Rolle dabei spielen, wie wir uns fühlen. Schokolade kann bei manchen Menschen schwere Depressionen hervorrufen, und wenn das bei Ihnen der Fall ist, sollten Sie sie meiden.

Da Sie sich die Mühe machen wollen, den Grund herauszubekommen, denken Sie daran, eine Untersuchung von einem kompetenten Arzt machen zu lassen, um sich abzusichern, daß Ihre Gesundheit so ist, wie sie sein sollte. Private Beratung könnte etwas schwieriger zu erreichen sein, aber wenn sie verfügbar und bezahlbar ist, dann ziehen Sie diese Möglichkeit in Betracht.

## Langlebigkeit

*Wie können wir länger leben? Ich habe die Verwendung von Kräutern zur Stabilisierung des Wohlbefindens studiert, wie sie in den Büchern von Paul Twitchell erwähnt wird.*

Indem wir die Natur beobachten, erkennen wir die Realität des Alterns. Alles wird älter und kehrt schließlich zur Erde zurück — alles außer der Seele.

Es gibt viele Möglichkeiten, unsere Ernährung zu verbessern und ein langes und glückliches Leben zu führen. Übersehen Sie nicht die Angebote der Wissenschaft. Sie hat die Lebenserwartung in vielen Ländern von vierzig oder fünfzig auf mehr als sechzig oder siebzig Jahre erhöht.

## Im Zugriff des Verstandes

*Wenn ich das freitägliche Fasten nicht mache, weil ich mich dabei nicht wohlfühle (ich bekomme leichte Kopfschmerzen, Kältegefühle, und ich fühle mich ein wenig schwach), fehlt mir dann die spirituelle Disziplin oder die richtige Haltung für die Entfaltung? Ändert sich das für mich, wenn ich älter werde?*

Es ist wirklich überraschend, wie der menschliche Körper es ablehnt, daß das ECK aus uns größere spirituelle Wesen macht.

Der Heilige Geist möchte alle die alten Stecke-im-Dreck-Haltungen, die uns in der Vergangenheit nichts als schlechtes Karma eingebracht haben, losreißen.

Das freitägliche Fasten ist der Weg des Mahanta, den Zugriff des Verstandes auf uns zu unterbrechen, damit er uns zu allem führen kann, was gut ist.

Die Kopfschmerzen, Kältegefühle und die Schwäche sind die Aufschreie des Verstandes gegen die Verfeinerung des Charakters, die in der Seele stattfindet. Lassen Sie sich nicht von dem Unwohlsein entmutigen, sondern gehen Sie zum mentalen Fasten über. Das bedeutet, den Verstand den ganzen Tag lang von negativen Gedanken frei zu halten. Suchen Sie auch den Mahanta in den Gesichtern der Menschen.

Wenn Sie sich den Disziplinen unterziehen — wie den spirituellen Übungen und dem freitäglichen Fasten —, dann verspreche ich Ihnen, daß das Leben für alles, was Sie tun, Tore öffnen wird.

## Haltungen zum freitäglichen Fasten

*Ich muß an das freitägliche Fasten mit der richtigen Haltung herangehen. Sag mir doch bitte: Warum am Freitag? Gibt es für die ECKisten an diesem Tag eine Art allgemeiner Umorientierung? Dient es mehr dem spirituellen Wachstum als der physischen Reinigung?*

Freitag ist der Tag, der vom Orden der Vairagi festgelegt wurde. Er wurde von anderen Gruppierungen in verzerrter Weise imitiert, wie zum Beispiel von der katholischen Kirche in ihren früheren Tagen, in denen es freitags Fisch gab.

Ja, es gibt für die ECKisten an diesem Tag eine Art allgemeiner Umorientierung.

Dies dient ausschließlich dem spirituellen Wachstum. Es erhebt die Seele über das soziale Bewußtsein. Es ist die einfachste Möglichkeit, altes und jetziges

Karma aufzulösen.

*Wenn mein Arzt mir sagt, es sei besser, nicht zu fasten, wie kann ich dann das freitägliche Fasten machen?*

In den Weiheitsnotizen stehen die drei verschiedenen Arten des Fastens. Folgen Sie der Anweisung Ihres Arztes. Wenn ein vollständiges Fasten nicht gut für Ihren Körper ist, können Sie ein mentales Fasten machen, indem Sie Ihre Aufmerksamkeit auf den Mahanta gerichtet halten. Ein teilweises Fasten ist gut für Leute, die nicht in der Lage sind, vierundzwanzig Stunden lang nur Wasser zu trinken.

Deshalb tun Sie, was Ihr Arzt Ihnen als das Beste empfiehlt. Wir haben nicht vor, uns Schaden zuzufügen. Das ist nicht die Weise des ECK, denn Es bringt Fülle in allen Dingen.

## Die Wurzeln eines Hustens

*Ich habe einen fürchterlichen Husten, der begann, als meine Frau starb. Es ist unangenehm, bei ECK-Veranstaltungen zu sein. Ich muß hinausgehen, bis der Husten aufhört. Ich habe vier verschiedene Ärzte aufgesucht, ohne Hilfe zu erhalten. Ich bitte um spirituelle Hilfe und wäre froh, wenn Deine Hilfe sehr bald käme.*

Indem Sie die Hilfe von vier verschiedenen Ärzten gesucht haben, haben Sie das Richtige getan, auch wenn keiner davon Ihnen bei Ihrem Problem helfen konnte. Ich bin kein zugelassener Arzt und kann deshalb nicht vorgeben, ich hätte eine Heilung anzubieten, wo sie versagt haben.

Es ist interessant, daß dieses Problem begonnen hat, *nachdem* Ihre Frau starb. Wenn es auch möglich ist, daß Sie sich bei Ihrem viermonatigen Aufenthalt im Krankenhaus etwas zugezogen haben, ist es ebenfalls möglich, daß sich Ihre Ernährung verschlechtert hat, seit Ihre Frau verschieden ist. Das kann der Fall oder auch nicht der Fall sein: Sie können das am besten beurteilen.

Aufgrund eigener Erfahrung habe ich festgestellt, daß bestimmte Arten von Nahrungsmitteln Schleim in meinem Körper hervorrufen. Das bedeutet nicht, daß jemand anders in der gleichen Weise empfindlich ist. Alle Arten von Milchprodukten erzeugen Schleim: Käse, Yoghurt, Frischkäse oder Milch. Brot und Cracker tun das Gleiche. Es kam sogar soweit, daß Obst Schleim erzeugte.

Der Körper braucht Protein. Ich vermeide Rind- und Schweinefleisch (ausgenommen gelegentlich Speck), aber ich esse Huhn, Truthahn und Fisch, geschmort oder im Ofen gebraten, nie in Fett gebraten. Gebackene rote Kartoffeln scheinen mir besser zu bekommen, als braune Kartoffeln, obwohl ich auch Kartoffelpürree mit einer selbstgemachten Soße aus frischem Knoblauch, Sonnenblumenöl und Wasser, in einem Mixer oder einem Schüttelbecher gemischt, esse.

Mehl (in Brot, Cracker und Soßen) kann ebenfalls Stauungen hervorrufen. Aber ich kann Salat essen — außer Eisberg-(Kopf-)Salat — und gekochtes oder rohes Gemüse. Ein Ernährungsfachmann könnte außerdem ein ausgeglichenes Vitamin-Ergänzungsprogramm empfehlen.

Das ist nur die Nahrung, mit der ich mich wieder in Ordnung bringe, wenn normale Nahrung zuviel Stauungen hervorgerufen hat. (Für jemand anderen ist sie vielleicht nicht gut.) Sonst esse ich viel von dem, was ich immer gegessen habe.

## Gefahren der Kundalini

*Vor Jahren erhielt ich eine Initiation von einem anderen Meister, und nach langem Meditieren wurde die Kraft der Kundalini erweckt. Seitdem ist es mit meiner Gesundheit abwärts gegangen. Warum? Kannst Du helfen?*

Die Kundalini ist eine mächtige Kraft, die man besser schlafen läßt. Wenn sie erst einmal beginnt, entlang der Wirbelsäule aufzusteigen, dann muß Platz da sein, wo sie hinfließen kann — sonst geht es wie bei einem Fluß mit Hochwasser, der durch einen Erdrutsch auf seinem normalen Weg zur See gestaut wird: Das Wasser steigt über die Ufer und richtet beiderseits auf den Feldern großen Schaden an.

Meditation ist eine passive Übung, die dem Schüler zeigt, wie er das Licht sehen kann, aber was dann? Es ist wie bei einem Piloten, der starten kann, aber sich nie die Mühe gemacht hat zu lernen, wie man mit einem Flugzeug landet! Es muß eine Möglichkeit geben, diese Liebe zurückzugeben, oder sie wird die inneren und äußeren Körper verbrennen und schädigen. Deshalb empfehle ich, die ECK-Kontemplationen auf zwanzig oder dreißig Minuten am Tag zu beschränken. Der Rest des Tages ist für die Arbeit, die Familie und die Erholung da.

Nun, was kann man jetzt tun? Das Gesetz des Karma mißt sehr genau. Um ein Gesundheitsproblem zu kurieren, das sich im Laufe einiger Jahre entwikkelt hat, braucht man oft eine ähnlich lange Zeit für die Heilung. Es gibt keine magische Möglichkeit einer sofortigen und dauerhaften Heilung, ohne daß wir uns beim Wiederaufbau beteiligen.

Suchen Sie einen guten Arzt, der etwas von Ernährung versteht. Ein Experte auf diesem Gebiet kann

Ihnen helfen, wieder auf den Weg zur Genesung zu kommen. Sie können sicher sein, daß der Mahanta immer bei Ihnen ist, um Sie zu Menschen zu leiten, die Ihnen zu besserer Gesundheit und dem damit verbundenen Glück verhelfen können.

## Verteidigung des inneren Kreises

*Kürzlich erlitt ich bei einem Seminar eine Nahrungsmittelvergiftung. Das war ungewohnt für mich. Gibt es dazu irgendwelche Einsichten?*

Hier im Äußeren kann es eine Nahrungsmittelvergiftung sein, aber der wirkliche Grund ist häufig, daß Sie ein Wächter des inneren Kreises gewesen sind und für die Liebe des ECK in einen Kampf verwickelt wurden.

Dafür danke ich Ihnen.

## Falscher Rat

*Ich habe seit einiger Zeit Probleme mit dem Blutdruck. Mein Arzt hat mir dagegen etwas verschrieben. Ein befreundeter ECKist riet mir, die Medizin nicht zu nehmen, und ich würde sie lieber nicht nehmen. Was soll ich tun? In letzter Zeit vergesse ich auch meine Träume. Warum?*

Bitte hören Sie auf Ihren Arzt und nehmen Sie die Medikamente, von denen er möchte, daß Sie sie gegen Ihr Blutdruckproblem nehmen. Wenn Sie sich über die Diagnose Ihres Arztes nicht sicher sind, dann fragen Sie einen anderen Arzt nach seiner Meinung. Übernehmen Sie nicht den Rat eines ECKisten, der Ihnen sagt, Sie sollten die Verschreibungen des Arztes ignorieren.

Sie wollen doch in Gesundheitsfragen einen guten medizinischen Rat von einem Arzt bekommen und nicht eine schlecht informierte Meinung eines Laien, auch wenn er ein ECK-Initiierter ist. Das ECK heilt auch durch praktische Ärzte, Zahnärzte und andere Ärzte.

Was Ihre Bedenken betrifft, daß Sie nicht wie früher Seelenreisen machen oder sich Ihrer Träume erinnern: Ich gestatte es Ihnen häufig, eine Weile lang Ihre inneren Erfahrungen zu vergessen, auch in den höheren ECK-Initiationen. An manche Erfahrungen muß man sich gewöhnen. Sie machen es spirituell gut, und Ihre Träume werden zur rechten Zeit wiederkehren.

## Die AIDS-Frage

*Was ist die Wahrheit über das Phänomen von AIDS, und wie können wir uns davor schützen?*

AIDS ist auch nur eine von den schweren Krankheiten, die von Zeit zu Zeit die Erde heimsuchen.

Im vierzehnten Jahrhundert beispielsweise tötete der Schwarze Tod, die Beulenpest, innerhalb von drei Jahren ein Viertel bis ein Drittel der Bevölkerung Europas. Die hygienischen Normen waren damals auf weit niedrigerer Stufe als heutzutage. Die Beulenpest wurde durch Flöhe von Ratten übertragen. An den Exkrementen ihrer Opfer steckten sich andere mit Lungenentzündung an. Gegen beides gab es in Europa kein Mittel aufgrund des niedrigen Bewußtseins in Sachen Hygiene.

Auch das Problem mit AIDS ist eine Angelegenheit der Bewußtheit. Die Gesundheitsbehörden haben viel Information verbreitet, wie man bei sexuellen Intimkontakten vorsichtig sein kann. Es bedeutet, daß man sich die Mühe machen muß, den Gesundheitszustand seines Partners vorher zu ermitteln und weitere Überlegungen anzustellen.

## Ein Welle aus der Vergangenheit

*Dadurch, daß ich kürzlich Mutter geworden bin, wurden außerordentlich viel Angst und Schmerzen ausgelöst. Ich bin ganz am Boden zerstört und habe das Gefühl, in der Falle zu sitzen. Kannst Du mich bitte im Seelenkörper zu einem Ort der Heilung mitnehmen und diese Qual von mir abwaschen? Vielleicht kannst Du mir ein Verständnis der Ursache geben.*

Die Angst und Schmerzen, die sich nach Ihrer Mutterschaft neuerdings eingestellt haben, liegen sowohl an äußeren als auch an inneren Umständen. In einem Leben in neuerer Zeit in Neuengland hatten Sie einen unehelichen Sohn. Im späten siebzehnten Jahrhundert gab es für ein Mädchen in Ihrer Situation nicht besonders viel Verständnis.

Die Geburt Ihres Kindes in diesem Leben löste eine Erinnerung an jenes Leben aus und an die alten Gefühle der Scham und Verlassenheit, die Sie wünschen ließen, mit allem Schluß zu machen. Zu Ihrer Ehre ist zu sagen, daß Sie das Kind aufgezogen und die spirituellen Lektionen gelernt haben, die aus dieser Erfahrung entsprangen.

Ich möchte Sie dazu ermutigen, als nächstes eine Beratung durch einen professionellen Berater folgen zu lassen. Lassen Sie auch einen Ernährungsspezialisten nachsehen, ob nicht die Anforderungen der Mutterschaft Ihre normale Ernährungsweise überfordern.

## Spiritueller Antrieb

*Warum müssen manche von uns in diesem Leben mit chronischen Krankheiten leben? Ich bin Epileptiker.*

Es war für Sie schwierig, sich den größten Teil Ihres Lebens mit der Epilepsie abzufinden, aber gerade das hat Ihnen den spirituellen Antrieb gegeben, ECK zu finden. In diesem Falle hat sich Ihre Belastung für Sie als Stufenleiter zu den höheren Bewußtseinszuständen erwiesen.

## Verschiedene Wege vermischen

*Ich habe Schlafprobleme. Ich versuche, das Mantra, das ich von meinem früheren TM-Lehrer erhalten habe, und auch ECK-Worte zu benutzen, aber das hilft nicht.*

Als erstes möchte ich Ihnen raten, einen guten Arzt aufzusuchen und dafür zu sorgen, daß Ihre Gesundheit so ist, wie sie sein sollte.

Indem Sie das frühere TM-Mantra und auch die Spirituellen Übungen von ECK benutzen, vermischen Sie in der Tat zwei Wege. Das schließt die Wirksamkeit beider Wege kurz und kann auch der Grund für Erschöpfung sein. So zerren Sie sich gleichzeitig in zwei verschiedene Richtungen.

Lesen Sie in dem Buch *Briefe an Gail*, Band I, vielleicht jeden Abend einen Brief. Nach einigen der ersten Briefe gibt Paul Twitchell ein paar sehr einfache Techniken an, um das spirituelle Bewußtsein zu erreichen. Benutzen Sie diese, wenn Sie nicht schlafen können.

## Für Kal oder für ECK?

*Ich hole aus, um ein klares Verständnis für die Themen zu geben, mit denen meine Frage zu tun hat. Die westliche Medizin dringt in die Länder der dritten Welt wie das meine vor, aber die traditionellen Ärzte überwiegen immer noch. Diese geben den Patienten Kräuter, Wurzeln und andere Extrakte, aber häufig gehen sie darüber hinaus — und das ist das, was mich stört. Sie halten Anrufungen, Beschwörungen und Zeremonien ab, in denen sie Tiere oder Vögel töten, um ihre Götter zu beschwichtigen.*

*Eine erhebliche Anzahl von ECKisten in meinem Land nimmt an derartigen Ritualen teil. Ich mache mir Sorgen über die Wirkungen, die derartige Praktiken auf Eckankar haben können, das hier einen guten Stand hat. Ich glaube, wir brauchen nur das Licht und den Ton von ECK, um uns vor psychischen Angriffen zu schützen, die in diesem Lande etwas Alltägliches sind.*

*Meine Frage: Ist es richtig, derartige traditionelle Ärzte aufzusuchen, und wenn ja, wie weit kann man mit ihnen mitgehen? Manchmal geben sie ihren Patienten bestimmte Dinge, die sie zum Schutz tragen sollen.*

Sie beschreiben Menschen in ECK, die sich nicht dem Mahanta, dem Lebenden ECK-Meister, hingeben wollen. Ihr Glaube an die Macht eines bösen Geistes ist stärker, als ihre Sicherheit im Ton und Licht von ECK. Wir alle gehen gelegentlich zu Ärzten, aber wer ist für unsere Behandlung verantwortlich? Wir lassen den Arzt nur das behandeln, was erforderlich ist. Suchen Sie deshalb einen Arzt, der mit Kräutern, Wurzeln und Extrakten behandelt, einen, der Ihren Wunsch respektiert, nicht mit Beschwörungen seines eigenen Gottes herumzuspielen.

Es gibt dabei keine zwei Wege: Wir sind entweder für das ECK oder für das Kal. Initiierte, die traditionelle Rituale zum Bannen böser Geister akzeptieren, schwächen die Zukunft von ECK in ihren Heimatstädten. Man muß nicht ein Missionar seines ECK-Glaubens sein, aber ist es nicht möglich, einen Arzt im Stillen um eine Heilung nur mit Kräutern zu bitten?

ECKisten, die die schwarze Kunst unterstützen, indem sie akzeptieren, daß hergebrachte Riten ihnen entgegenwirken, verfälschen die ECK-Lehre. Sie wären schockiert, wenn man sie darauf aufmerksam machte. Der Mahanta prüft seine Chelas auf vielerlei Weise, und das ist eine davon. Wie weit folgen wir dem Meister? Auf was setzen wir unser Vertrauen?

Ich danke Ihnen, daß Sie dieses Thema angeschnitten haben. Jemand, der stark in ECK ist, befindet sich jenseits der Macht der bösen Geister, ihm zu schaden.

## Jahr der spirituellen Heilung

*Im Laufe des Jahres der Spirituellen Heilung erhielten wir einige wichtige Informationen zum Thema Gesundheit, die wir brauchten. Worin liegt der Schlüssel zur Gesundheit?*

Es gibt einen endlosen Strom der Heilung, den das ECK denjenigen gibt, die Es lieben. Anscheinend gibt es keine Begrenzung seiner Fähigkeit, jeden zu ernähren und wiederherzustellen, der seine Aufgabe auf der betreffenden Ebene, auf der er sich befindet, fortsetzen soll.

# 8
# Zweifel und Prüfungen

*Ich habe das Gefühl, daß ich nicht sehr spirituell bin. Ich mache die spirituellen Übungen getreulich und kann den Tonstrom hören, aber ich bin sicher, daß ich keine Seelenreisen mache. Mache ich alles so gut wie ich kann?*

Bitte, seien Sie versichert, daß Ihr spirituelles Leben in Ordnung ist: Sie hören den Ton von ECK, und das ist wichtiger als Traumerinnerungen und Seelenreisen.

Unser wirkliches Anliegen ist es, einen höheren Bewußtseinszustand zu erreichen. Der Ton ist für diejenigen, die ihn hören, ständig an der Arbeit, und er erweitert ihr Verständnis vom Leben. Vor allem verstärkt der Ton die Fähigkeit eines Menschen, Gott, das Sugmad, zu lieben.

Das ist das Wichtigste überhaupt.

## Angst vor dem Tod

*Ich bin siebenundachtzig Jahre alt und kein Mitglied von Eckankar. Ich frage Sie, ob Sie mir helfen können, die schreckliche Angst vor dem Tode zu durchbrechen, die mich seit meiner Kindheit begleitet.*

*Ich möchte diese Last für immer loswerden und die Sicherheit haben, daß mich jemand abholt, wenn die Zeit für mich kommt. Ich möchte, das es die schöne Erfahrung wird, die es sein sollte.*

Bitte Seien Sie sicher, daß Ihre Lieben Sie auf der anderen Seite abholen werden, daher gibt es keinen Grund, an Ihrer Angst festzuhalten.

Wenn Sie daran denken, daß Liebe und nur Liebe der Grund für das Leben ist, wird das Ihr Herz beruhigen und Sie von Ihren Sorgen befreien. Und selbstverständlich bin ich in meinem spirituellen Selbst immer bei Ihnen.

## Nichts ist umsonst

*Als Eckankar es abgelehnt hat, mein Buch herauszubringen, war ich zuerst ratlos. Aber der Schmerz des Versagens oder der Zurückweisung war sehr gering, weil die Wahrheit für mich weit wichtiger ist, als ein Buch zu veröffentlichen, nur um es veröffentlicht zu haben. Ich tat mein Bestes mit der Bewußtheit, die ich hatte, und widmete mich vollständig diesem Projekt. Indem ich über einen ECK-Meister schreibe, stelle ich fest, daß ich noch eine Menge zu lernen habe.*

Es war herzerfrischend, Ihre Antwort auf die Ablehnung Ihres Buches zu bekommen. Herzerfrischend, weil Sie durch die inneren Kanäle das erkannt haben, was man über das Manuskript nicht in Worte fassen konnte.

Sie erkennen, daß die Erfahrung, das Buch zu schreiben, verborgenen Lohn einbrachte, der oberflächlicher Prüfung entgeht. Sie können mir glauben, ich habe Ihnen die Daumen gedrückt, als ich die Erzählung las, aber das ließ gegen Ende nach, als Sie in die

Lage kamen, über etwas zu sprechen, was dieser ECK-Meister vielleicht eines Tages selbst tun muß.

Einen spirituellen Roman zu schreiben gehört zum Schwierigsten, was ich mir vorstellen kann. Immer wenn ich auf das Manuskript eines ECK-Initiierten aufmerksam werde, bin ich auf seiner Seite und feuere ihn an. Es ist für mich vielleicht eine ebenso große Enttäuschung wie für den Schreiber, wenn das Manuskript nicht veröffentlicht werden kann.

Wenn das ECK möchte, daß Sie schreiben, dann werden Sie es wieder tun.

Ihre Reisen in der Verfolgung von Wissen sind nicht umsonst. Es ist nicht das Ende der Reise, was zählt, sondern die Reise selbst.

## Einen großen Verlust überstehen

*Unsere fünfjährige Tochter starb überraschend. Sie hat meinem Leben in einem Maße Licht gegeben, das ich nicht beschreiben kann. Ich würde gerne glauben, daß meine Liebe zu ihr die Liebe des Sugmad oder des Mahanta ist. Bitte hilf uns in diesen schwierigen Zeiten.*

Die Hand der Trauer hat Ihre Familie schwer berührt. Die Weisheit Ihres Sohnes ist wahr: Ihre Tochter kam, um Sie alle zu lehren, einander mehr zu lieben.

Wir alle verstehen, daß das Leben aus einer Folge von Kommen und Gehen besteht, aber irgendwie ist der Abschied eines Kindes schwerer zu akzeptieren als der eines Menschen in höherem Alter. Es ist heute schwer zu erkennen, aber das Leben wird die Freude, die Sie verloren haben, durch noch größere Freude ersetzen. Aber zuerst müssen Sie Ihren Schmerz heilen, und das wird eine Weile dauern.

Alle Worte, die ich Ihnen über den Verlust Ihrer Tochter schreibe, können Ihren Herzensschmerz nicht heilen. Ich schlage Ihnen vor, daß Sie in der Kontemplation darum bitten, als ganze Familie den Mahanta zu treffen, natürlich einschließlich Ihrer Tochter. Sie werden das notwendige Verständnis dafür empfangen, daß menschliche Liebe die Verbindung zu der Liebe für das Sugmad und den Mahanta ist.

Ich bin bei Ihnen in den Tagen Ihrer Trauer, aber ich werde auch in zukünftigen, glücklicheren Tagen bei Ihnen bleiben. Das verspreche ich Ihnen. Suchen Sie das Licht und hören Sie auf den Ton — in Ihrem Herzen.

## Anderen in ihrem Kummer helfen

*Wie kann ich einer Freundin helfen, deren Kind kürzlich starb? Sie ist keine ECKistin.*

Es wäre hilfreich, erst einmal das Bewußtsein von Menschen in dieser christlichen Gesellschaft zu verstehen, wenn sie in ihren Familien und bei ihren Verwandten mit dem Tod konfrontiert werden. Sie versuchen, mit ihrem Glauben in bezug auf Gott zurecht zu kommen.

Ihnen wurde beigebracht, daß Gott nur Gutes gibt, und jetzt kommt hier plötzlich etwas Schlechtes. Und wie soll man zu Gott beten, den Schmerz wegzunehmen, fragen sie sich, wenn es vielleicht Gott war, der ihnen den Schmerz gegeben hat? Das sind Fragen in den Herzen von Menschen wie Ihrer Freundin.

Wenn Sie ein Träger der ECK-Botschaft sind, dürfen Sie nicht immer in ECK-Worten sprechen, aber die Menschen können das Licht spüren, das Sie tragen. Manchmal versuchen wir, andere zu trösten, aber wir sagen genau das Falsche: »Dein Kind ist jetzt im Himmel, und es ist dort viel glücklicher« oder »Gott hat dir dieses Kreuz zu tragen gegeben, weil du stark genug warst, es auf dich zu nehmen.« Dann sagt die Freundin weinend: »Oh, wenn ich doch schwächer gewesen wäre.«

Nur die Zeit kann den Kummer Ihrer Freundin heilen. Der Mensch schlägt sich mit dem Sinn des Lebens herum, und schließlich kommt er dabei zu einem sicheren Ergebnis.

## Neue Freiheit

*Ich bin Siebtinitiierter. Ich hatte neuerdings das Gefühl, daß mir ein wichtiger Teil der ECK-Lehre entgeht. Als ich mit einem örtlichen ECK-Projekt beschäftigt war, fühlte ich mich wunderbar und lebendig, aber als es zuende ging, entstand eine wachsende Taubheit. Kannst Du mir helfen, zu verstehen, was da vor sich geht?*

Ich möchte Ihnen danken für Ihren Eifer, das Werkzeug für ECK zu sein, das Sie sind. Dieser Brief könnte jetzt schon zu Ende sein, und Sie könnten in Ihrer Freude am Leben weitergehen ohne die Furcht, irgendwie einen wichtigen Teil der ECK-Lehre zu verpassen.

Sind Sie für einen Siebtinitiierten aktiv genug? Jemand der auf das ECK hört, folgt der natürlichen Ebbe und Flut des Kommens und Gehens, des Auf und Ab, der Ruhe und der Aktivität, welche Teil des Lebens sind. Ein Zyklus folgt dem anderen, und jeder ist gewissermaßen ein Gegenteil von dem Teil des Wellenzyklus, der ihm vorausging. Ich bin hier nicht vage oder unbesonnen, aber ich möchte in Ihnen die natürlichen Rhythmen des Lebens anregen. »Ein jegliches Ding hat seine Zeit«, sagte der Prediger Salomo. »Es gibt Ruhepunkte in der Ewigkeit«, sagte Rebazar Tarzs zu Paul Twitchell.

Etwas Merkwürdiges geschieht mit Menschen, die bei den Projekten von ECK helfen können. Es ist alles gut, solange der Schwung der Tätigkeit sie mitreißt. Sie wissen nie, daß sie in diesem Augenblick das Leben in einer Weise leben wie nie zuvor. Aber sie tun dies als Satelliten im Universum eines anderen.

Wenn dann aber der Meister das Feuer angezündet hat und einen Schritt zurücktritt, um zu sehen, ob die Seele den Funken der Kreativität selbständig in Gang halten kann, dann gibt es für sie einen Test: In welchem Maße besteht die Verbindung mit dem Tonstrom statt mit der Persönlichkeit des Meisters?

Die meisten Menschen schlagen sich mit diesem Test herum, er bringt ihnen tiefsten Seelenschmerz, und sie schlagen blindlings in alle Richtungen aus. Sie werden sich plötzlich der Leere in ihrem Herzen bewußt, wenn sie sich vorstellen, daß sie vom Meister abgeschnitten sind. Der aber steht still an der Seite, um zu sehen, was der Initiierte mit seiner neuen Freiheit anfangen wird.

## Liebe geben

*Kürzlich bei einem Seminar schien es so, als ob die Mitglieder eines Panels sagten, um wohlhabend zu werden, solle man Geld für den ECK-Tempel geben. Einige Chelas waren aufgebracht, als sie das hörten. Sie hatten den Eindruck, der ursprüngliche Brennpunkt der ECK-Lehre, der auf spiritueller Entfaltung und Dienst an allem Leben lag, habe sich jetzt der Schaffung von Wohlstand und Macht zugewandt. Würdest Du dazu bitte etwas sagen?*

Das Panel hatte nicht die Absicht, seine spirituellen Werte und Ziele anderen aufzudrängen. Sicherlich sind Spenden für die Missionsarbeit von ECK nötig, aber es gibt viele andere Geschenke außer denen finanzieller Art.

Liebe ist das wichtigste Element hinter allen Geschenken an ECK. Manchmal bringt die Liebe einen wohlhabenden Menschen dazu, das zu geben, was ihm am besten angemessen ist: Geld oder Besitz. Aber ebenso oft zeigt sich die Liebe für ECK als ein Geschenk des Dienens: bei dem freiwilligen Helfer im Altersheim, dem Arahata oder demjenigen, der Centerdienst macht.

Manchmal ist das kostbarste aller Geschenke der Geist des Verstehens. Sagen Sie den Mitgliedern des Panels, was Sie für ein Gefühl haben. Aber tun Sie es mit Liebe, denn diese entfalten sich auf dem Weg zu Gott ebenso wie Sie.

Wenn Sie in deren Haut steckten, wäre es Ihnen lieber, wenn jemand mit Freundlichkeit oder mit Ärger zu Ihnen spricht?

## Der direkte und schmale Weg

*Mir wurde im Inneren die Idee einer Erfindung gegeben, und ich möchte anderen ECKisten diese Gelegenheit zur Investition anbieten.*

Ich begrüße es, daß Sie mir über die vorgeschlagene Erfindung und die Pläne, andere ECKisten Gelder dahinein investieren zu lassen, berichten. Bitte machen Sie das nicht. Es vermischt das Spirituelle mit dem Materiellen und wird nur zu Rückschlägen führen. Ich kann nicht gestatten, daß ECKisten unter meiner Obhut zur Finanzierung von Investitionen angegangen werden, ganz gleich, auf welche Weise die Idee zustande kam.

Denken Sie daran, jede Erfahrung dient nur unserem spirituellen Wachstum. Manchmal ist die günstige Gelegenheit ein Test. Wir sind nur allzu gern bereit zu glauben, daß die ECK-Meister kommen, um den Plan einer Erfindung darzulegen, die uns unsagbar reich macht. Das ist ein Trick der negativen Kraft.

Soweit es die Erfindung selbst betrifft — wenn wir jede andere mögliche Lektion einmal außer Acht lassen, die von einer Wesenheit von der anderen Seite betrieben werden könnte, welche sich als spiritueller Reisender ausgibt —, das ist etwas, was man in der Stille angeht. Sie untersuchen sie auf jedem Schritt des Weges. Wenn dafür Kapital nötig ist, beschaffen Sie sich das Geld nicht von ECKisten, dann werden Sie nie falsch liegen. Wenn die Erfindung irgendeinen wirklichen Wert hat, werden Investoren die Möglichkeiten ebenfalls erkennen. Wenn sie für das heutige technologische Bewußtsein zu weit fortgeschritten ist, würde niemand mit Geld von »außerhalb« in sie investieren. Dann hätten Sie eine Menge Geld in eine Idee investiert, an die das große Geld nicht glaubt, welches notwendig ist, damit die Investition sich rentiert.

Wenn Sie eine Idee von den inneren Ebenen haben, arbeiten Sie damit in der Stille. Ich hoffe, Sie verstehen, daß ich nichts dagegen habe, wenn Sie persönlich diesen Plan weiterverfolgen. Aber ich möchte nicht, daß andere ECKisten dieses Projekt finanziell unterstützen.

## Innere Unterscheidung

*Kurz nach meiner fünften Initiation sollte ich einen Seelenreisen-Workshop halten, aber in der Nacht davor wurde ich sehr krank. Du bist mir im Inneren erschienen und hast zu mir gesagt, ich solle den Workshop nicht halten. In dieser Nacht machte mir der ECKist, der zusammen mit mir den Workshop halten sollte, im Traum den Vorwurf, ich versuchte, meine Zusage zu brechen.*

*Ich habe den Workshop schließlich nicht gehalten und fühlte mich dabei wohl. Warum wolltest Du nicht, daß ich hingehe? War das eine Prüfung?*

Willkommen im fünften Kreis der ECK-Initiierten. Die Prüfungen gehen weiter.

Der Innere Meister wollte, daß Sie zu Hause blieben und nicht zum Seelenreisen-Workshop gingen, weil Ihre Gesundheit von vorrangiger Bedeutung war.

Manchmal ist es leichter, das ECK zu ignorieren als auf es zu hören. Um das wachsende Unterscheidungsvermögen der Seele zu prüfen, wird bei anderer Gelegenheit ein Betrüger des Kal erscheinen und einen Rat geben, der spirituell schädlich ist. Aber die Liebe für das Sugmad wird Ihnen helfen zu entscheiden, ob es der Mahanta oder ein Betrüger ist.

Sie werde als Fünftinitiierter viel lernen.

## Heiligkeit der Initiiertenberichte

*Es gibt ein paar Initiierte in unserer Gegend, die sich Sorgen darüber machen, daß der Lebende ECK-Meister vielleicht nicht alle ihre Initiiertenberichte liest und daß sie vielleicht jemand anders liest. Würdest Du bitte dazu etwas sagen?*

Die Antwort auf Ihre Frage steht in dem Buch meiner Seminarvorträge zu ECK-Initiierten, *Be the HU*. Lassen Sie die Initiierten im Kapitel 13 unter dem Untertitel »Heiligkeit der Initiiertenberichte« lesen. Erzählen Sie denen, die Bedenken haben, von diesem Buch, und wo sie meine Antwort selbst lesen können.

## Die wirkliche Wahrheit

*Ich bin seit fast anderthalb Jahren in ECK. Wenn Eckankar wirklich funktioniert, wie kommt es dann, daß ich keine Seelenreisen machen kann, auch nach so vielen Monaten des Probierens nicht? Bitte gib mir einen Beweis, daß Eckankar der richtige Weg ist. Ich möchte die Wahrheit wissen.*

Es ist möglich, daß Eckankar für Sie nichts ist. Das müssen Sie entscheiden. Welchen Weg auch immer Sie wählen, überlegen Sie sorgfältig: Wollen Sie die Wahrheit zu Ihren Bedingungen?

Wahrheit ist niemals das, was die Menschen erwarten würden. Sie fordert einen heraus, packt einen im unerwarteten Moment oder trifft den Sucher, der der entgegengesetzten Richtung zuneigt. Ich hoffe, Sie erkennen, auf was ich hinaus will. Es gibt *Glauben* in ECK. Der führt zu *Erfahrung*, und die bringt *Bewußtheit*.

Um auf den Punkt von oben zurückzukommen: Jemand, der erwartet, daß sich die Wahrheit zu seinen Bedingungen einstellt, wird sie niemals finden. Das ist der Grund von Unzufriedenheit. Um Rebazar in dem Buch *Der Fremde am Fluß* sinngemäß zu zitieren: Öffne dein Herz, damit du Liebe finden kannst. Sie ist wertvoller als alle Erfahrungen zusammen. Aber zuerst mußt du Bescheidenheit finden, denn Wahrheit kommt nicht in ein unreines Herz.

## Wenn andere ECK verlassen

*Kommt es vor, daß Menschen in ECK ausgebrannt werden? Warum verlassen einige es?*

Wachstum braucht Zeit. Die Erde kann sich in ein Kilometer Tiefe zwei Zentimeter pro Jahr bewegen, und niemand kümmert sich darum. Aber wenn sie plötzlich einen Ruck von einigen Metern in der Minute macht, ist das ein vernichtendes Erdbeben.

Wachstum braucht Zeit, und wir schreiten rasch voran. Hinter all den äußeren Fallen gehen die Prüfungen weiter.

Ich mache mir keine Sorgen über Austritte aus ECK, ganz gleich, welche Vernunftgründe sie dafür angeben, daß sie ECK verlassen. Diejenigen, die eine starke Verbindung zum Mahanta haben, werden auch bei dem äußeren Meister bleiben. Alle, die aus solchen Gründen wie »Es gab in ECK keine Organisation« weggehen, benutzen dies als Ausrede, um dahin zu gehen, wo ihr Herz ohnehin ist, nämlich außerhalb von ECK.

Die Beziehung zwischen dem Meister und dem Initiierten steht über Gut und Böse, Passend oder Unpassend, Richtig oder Falsch. Sie ist entweder da oder nicht da. Mir ist es lieber, wenn jemand frühzeitig in ECK herausfindet, ob sein Herz woanders ist, so daß er zu einer anderen Lehre gehen kann. Keine Ausrede dafür, den Mahanta zu verlassen, kann die Tatsache verdecken, daß man ihn verlassen hat. Diese Trennung der Seele vom Licht und Ton zeigt jenseits der Ausreden, die sie sich selbst gegenüber macht, eines: Diese Seele ist nicht in Übereinstimmung mit dem ECK.

Jemand wird vom sozialen Bewußtsein eingeholt: Er ist zu empfindlich dafür, wie er aus der Sicht anderer in seiner Beziehung zum Mahanta aussieht. Ihm ist es wichtiger, was andere denken, als den Schleier der Illusion zu durchdringen, der bewirkt, daß er sich in der Gegenwart anderer ECKisten unwohl fühlt. Was sein wird, wird sein. Was ist, ist.

## Der innere Kampf

*Ich habe ein Problem beim Umgang mit dem ECK. Ich war eine Weile lang Mitglied, aber ich hatte immer die schrecklichsten Bedenken, Sorgen und Ängste in bezug auf diesen Weg. Schließlich wurde es zuviel, und ich beendete meine Mitgliedschaft. Meinst Du, daß alle diese Gefühle vom Kal verursacht werden? Sie sind so real, so schrecklich stark!*

Ihre Reaktion auf den Umgang mit dem ECK kommt von dem Konflikt zwischen den spirituellen und den negativen Kräften, die in Ihrem Bewußtsein miteinander im Streit liegen.

Die nagende Angst in Ihrem Hinterkopf ist: Was ist dann, wenn es nur einen Himmel gibt und mein Weg nicht dorthin führt?

Es gibt zahlreiche Himmel in der ganzen Schöpfung, und die Seele *verdient* sich ihren Platz in einem davon. Kein Chela des Mahanta, des Lebenden ECK-Meisters, braucht sich Sorgen über ewige Verdammnis zu machen. Ein Gesetz, das sogar noch mächtiger ist als das Gesetz des Karma, ist das folgende: Das Gesetz der Liebe überwindet Karma.

Wenn Liebe in das Herz eintritt, bleibt kein Platz für Angst oder Zweifel. Aber diese Veränderung im Herzen braucht Zeit und widersetzt sich dem Einsatz von Gewalt in jeder Weise.

Wenn Sie die innere Stärke haben, fahren Sie mit dem Studium von ECK fort. Lesen Sie dann das Buch *Spirituelle Aufzeichnungen* von vorn bis hinten, aber jeden Tag nur ein bißchen. Nehmen Sie sich für dieses Projekt ein halbes Jahr Zeit. Währenddessen werde ich als der Innere Meister bei Ihnen sein, sofern Sie das wünschen.

## Ein geordnetes Leben

*Ich bin zu der Erkenntnis gekommen, daß ich für meine eigene spirituelle Entfaltung verantwortlich bin, und ich fühle mich nicht wohl dabei, von der Fürsorge des Mahanta abhängig zu sein. Ich habe tatsächlich das Gefühl, geführt zu werden, aber ich verstehe nicht wirklich, was der Mahanta ist. Sollte ich in ECK bleiben?*

Ich weiß Ihre ehrlichen Fragen sehr zu schätzen und werde nicht versuchen, für Sie eine Meinung zu bilden.

Es ist wahr, daß man zu einer Bewußtheit der ständigen Gegenwart Gottes gelangen kann. Es ist ein Fehler, wenn wir uns vom Leben zurückziehen, um den ganzen Tag lang in der Kontemplation zu sitzen, und uns selbst einreden, wir täten das wegen einer großen Liebe für Gott, während wir uns in Wirklichkeit vor den Lektionen des Lebens verstecken. Wenn Sie nach einer Faustregel suchen: Ein Mensch mit Gottrealisation hält sein physisches Leben ebenso wie sein spirituelles Leben in Ordnung. Er verdient sich seinen Lebensunterhalt.

Der einzige Zweck der äußeren Lehre von Eckankar ist es, Sie in möglichst direkter Weise in die inneren Welten zu führen. Das ist die Quelle der persönlichen Meisterschaft, die sich durch die tatsächliche Erfahrung von Licht und Ton Gottes entwickelt.

Ein verbreiteter Grund für Fehlschläge mit den spirituellen Werken ist ein Mangel an Disziplin bei der Ausführung der Spirituellen Übungen von ECK. Sie müssen so gemacht werden wie gesagt, und dazu regelmäßig. Experimentieren Sie gelegentlich damit; immerhin sind es *kreative* Techniken.

## Selbstdisziplin

*Kannst Du mir mit meiner Selbstdisziplin helfen?*

Wir alle schlagen uns in den niederen Welten mit der Selbstdisziplin herum. Sie spielt eine Rolle bei allem was wir tun, bei unserer Arbeit oder zu Hause. Sie bedeutet z.B.: Kann ich morgen früh rechtzeitig aufstehen? Wir haben alle diese kleinen Sachen in unserem Leben, die uns größere Disziplin beibringen.

Ich kann Ihnen keine Selbstdisziplin, Motivation oder gar Spiritualität geben. Eigentlich kann ich Ihnen überhaupt nichts geben. Das einzige was ich tun kann, ist, Ihnen bei Ihren eigenen Bemühungen zu helfen. Als erstes müssen Sie einmal feststellen, was Ihr Ziel ist.

Sie können jedes beliebige Ziel haben, aber es sollte Gottrealisation sein. Nicht in dem begrenzten Sinne, in dem wir sie in den orthodoxen Religionen verstanden haben, sondern in dem Sinne, eins mit dem Göttlichen Geist zu werden. Wenn wir uns das zum Ziel setzen, dann hängt es davon ab, wie brennend wir uns das wünschen.

Gelegentlich werden Sie einen Schüler aus dem Gymnasium mit einem Basketball die Straße entlang gehen sehen. Wo er auch hingeht, hat er seinen Basketball dabei. Er dribbelt hier ein bißchen, da ein bißchen. Es sieht so aus, als ob der Kerl den Verstand verloren hat, aber das ist die Art von Eifer, die notwendig ist, um ein Ziel zu erreichen. Er möchte der beste Spieler sein.

Was suchen Sie auf dem Weg von ECK wirklich? Was erwarten Sie von ihm und in welcher Weise wollen Sie sich von anderen unterscheiden?

Oft wünschen wir uns Erleuchtung, weil das Leben, das wir heute führen, schwierig ist. Wir haben Schmerzen, das Alter holt uns allmählich ein, der Körper funktioniert nicht mehr so wie früher. Aber der wahre Grund für eine spirituelle Erleuchtung ist nicht, diesem Leben hier zu entkommen, sondern zu lernen, wie man es in Fülle lebt und Freude daran hat.

Es ist unsere Sache, uns anzustrengen, die Selbstdisziplin zu entwickeln, um die spirituellen Übungen zu machen.

## Sich Zweifeln stellen

*Eine meiner besten Freundinnen hat beschlossen, mit Eckankar als ihrem Weg aufzuhören, und ich mußte mich mit einer Menge von Ideen auseinandersetzen, die meinen Glauben sehr auf die Probe stellen. Ich glaube, eine Situation wird oft geschaffen, um unsere Stärke zu prüfen, und was mir immer wieder durch den Kopf ging, war, daß die spirituellen Werke nicht nach äußeren Maßstäben beurteilt werden können. Für mich ist der Weg weiterhin ein langsamer, und ich weiß, das ist meine eigene Entscheidung. Ich spüre im Augenblick einen gewissen Abstand von dem Weg, aber wenn ich mich innerlich ihm zuwende, ist er immer da.*

Ich weiß Ihre Anmerkung über die Zweifel, denen Sie kürzlich in bezug auf Eckankar begegneten, zu schätzen. Sie haben recht, wir sind alle mit der Prüfung in bezug auf den Mahanta und seine Verkörperung konfrontiert. Aber es gibt wenig Anlaß zu versuchen, jemand anderen in seinem Glauben zu beeinflussen, und Sie haben das auch nicht getan.

Wir müssen alle unser eigenes Verständnis dafür gewinnen, welche Rolle wir dem Göttlichen Geist in unserem Leben gestatten wollen. Das ist für jeden anders.

Das spirituelle Gesetz gestattet einem nicht, Wunder zu bewirken, um Anhänger zu gewinnen. Das ist so, wie es sein sollte, denn Wunder lenken nur die Aufmerksamkeit des Betreffenden auf die flüchtigen und vergänglichen Dinge.

Wieviele sind wirklich bereit, loszulassen und in

die Reiche des ECK oberhalb der fünften Ebene einzutreten? Betrachtet man ihren Anteil unter allen Bewohnern der Welt, so ist es nur eine Handvoll. Das sind diejenigen, die wir erreichen.

## Wie stark ist Ihr Verlangen nach Gott?

*Wenn ich Zweifel an dem Weg habe, verliere ich die Motivation, meine spirituellen Übungen zu machen. Ich bin mir über die Rolle, die Eckankar in meinem Leben spielt, nicht im Klaren.*

Der Weg von ECK ist wirklich für diejenigen da, die das Gottbewußtsein auf einem sicheren, direkten Kurs erreichen wollen. Es gibt viele Wege zu Gott, und ich meine, jeder sollte seinen eigenen religiösen Weg wählen können, ohne daß irgend etwas Äußeres ihm Angst macht.

Die Motivation, die spirituellen Übungen zu machen, gehört ganz mit zu unserer Selbstdisziplin. Es gibt wirklich sehr wenig, was ein anderer tun kann, um uns dabei zu helfen. Sie ist ein Maß dafür, wie sehr wir uns etwas wünschen und was wir zu tun bereit sind, um es uns zu verdienen. Niemand anders kann diese Entscheidung für einen anderen treffen.

## Versagen

*Ich fühle mich schlecht, weil ich das Geld, das ich von drei Satsang-Klassen eingesammelt habe, nicht abgegeben habe. Wem versuche ich etwas vorzumachen? Festzustellen, wie weit wir davon entfernt sind, gute ECKisten zu sein, ist nicht leicht.*

Sie haben davon gesprochen, daß Sie »das Geld, das Sie von drei Satsang-Klassen eingesammelt haben, nicht abgegeben haben.« Wenn das der Fall ist, empfehle ich Ihnen ganz dringend, die Sache in Ordnung zu bringen.

Etwas Derartiges kommt in die Hände der Herren des Karma, und es gibt nichts, was man tun kann, um die Art und Weise aufzuhalten, in der sie Rückzahlung verlangen.

*Ich glaube, ich habe die achte Initiation im Inneren erreicht, obwohl ich keinerlei äußere Initiationen erhalten habe. Ich hatte eine Erfahrung, in der ich Gott sah. Kannst Du dies bitte bestätigen?*

Obwohl Sie eine Erfahrung einer gewissen Art gehabt haben, war es nicht die höchste Erfahrung Gottes. Es gibt viele Prüfungen, die das Kal im Dienste des Sugmad veranlaßt. Sie sind dazu bestimmt, jeden, der auf dem Weg zu Gott ist, in die Irre zu führen.

Wenn jemand die wahre Selbst- und Gottrealisation verdient hat, muß er erst eine Reihe von Initiationen im Physischen erhalten haben. Die ECK-Meister bringen einen langsam voran, um dafür zu sorgen, daß man jede Gelegenheit erhält, den ständig zunehmenden Tonstrom aufzunehmen, ohne aus dem Gleichgewicht zu geraten.

Daher werden die ersten acht Initiationen vom Lebenden ECK-Meister auf der physischen Ebene mit einem Abstand von etlichen Jahren erteilt. Der Grund ist, zu sehen, was der Chela auf einer bestimmten Stufe tut, bevor ihm gestattet wird, in die nächste Ebene einzutreten.

Jeder, der Gottrealisation erreicht hat, sorgt selbständig für sich und hält sein Leben in jeder Hinsicht in Ordnung. Ein Kriterium für einen Menschen mit Gottrealisation ist, daß er in der Lage ist, für seinen eigenen Weg in der Gesellschaft zu bezahlen und für sich selbst zu sorgen.

## Außer Kontrolle

*In jüngster Zeit war ich kaum fähig, mit meinen Emotionen, die außer Kontrolle geraten sind, fertig zu werden. Ich bin schon immer von emotionalen Stürmen heimgesucht worden—Depressionen, Tränen, wildem Zorn und schweren Ängsten. Im Inneren haben sich Wesen mit mir in Verbindung gesetzt, die sich als Irona-Gruppe bezeichnen, und die mich anscheinend auf einem bestimmten Weg der Entwicklung führen. Aber mein jüngster Ausbruch emotionaler Qual fiel zusammen mit dem Versuch der Irona-Gruppe, mir direkten mentalen Kontakt mit einer Wesenheit zu vermitteln. Ich bitte um Deine Hilfe, um dies zu verstehen.*

Sie baten um Hilfe, um die emotionalen Stürme zu beherrschen, die Sie von Jugend an heimsuchen. Einiges von dem, was ich zu tun empfehle, haben Sie vielleicht schon versucht, und es könnte simpel aussehen, aber schauen Sie es sich noch einmal an.

Die Irona-Gruppe sagt, sie hätte Kontakt mit Ihnen aufgenommen, nachdem Sie im Alter von acht Jahren eine Verletzung oder einen Schlag erlitten hatten. Es könnte nützlich sein, einen guten Chiropraktiker zu finden, der eine ganzheitliche Schulung besitzt. Eine routinemäßige Röntgenaufnahme könnte auf Gesundheitsprobleme infolge verletzter Nerven hinweisen. Das wird nicht jeder Chiropraktiker tun, nur derjenige, der mit den neuesten wissenschaftlichen Geräten vertraut ist und Kenntnisse in benachbarten Wissensbereichen wie der Akupunktur besitzt. Diese Kombination oder etwas Derartiges ist schwer zu finden. Er sollte auch etwas von Ernährung verstehen.

Sie sind in Ihrem höchsten Bewußtseinszustand eine Seele, und die rebelliert bei der Herrschaft, die die Irona-Gruppe Ihnen aufzudrängen hofft. Das höhere Selbst ist wie ein Teenager, der dagegen rebelliert, wenn seine Eltern ihn nach ihren Werten leben lassen wollen, während er nur Freiheit haben möchte, zu leben und selbständig zu denken. Daher die emotionalen Qualen.

Daher ist mein erster Rat für Sie, dafür zu sorgen, daß Ihre physische Gesundheit in Ordnung ist. Automatisches Schreiben ist das Mittel, mit dem die Irona-Gruppe Herrschaft über Sie ausübt, und wenn Sie das so wollen, ist das in Ordnung.

Sehen Sie zu, ob Sie durch Ihre Träume Hilfe bekommen können.

## Die Rolle des Zweifels

*Welche Rolle spielt der Zweifel?*

Zweifel sorgt für einen stabilisierenden Faktor, der einen davor bewahrt, mit den spirituellen Werken zu schnell voranzuschreiten und dabei die Kontrolle zu verlieren. Der Mahanta zieht häufig den Vorhang vor die Erinnerung von Erfahrungen mit dem Licht und Ton Gottes. Der Schock wäre zu groß und würde uns emotional durcheinander bringen, wie es gewissen Heiligen passierte, die kurz die Liebe Gottes zu spüren bekamen.

Wenn Spieler in einer Hockey- oder Baseball mannschaft ihre Sportart nicht trainieren würden, könnten sie in ihrer Liga nicht mithalten. Sie müssen ihre Sportart in der Saison täglich trainieren, um im

Wettbewerb zu bestehen und erfolgreich zu sein. Mit den Spirituellen Übungen von ECK ist es das Gleiche.

## Gibt es Rebazar wirklich?

*Ich glaube, ich treibe spirituell ab, und es gibt in meinem Leben keine Verbindung mehr mit dem Göttlichen Geist. Obwohl es mein tiefster Wunsch ist, Gottrealisation zu erlangen, fühle ich mich doch zornig und verärgert. Gibt es etwas Grundlegendes, das ich falsch mache?*

Es gibt ungefähr so viele spirituelle Bedürfnisse zu erfüllen, wie es Seelen gibt. Das Ganze, worum es in ECK geht, ist, zuerst Selbstrealisation zu erreichen und dann zum Gottbewußtsein fortzuschreiten. Wenn wir erst auf den Gipfel des Berges gelangen, stellen wir fest, daß uns Freiheit, Nächstenliebe und Weisheit zukommen.

Aber nur Liebe kann uns zu den Höhen der Realisation bringen, und nur Liebe kann die Eigenschaften der Freiheit, Nächstenliebe und Weisheit bringen. Wo beginnen wir also?

Die Idee ist, uns ein Bild vor Augen zu führen, das den Idealen entspricht, die wir erreichen wollen. Alle Äbte der Weisheitstempel waren einst der Mahanta, der Lebende ECK-Meister, bevor sie Ihre Aufgaben als Hüter des Shariyat übernahmen.

Nehmen Sie sich vor der Kontemplation einen Skizzenblock oder ein Notizbuch und fertigen Sie aus dem Gedächtnis die beste Zeichnung von Rebazar an, die Ihnen möglich ist. Zuerst werden Sie vielleicht auf einen buschigen schwarzen Bart, schwarzes Haar und kohlschwarze Augen herauskommen. Arbeiten Sie im ersten Monat daran, die Einzelheiten seines Gesichts zu verbessern. Beginnen Sie im zweiten Monat, Rebazar mitten in eine Szene zu bringen (an einem Fluß, auf einer Straße, in den Bergen usw.).

Dann gehen Sie abends zu Bett und lassen Sie Ihren Verstand ganz leicht mit der Frage spielen: »Gibt es Rebazar wirklich? Wenn das der Fall ist, was kann ich über ihn wissen?« Versuchen Sie das drei Monate lang, und schreiben Sie mir wieder. Fragen Sie ihn nach spiritueller Freiheit.

## Den Himmel überall finden

*Als ich neulich durch die Hügel wanderte und mich mit Dir, dem Mahanta, unterhielt, da wurde mir klar, daß mir das Leben in der Gesellschaft von Eckankar Grenzen auferlegt. Ich konnte den Gedanken von Initiationsstufen nicht mehr akzeptieren. Ich liebe das ECK, und ich liebe Dich. Ich bitte um Deinen Segen, wenn ich den äußeren Weg verlasse.*

Ich weiß Ihre Höflichkeit und Aufmerksamkeit darin, daß Sie mir kürzlich Ihre Mitteilung geschickt haben, zu schätzen. Sie haben natürlich die Freiheit, dem Ruf der Seele zu ihrer Bestimmung zu folgen.

Mir kommt der Gedanke, daß die Seele in den niederen Welten immer von allen Seiten eingeschränkt wird. Ganz gleich wohin wir gehen oder was wir tun, die Dinge sind so geschaffen, daß wir immer irgendwo an eine Wand stoßen. Manchmal ist es unsere eigene Wand, dann wieder die von einem anderen. Aber wie auch immer, worauf es ankommt, ist nicht die Wand, sondern wie wir damit umgehen.

Wenn wir eine Wand passiert haben, treffen wir auf ein andere. Wir setzen die volle Kraft unserer Kreativität ein und kommen auch um diese herum. Nach der Erfahrung sind wir immer spirituell ein bißchen fähiger als zuvor.

Grenzen, innere und äußere, schränken die Seele in den niederen Welten ein, damit sie schließlich lernt, sich darüber zu erheben. Wenn sie das tut, kann sie den Himmel in der Hölle finden, und außerdem auch überall sonst.

## Einfach ein Führer

*Kürzlich stellte ich fest, daß mein inneres Gleichgewicht geschwunden war. Ich hatte von einem Freund ein Buch über Kulte erhalten, und ich las das Kapitel über Eckankar. Es war sehr gegen Paul Twitchell eingestellt, und obwohl ich nicht der Persönlichkeit, sondern dem inneren Weg folge, fühlte ich mich doch irritiert und stellte Eckankar in Frage wegen einiger Bemerkungen, die über Pauls Leben gemacht wurden.*

Wie Sie so richtig sehen, kommt der Kern der ECK-Lehre aus dem Inneren und nicht aus dem Äußeren.

In den späten 60er Jahren, als Paul die ECK-Werke der Öffentlichkeit vorstellte, war deren Bewußtsein auf recht niedrigem Stand. Er stellte fest, daß die reine Wahrheit die Menschen langweilte. Die Aufgabe des Lebenden ECK-Meisters ist es, eine Zugangspforte zur Seele zu finden. Zum Teil als Schutz für seine Familie erfand Paul die Stadt China Point, die es nicht gibt. Paul kleidete einige seiner äußeren Schriften in die Form erfundener Geschichten, um die Leser mit der zugrunde liegenden Wahrheit vertraut zu machen. Er mußte sie in ihrem Bewußtseinszustand erreichen, der im Vergleich zu dem Verständnis der Menschen heute sehr niedrig war.

In meinen Vorträgen beim Weltweiten ECK-Seminar 1984 bin ich auf Pauls Gabe eingegangen, die großen Wahrheiten zu erkennen und sie an eine Stelle zu bringen, wo die Menschen sie finden konnten. Es ist leicht, sein Geschenk zu kritisieren, jetzt wo wir es haben. Seine Aufgabe war es, Sucher von den äußeren, veränderlichen Dingen zu jenen spirituellen Realitäten Gottes zu führen, die man nur auf den inneren Ebenen findet: Ton und Licht, Seelen- und Traumreisen usw.

Nur durch die inneren Kanäle kann ein Mensch je hoffen, sich den uralten Weisheiten zu nähern. Daher sind die äußeren Werke einfach ein Tor zu den verborgenen, spirituellen Dingen des Lebens.

Deshalb erkennen wir die Fehlbarkeit der äußeren Schriften, die solange als bestmöglicher Führer dienen, bis wir die innere Verbindung mit dem Hörbaren Lebensstrom aufnehmen können.

Alle großen Lehren scheinen eine etwas umwölkte Geschichte zu haben. Im Falle der älteren Lehren hat der Lauf der Jahrhunderte den Vätern der Religionen viel Zeit gegeben, um alles wegzuschneiden, was keine Unterstützung für ihre späteren Doktrinen war. Man wird in der Zukunft mehr über Pauls Leben erfahren, wenn Wissenschaftler neue Aufzeichnungen finden.

## Mehr als bequeme Antworten

*Nachdem ich in den letzten sechs Jahren meines Lebens aktiv in Eckankar tätig gewesen bin, schmerzt es mich, daß ich einige wirkliche Zweifel und Bedenken über den Weg zum Ausdruck bringen muß. Ich las kürzlich widersprüchliche Informationen über Paul Twitchell und seine Schriften. Kannst Du verstehen, daß ich die Wahrheit und nicht bequeme Antworten haben möchte?*

Ihre Fragen nach der Wahrheit sind aufrichtig, also will ich versuchen, Ihnen eine Vorstellung davon zu geben, wonach Sie suchen sollten — und ohne bequeme Antworten, denn die gibt es nicht.

Um Ihre Position noch einmal anzusehen — es scheint, Sie hätten gerne, daß die Wahrheit mit Ihren früheren Vorstellungen, wie sie sein sollte, zusammenfällt. Wenn zum Beispiel äußere Beweise im Gegensatz zu dem stehen, was Sie zu finden erwarteten, dann sind Sie bereit, die ganze Erfahrung der Illusion als eine Sackgasse abzutun.

Vielleicht habe ich das zu allgemein ausgedrückt, um Ihnen das Bild, das ich Ihnen vermitteln will, begreiflich zu machen: Wirkliche Wahrheit wird immer anders sein, als Sie sie sich vorstellen. Anderfalls hätten und wüßten Sie sie doch wohl, nicht wahr? Da Sie aber wissen, daß Sie die Wahrheit nicht besitzen, muß sie wohl anders sein, als Ihre Vorstellung davon. Was bedeutet das?

Wenn Sie nicht alte Vorstellungen über das, was Sie als Wahrheit erwarten, aufgeben, wird sie Ihnen immer entgehen. Es ist ein Prinzip in ECK, daß man immer wieder seine liebgewordenen Werte aufgeben muß, wenn man den Schleier durchdringen will, hinter dem Gott sich verbirgt. Wenn man Selbstrealisation erreicht, stellt man fest, daß die Welt, in der man sich (in unruhiger Weise) so wohl gefühlt hat, tatsächlich genau quer zur Wahrheit steht. Und die gleiche konventionelle Wahrheit ist, wenn man sie vom Gesichtspunkt der Gottrealisation aus betrachtet, um 180 Grad verkehrt.

Nun wird all diese Philosophie Ihnen nichts helfen, ebensowenig die Lektüre irgendeines Buches oder das Praktizieren irgendeiner spirituellen Übung, wenn Ihr Wunsch nach Wahrheit und nach Gott nicht absolut rein ist. Sind Sie in der Vergangenheit auf Ihrer Suche irregeführt worden? Wurde das nicht jeder? Das ist das Wesen dieser Lebenserfahrung, welche die Seele ausbildet.

Die äußeren Schriften in ihrer mangelnden Vollkommenheit—da es Vollkommenheit in einer unvollkommenen Welt nicht gibt—dienen nur einem Zweck: der Seele den inneren Weg von ECK zu zeigen. Niemand kann Licht und Ton finden, indem er das *Shariyat* auswendig lernt. Es kann den Betreffenden nur dazu anregen, sich anzustrengen, um den Mahanta auf den inneren Ebenen zu treffen. Das ist wirklich nicht so schwierig, denn andere tun das.

Ich habe festgestellt, daß es Zeitverschwendung ist, jemanden davon zu überzeugen, in Anbetracht schwerwiegender Zweifel einen Job zu behalten oder in ECK zu bleiben. Wenn der Betreffende dazu neigt, zu gehen, dann sollte er es tun. Wenn er es nicht tut, folgt er nicht seiner inneren Führung. Manche Menschen lernen besser an anderen Stellen als in ECK. Gehen Sie in die Kontemplation, und stellen Sie fest, ob Sie einer davon sind. Ich werde Sie nicht festhalten, wenn es Ihr ehrlicher Wunsch ist, einen anderen Weg zu studieren.

## Das Gefühl haben, in der Falle zu sitzen

*Ich mache meine Kontemplationen eher aus Pflichtbewußtsein als aus Liebe, und ich mache sie nicht regelmäßig. Ich denke an den Mahanta nur, wenn ich ein Problem habe. Nur wenn ich mich mit befreundeten ECKisten treffe, wird mein Gefühl wieder bestärkt. Ich liebe das ECK, und ich könnte ohne den Mahanta nicht auskommen, aber ich habe das Gefühl, ich sitze in der Falle. Verliere ich mein Vertrauen in ECK? Und wie kann ich diese innere Barriere überwinden?*

Es wäre einfach, der Frage auszuweichen mit einem »Machen Sie sich keine Sorgen, das Leben wird Sie schon eines Besseren belehren.«

Sie stehen an einem der vielen Scheidewege im Leben, die diese Gefühle des Zweifels über Ihr Vertrauen in ECK hervorrufen. Aber Sie können durch diesen Zyklus sicher hindurchgehen, indem Sie Ihr Herz für die Liebe des Mahanta offenhalten.

Jeder Lebenszyklus hat Phasen des Wachstums und der Erfüllung. Wir pendeln zwischen ihnen hin und her. Die Wachstumsphase beginnt mit einem Gefühl der Unruhe, die uns zu neuen und größeren Möglichkeiten drängt, aber Angst hält uns zurück. Schließlich überwiegt das Bedürfnis nach Wachstum die Angst, und wir wagen es vielleicht, einen neuen Job anzunehmen, eine Beziehung einzugehen oder wieder auf die Schule zu gehen, um unsere Fähigkeiten zu verbessern.

Die Wachstumsphase schreitet dann weiter zur Phase der Erfüllung. In dieser meistern wir die neuen Abläufe, welche die Veränderung mit sich bringt, und stürzen uns in die Auswahlmöglichkeiten unseres unergründeten Lebens. Unsere ganze Aufmerksamkeit liegt auf den Anforderungen und den Früchten daraus, die vor uns liegen.

Jedoch die alte Rastlosigkeit wird wiederkommen. Das ist jedoch nichts, worüber man sich Sorge machen müßte. Es bedeutet einfach, daß die Seele bereit ist, sich auf ein neues Abenteuer des Wachstums und der Erfüllung einzulassen.

Der Umgang mit anderen ECKisten wird Ihnen helfen, mit Heiterkeit und Würde vom Zustand des Wachstums zur Erfüllung zu gehen. Die Gemeinschaft der ECK-Initiierten gibt Ihnen immer die Liebe und die Unterstützung des Meisters weiter, wenn Ihre Ängste versuchen, ihn auszusperren.

Wie überwinden Sie die innere Hürde des Zweifels und der Angst?

Legen Sie Ihr Herz in jede neue Unternehmung, denn der Mahanta hat Sie durch eine Tor der Gelegenheit geführt, um Ihnen zu helfen, eine höhere Stufe der Fähigkeiten, der Liebe und des Mitgefühls zu erreichen.

Sie müssen auch Ihre Gewohnheit, zuviel über sich selbst nachzudenken, angehen. Erinnern Sie sich des Ziels, ein Mitarbeiter Gottes zu werden. Dazu gehört, daß man die guten Eigenschaften in anderen ebenso wie in sich selbst erkennt.

## Ist das Vorstellungsvermögen immer von Nutzen?

*Wenn ich versuche, eine spirituelle Übung zu machen und aus meinem Körper herausgehe, bringt meine Vorstellung immer etwas Unerwartetes. Wenn ich zum Beispiel auf den inneren Ebenen in einem Wald bin und mich die Blätter an den Bäumen an Eukalyptus erinnern, dann bringt mich meine Vorstellung sofort in einen Eukalyptushain. Ist das hilfreich, oder sollte ich versuchen, die Erfahrungen mehr zu steuern?*

Die einzige Möglichkeit, wie Sie erkennen können, ob es hilfreich ist, besteht darin zu fragen: Was für eine Wirkung hat das auf mich? Ist es etwas Nützliches, das mir Einsicht gibt?

Manchmal ist das Wesentliche nicht, daß Sie an einen Ort gelangen, zu dem Sie gehen wollten, sondern allein die Tatsache, daß Sie irgendwo hinkommen. Der nächste Lernschritt kommt dann, wenn Sie versuchen, ausfindig zu machen, wo das ist. Eine einfache Antwort, ob es nun um Heilung oder um Seelenreisen geht, ist nicht immer die beste, denn sie übersieht den gesamten Zweck der Erfahrung, die zum Lernen da ist.

Solange es eine positive Erfahrung ist, folgen Sie ihr. Sie wissen vielleicht nicht immer, wo Sie sind. Wenn Sie bei Ihrer Rückkehr ein schlechtes Gefühl haben, dann wissen Sie gleich, daß sie nicht gut war. Ich würde mir darüber keine Sorgen machen. Sie gewinnen nur Erfahrung, und das ist gut so.

## Der Zensor

*Wie wirkt der Zensor in unseren Träumen und in unserem täglichen Leben?*

Ein Traum bezieht sich üblicherweise sehr direkt auf das, was in Ihrem äußeren Leben geschieht, oft auf etwas gerade Aktuelles. Aber der Traum erreicht uns verschlüsselt, weil er uns erschrecken würde.

Der Göttliche Geist versucht, den niederen Körpern eine Botschaft zu übermitteln, um uns einen Hinweis zu geben, wie wir unser Leben ein wenig ändern sollten. Aber der Verstand sagt: »Nein. Wenn wir diese Botschaft vom Chef geradewegs passieren lassen, dann wird es für die da unten zuviel sein. Wir werden sie ein bißchen umformulieren.« Und wenn sie schließlich zum physischen Bewußtsein durchdringt, dann kann man nicht mehr genau feststellen, was sie eigentlich sagen sollte.

Veränderungen treten normalerweise schrittweise ein. Es ist meist nicht so etwas Welterschütterndes wie: Gehen Sie jetzt daran, Ihr eigenes Geschäft zu gründen. Und Sie fragen sich: Wie werde ich am Monatsende meine Miete bezahlen? Was Sie jetzt gerade auch tun, ist für Sie genau richtig. Wenn eine Veränderung eintreten soll, kann sie schrittweise kommen.

Die Seele versucht, diese schrittweise Veränderung vorzunehmen, aber wenn der Zensor mit der Information fertig ist, ist sie so verdünnt, daß Sie überhaupt nicht mehr daraus schlau werden, in welche Richtung Sie jetzt gehen sollen.

Denken Sie nur daran, daß das Innere mit dem Äußeren unmittelbar in Beziehung steht. Wenn Sie Hilfe im Traumzustand erhalten, bezieht sie sich im allgemeinen auf Ihr unmittelbares äußeres Leben, auf das, was Sie gerade hier und jetzt tun. Sie wird Sie auch in die Lage versetzen, im Verständnis zu wachsen.

## Liebe ist der einzige Weg

*Wie kann ich neuen Chelas sagen, daß ECK Wahrheit ist, wenn mein Leben so voller finanzieller Probleme und anderer Schwierigkeiten ist, die zu zahlreich sind, um hier darüber zu schreiben?*

Alle Probleme kommen vom Inneren zum Äußeren. Daher wollen wir ausfindig machen, was auf den inneren Ebenen geschieht, das die Probleme hier im Äußeren bewirkt, die zeitweilig scheinbar zuviel sind, um sie zu ertragen.

Man braucht nicht Klischees zu dreschen wie »So etwas wie einen Unfall gibt es nicht«, »Alles, was uns geschieht, hat seinen Grund« und ähnliche Sprüche. Aber was verursacht all diese Schwierigkeiten — in Begriffen, die man verstehen und akzeptieren kann — und was ist die Lösung?

Der Mensch muß ehrlich mit sich selbst sein und fragen: »Was habe ich von ECK erwartet, als ich die Lehre aufnahm?« Der Weg zu Gott ist der Weg zu Gott. Es ist kein leichter Weg, sonst würden viele ihn gehen. Das Leben bedeutet wirklich, daß wir uns selbst begegnen. Unsere Klagen über andere sind ein Spiegel unserer eigenen Schwächen. Je mehr Klagen es gibt, desto größer ist die Menge der Schwächen.

Es ist nicht sinnvoll, unser spirituelles Leben mit Schnellverband zu flicken. Die ECK-Lehre soll uns eine tiefgreifende spirituelle Heilung geben, die alle Aspekte unseres Lebens berührt. Das Instrument, mit dem das bewirkt wird, ist jedoch nicht der Zauberstab. Hat man die spirituellen Übungen durchgehalten, nicht mit dem Roboterfleiß eines Rosenkranzbeters, sondern mit dem wirklichen Wunsch, sich für die Geheimnisse Gottes zu öffnen?

Es gibt zwei grundsätzliche Wege, die man in den niederen Welten bei der Bemühung, Gott zu finden, einschlagen kann: Der Weg der Liebe und der Weg der Macht. Die meisten wählen die Macht. Diese Richtung ist die Brutstätte all der Übel, die den fünf Leidenschaften des Verstandes entspringen. Das Leben ist für diejenigen ein Unglück, und sie fragen sich, was sie davon abhält, einen bequemen Ausweg zu nehmen.

Liebe ist der einzige Weg zu Sugmad. Der einzige Weg. Wenn Sie diesen Weg gehen wollen, bitten Sie den Mahanta in der Kontemplation, daß er Ihnen diesen Weg zeigt. Die meisten Menschen in ECK haben ihn nicht gefunden. Andernfalls gäbe es weniger Klatsch auf ihren Lippen, weniger Klagen und weniger Machtspiele im ECK-Center.

Aber das Herz des einzelnen muß bei dieser Bitte rein sein. Es muß auch eine vollständige Hingabe an den Inneren Meister vorhanden sein, kein Vorbehalt und keine Meinung darüber, was richtig oder falsch an dem ist, was ihm gegeben wurde, um das Goldene Herz zum Leuchten zu bringen.

Das ECK ist real, aber man muß sich Seinem Altar mit Bescheidenheit und Liebe nähern, wenn man jemals zu sehen bekommen will, in welcher Weise Es wirkt.

## Nur hinhören, um Gott zu dienen

*Ich bin seit über zwanzig Jahren in ECK und war sehr aktiv, als ich noch jünger war. Jetzt bin ich neunzig Jahre alt, bei schlechter Gesundheit, und ich lebe in einem Seniorenheim. Ich bin deprimiert, weil die meisten anderen Bewohner hier für Neues nicht aufgeschlossen und nicht dafür offen sind, etwas von ECK zu hören. Ich kann auch nicht zu einer Satsang-Klasse hinausgehen.*

Sie *sind* einfach durch Ihre Gegenwart ein Mitarbeiter des Mahanta, wenn Sie zulassen, daß die Liebe von ECK Ihr Herz erfüllt. Andere werden das spüren.

Ich weiß, es ist schwierig für Sie, im Seniorenheim über ECK zu sprechen. Aber das müssen Sie auch nicht. Es reicht, anderen *zuzuhören*, wenn diese das Bedürfnis haben zu reden, denn wenn Sie das tun, wird die göttliche Liebe des ECK durch Sie zu ihnen fließen und dort Trost und Liebe geben, wo das so dringend nötig ist.

Das wird auch Ihr Vertrauen in das ECK stärken.

## Drei Prüfungen

*Vor einigen Jahren hast Du von drei Prüfungen gesprochen, mit denen wir uns alle als ECK-Chelas auseinandersetzen müßten. Ich glaube, die erste davon war, Eckankar als Religion anzusehen und den ECK-Gottesdienst zu akzeptieren. Die zweite war, den Tempel von ECK anzunehmen. Kannst Du uns sagen, was die dritte war?*

Die dritte Prüfung ist härter als die ersten beiden in dem Sinne, daß sie erfordert, an sich selbst als Anhänger von ECK zu glauben. Die ersten beiden waren mit einem Glauben an etwas außerhalb von Ihnen verbunden: an Eckankar als Religion und den ECK-Gottesdienst, sowie an die Notwendigkeit des Tempels von ECK.

Diese dritte Prüfung fällt mit dem dritten Teil meiner Aufgabe zusammen, der darin besteht, zu den Menschen überall vom Licht und Ton Gottes zu sprechen. Es werden ECKisten mit Herz und Mut nötig sein, um dabei zu helfen.

Die dritte Prüfung ist die schwierigste aus dieser Gruppe, weil Sie den Glauben des Betreffenden klar offenlegt. Hat ein ECKist Vertrauen auf die Liebe und die Macht des ECK, oder ist sein Hauptanliegen, was die Gesellschaft in bezug auf die ECK-Lehre fühlt oder denkt?

Die dritte Prüfung stellt die Frage: Wollen Sie sich für ECK einsetzen?

Wenn Ton und Licht von ECK durch einen Menschen strömt, tritt er als Führer in Erscheinung und ist anderen ein Beispiel. Wenn es auch unklug ist, unsere spirituellen Überzeugungen den Menschen anderer Wege ins Gesicht zu schleudern, gibt es doch immer noch die Notwendigkeit, für die ECK-Prinzipien einzustehen.

Diese dritte Prüfung zeigt ganz klar Ihren Glauben an das ECK.

## Um Hilfe rufen

*Wenn man im Traum eine unangenehme Erfahrung macht, von der man feststellt, daß es sich um eine Prüfung handelt, und wenn man den Inneren Meister um Hilfe anruft, hat man dann in diesem Augenblick die Prüfung bestanden oder nicht?*

Sie haben daran gedacht, die Bitte auszusprechen,

und das ist ein wichtiger Schritt, weil Sie sich an den Inneren Meister erinnert haben. Alle Antworten sind in Ihrer Reichweite, und einige liegen ganz in Ihrer Nähe.

Wenn Sie die niederen Welten durchstreifen, dann kann es geschehen, daß die Wesen, die Paul Twitchell die Zeitmacher nannte, Ihr Gedächtnis vernebeln. Sie können Ihre Erinnerung so auswaschen, daß Sie vergessen, daß Hilfe da ist, wenn man nur um Hilfe ruft.

Aber wenn Sie im Hinterkopf noch einen kleinen Gedanken haben, der Sie daran erinnert, daß auf Ihre Bitte hin Hilfe zur Verfügung steht, dann werden Sie feststellen, daß ein weiterer Gedanke kommt: wie Sie sich aus der Situation befreien können. Sie werden sich an die Gesetze der inneren Welten erinnern, die Sie vielleicht vergessen haben. Sie werden sich erinnern, daß Sie als Seele frei sind!

# 9

# Die spirituelle Leiter erklimmen

*Wenn man sich nicht an viele seiner Träume erinnert, wie kann man dann etwas über die erste Initiation im Traum herausfinden?*

Die erste Initiation ist der erste wirkliche Meilenstein auf der Reise heim zu Gott, die ursprüngliche Verbindung zwischen der Seele und dem Göttlichen Geist.

Viele Menschen erinnern sich teilweise an die erste Initiation, andere dagegen nicht. Was auch immer zutrifft, der Mahanta gibt sie allen im Laufe ihres ersten Studienjahres in ECK. Diese Trauminitiation geschieht an einem Ort, den Sie wieder aufsuchen können, indem Sie in einer spirituellen Übung *Alayi* singen. Dies Wort steht für die physische Ebene.

Wenn Sie aufrichtig daran interessiert sind, etwas über Ihre Trauminitiation zu erfahren, dann singen Sie dieses Wort einen Monat lang täglich. Führen Sie ein Traumtagebuch. Nehmen Sie sich in Ihrem Zeitplan morgens zusätzlich zehn Minuten Zeit, um alle Eindrücke und Traumerinnerungen zu notieren, ganz gleich wie undeutlich oder einfältig sie sind.

Vor allem seien Sie geduldig. Halten Sie diesen

Plan einen Monat lang ein. Sie werden bald eine ganz neue Sicht über die erste Initiation und Ihre Beziehung zu ECK gewinnen.

## Unsere Entfaltung als Seele

*Wenn sich die Seelenebene oberhalb des Bereiches der Zeit befindet, wie schreitet dann die Seele fort, nachdem sie die Seelenebene erreicht hat?*

Sie schreitet nicht, wie wir denken, in einer Art von Bewegung fort. Alles, was wir dazu sagen können, ist, daß die Seele sich spirituell entfaltet.

Wie Sie andeuten, wenn wir eine Welt erschaffen, in der Raum und Zeit nicht existieren, dann kann es dort kein Reisen oder Fortschreiten geben. Reisen oder Fortschritt bedeutet, von einem Ort im Raum zu einem zweiten zu gehen, und dazu ist auch ein Zeitablauf erforderlich.

Raum, Zeit und Materie fallen zusammen, wenn die Seele die Seelenebene erreicht. Die spirituelle Entwicklung geht jedoch weiter.

Das Problem liegt in der menschlichen Sprache. Sie ist auf der Mentalebene entstanden, der letzten Zuflucht von Raum und Zeit. Da unsere gesprochene Kommunikation auf den begrenzten Konzepten von Raum und Zeit beruht, müssen wir begrenzte Ausdrücke verwenden, um auch die Dinge anzusprechen, die jenseits der Begrenzungen liegen.

Aus diesem Grund ist das gesprochene Wort sogar in ECK nur bis zu einem gewissen Punkt für das Erkennen der Wahrheit von Nutzen. Letztlich müssen wir durch direkte Wahrnehmung lernen.

## Evolution

*Kannst Du die Evolution erläutern?*

Evolution ist eine Vermutung der Wissenschaft darüber, wie eine Lebensform sich seit ihren Anfängen verändert hat. Ein Schlüsselwort ist *Veränderung*.

Evolution ist die Idee, daß sich alles im Laufe der Zeit verändert. Ein Beispiel ist die Familie der Elefanten, zu der auch das Mammut gehört, das vor Jahrtausenden lebte. Das Mammut und der Elefant stammen von den gleichen Vorfahren ab. Heute ist das Mammut ausgestorben, und der Elefant ist übriggeblieben. So paßt die Evolution genau zu der ECK-Lehre.

## Zu Gott hin

*Wie kann ich Gottrealisation erreichen, wenn ich nicht weiß, was das ist und was ich mir zum Ziel setzen soll?*

Eine Definition der Gottrealisation mit allen ihren Einzelheiten würde Bände füllen. Aber kurz gesagt ist es der Zustand des Sehens, Wissens und Seins von der höchsten spirituellen Ebene aus.

Das ist eine Definition. Dorthin zu gelangen ist natürlich etwas ganz anderes. Hier sind einige Richtlinien dazu, wie man Gottrealisation erreichen kann: (1) Machen Sie alles im Namen des Mahanta, (2) tun Sie auch die kleinste Handlung mit Liebe und Aufmerksamkeit für das Detail, und (3) vor allem geben Sie anderen das Recht, ihren eigenen Weg zu Gott zu finden.

Wie erreichen Sie das? Der Weg zu Gott beginnt mit den Spirituellen Übungen von ECK. Machen Sie sie mit Liebe. Achten Sie auch genau auf die täglichen Anweisungen, Einsichten und Einzelheiten, die der

Meister darüber gibt, wie man das Gottbewußtsein erreicht. Er gibt den größten Teil des Trainings durch die inneren Kanäle. Aber die Einzelheiten müssen sich im täglichen Leben bewähren.

## Im Inneren und im Äußeren

*Wie ist es möglich, daß ich im Inneren eine derartig strahlende, freudige Kommunikation mit Dir habe und trotzdem mit der äußeren Organisation in solcher Disharmonie lebe? Als ich versuchte, einem Freund und Mit-ECKisten zu helfen, verstanden andere meine Handlungen falsch, und ich wurde schwer bestraft. Jetzt bin ich im Zweifel, ob ich wirklich ein Kanal für den Mahanta bin.*

Sie baten um Liebe und nicht um Bestrafung, und das ist verständlich, denn Liebe erhält uns. Sie ist das ECK.

Wenn wir Höherinitiierte werden, läuft der größte Teil der Kommunikation zwischen dem Lebenden ECK-Meister und dem einzelnen über die inneren Kanäle. Eines der Stadien, zu denen wir gelangen, ist, daß wir lernen, wie wir in Harmonie mit allem Leben wirken können. Das klingt so simpel, so platt. Aber wenn wir den Mahanta in jedem sehen, dem wir begegnen—das Licht von ECK in den Augen der Menschen sehen können, die auf der Straße an uns vorbeigehen—, dann können wir allem Leben nur Liebe zurückgeben.

Um sich für den Orden der Vairagi zu qualifizieren, muß die Seele bei ihrer Liebe Unterscheidungsvermögen kennen. Warme Liebe für die, die uns nahestehen, Nächstenliebe (losgelöste Liebe) für die ganze übrige Schöpfung. Niemand hat die Fähigkeit, alles Leben zu lieben, ohne selbst Schaden zu nehmen. Dazu ist Unterscheidungsvermögen da.

Die ECK-Meister praktizieren Losgelöstheit, aber das bedeutet nicht einen Mangel an Mitgefühl. Und es heißt auch nicht, daß man sich in die Angelegenheiten von anderen einmischt. Der vielleicht härteste Teil meiner Pflichten ist es, an meinem Schreibtisch einen Brief in die Hand zu nehmen, in dem jemand um Erleichterung von einer erdrückenden Last an Karma bittet, und ich weiß, es muß ausgearbeitet werden, und es gibt für ihn keine Abkürzung.

Von all denen, die auf spirituellem Gebiet arbeiten, sind einige fähig, sich unter den Menschen still und kooperativ zu bewegen, während andere einen Sturm von Kontroversen und Spaltung erregen, wo immer sie hinkommen. Warum ist das so, wo sich doch alle Seelen als Funken Gottes gleichen? Es gibt immer noch mehr zu lernen über das Handeln als Werkzeug für den Göttlichen Geist, was es bedeutet und wie man es macht.

Die ECK-Meister handeln strikt über die spirituelle Hierarchie. Das ist der erste Schritt. Sie liegen miteinander nicht in Konkurrenz. Sie wissen, daß es ihre gemeinsame Aufgabe ist, dem großen Sugmad zu dienen. Zweitens tun sie dies in Harmonie und stärken damit den Plus-Faktor, das aufbauende Element in allem, was sie tun.

Wir alle sind dabei, zu lernen und zu wachsen. Auch Sie haben jederzeit an der Liebe und dem Schutz des Mahanta teil, und Sie müssen sich dessen nur bewußt sein. Ich bin immer bei Ihnen.

## Daran denken, daß ECK das ganze Leben ist

*Ich habe gehört, daß einige ECKisten sich darüber aufregen, daß Eckankar die Initiationen auf einem Computer verfolgt. Ich weiß nicht, was ich ihnen sagen soll.*

Wir werden eingeholt von den Mechanismen, mit denen der Göttliche Geist, das ECK, arbeitet. Manche Menschen verstehen die Arbeitsweise des Heiligen Geistes nicht. Sie hetzen zu den Philippinen auf der Suche nach einem psychischen Heiler; sie regen sich auf, wenn sie hören, daß wir mit Computern arbeiten. »Mein spirituelles Leben ist in der Hand von Computern«, sagen sie. Als ob der Computer sich über das ECK hinwegsetzen könnte.

Sie vergessen, daß der Heilige Geist der Manager der ganzen Vorstellung ist, von Kal Niranjan herab bis sogar zu dem Computersystem, das wir benutzen. ECK umfaßt und übertrifft alles Leben; Es betreibt das Leben. Ich mache keine Regeln im Hinblick auf Initiationen. Ich führe die Gesetze des ECK aus. Gelegentlich möchte ich etwas ausführen, aber Es macht etwas anderes, weil Es das ECK ist.

Ein ECK-Meister zu werden bedeutet, die Gesetze des Göttlichen Geistes zu erkennen und innerhalb dieser Gesetze zu leben.

Manche Menschen kommen in diesem Leben sehr schnell durch die Initiationen hindurch, aber das könnte daran liegen, daß sie die gleiche Stufe schon in einem anderen Leben fast erreicht hatten und dann den Weg verließen. Die Menschen, die vielleicht jetzt gerade im Rückstand liegen, sind diejenigen, die in einem anderen Leben sehr schnell vorwärtskommen werden. Es gibt keine Eile. Man kann in ECK nicht verlorengehen.

Sie brauchen niemanden zu überzeugen. Die Dinge ändern sich im Laufe der Zeit. So ist das Leben; es schleudert uns von einem Extrem ins andere wie Korn im Wind. Die Spreu weht davon, und was bleibt, ist die reife Seele. Das ist dann der Fall, wenn wir nicht mehr von den psychischen Wellen hin- und hergerissen werden, wenn wir, um Führung zu erhalten, direkt auf den Mahanta blicken und hier im Äußeren mit wohlüberlegten Schritten voranschreiten. Wir lassen uns durch nichts erschüttern. Wie Rebazar Tarzs sagte: »Nichts sollte den bewegen, der in ECK weilt.«

## Persönliche Ziele

*Wie stellt man fest, ob ein Ziel, nach dem man strebt, das richtige ist, und ob die Methoden, die man benutzt, richtig sind?*

Man muß auf das ECK vertrauen und dann konsequent darangehen, die guten Dinge im Leben zu manifestieren. Wenn Sie einfach so handeln, »als ob« Sie Ihr Ziel erreichen, und danach zu streben niemanden in irgendeiner Weise verletzt, ist das ein Kriterium, ob etwas, das Sie tun, ECK ist oder nicht.

Ich glaube, Sie haben gesunden Menschenverstand eingesetzt und die Prinzipien genutzt, den Göttlichen Geist für Sie das manifestieren zu lassen, was Er wollte. Daran ist nichts falsch. Fahren Sie fort mit Ihren persönlichen spirituellen Experimenten in ECK.

## Feinabgleich

*Ich glaube, nach Jahren der Erfahrung mit dem ECK als Licht und Ton glaube ich, ich habe mich daran gewöhnt, in Seiner Gegenwart zu leben, und Es ist nicht mehr so lebhaft erkennbar wie früher. Was passiert da?*

Sie gelangen in einen Bereich, in dem man im Inneren einen Feinabgleich durchführen muß. Aus diesem Grunde haben Menschen anfangs, wenn sie auf den Weg von ECK kommen, Erfahrungen, die dann später verschwinden. Sie haben sich an ihren eigenen Seinszustand auf dieser Stufe gewöhnt.

Ich erläuterte ein ähnliches Prinzip in dem Buch *Der Wind der Veränderung* mit der Geschichte über Unsichtbarkeit. Sie können zu Ihrer Erfahrung gelegentlich mit den äußeren Schwingungen der Sie umgebenden Menschen in eine derartige Harmonie kommen, daß Sie sich unter ihnen in einer Weise bewegen, die deren Feldstärken nicht stört. Ihre Sinne werden nicht angesprochen, und deshalb sind Sie für sie für alle Zwecke unsichtbar. Was Sie in Wirklichkeit getan haben, ist, Ihre Schwingungen anzuheben.

Bevor Sie zu diesem Verständnis in Ihrer spirituellen Entfaltung gelangen, gewöhnen Sie sich an Ihre Träume und Ihre spirituellen Erfahrungen, die sich deshalb Ihrem Verstand nicht mehr mitteilen. Der Verstand ist das Mittel, das normalerweise benutzt wird, um die Sicht der höheren Welten in die niederen Welten zu übersetzen, aber wenn der Verstand zu taub oder müde wird oder sich zu sehr an die Erfahrungen gewöhnt, registriert er sie einfach nicht mehr.

Deshalb müssen wir bei unseren spirituellen Übungen kreativ sein. Wir gehen an alles auf eine frische, neue Weise heran, wie es ein Kind tun würde. Ich mache das manchmal auch, weil ich bestimmte Forschungen betreiben oder mich einer Disziplin unterwerfen möchte, damit ich leicht in einen Zustand zurückgleiten kann, in dem ich mich an die anderen Ebenen erinnere. Normalerweise kümmere ich mich nicht darum, aber manchmal, wenn ich schreibe, muß ich mich gewisser Dinge versichern oder brauche Ideen.

Das Wichtigste aber ist es, hier in der Gegenwart zu leben.

## Öffne Deine Augen

*Ich bin siebenundachtzig Jahre alt und habe noch keinen Erfolg dabei gehabt, mein Drittes Auge zu öffnen. Was empfiehlst Du mir?*

Sie haben darum gebeten, daß Ihnen das Tisra Til, das Spirituelle Auge, geöffnet wird. Wenn es beginnt, sich zu öffnen, fangen Sie an, in der einen oder anderen Weise Erfahrungen mit dem Licht des ECK oder auch mit dem Ton zu haben. Wenn beide in einer einzigen Matrix im Spirituellen Auge zusammenkommen, sieht der Glückliche den Inneren Meister, der sich dort aufgestellt hat, um den negativen Strom, der ständig in den Schüler einströmen will, zu reinigen.

Demnach ist die Frage: Sind Sie während der Kontemplation oder im Traum sich irgendeines Lichtes oder Tons bewußt? Das Licht kann ein blauer Stern, eine Scheibe oder eine Kugel sein. Es kann auch weiß, gelb oder grün sein. Der Ton kann ähnlich klingen wie das Rauschen des Windes, ein Symphonieorchester, ein Summen von Bienen oder der Ton einer Flöte. Manche hören das ferne Zirpen von Grillen. Andere haben vielleicht keine dieser Manifestationen sondern erinnern sich einfach an eine Begegnung mit einem der ECK-Meister.

Andere Menschen stellen etwas ganz anderes fest, wenn das Spirituelle Auge geöffnet wird. Es wächst nicht eine Bewußtheit der anderen Welten, sondern der Liebe und des Schutzes vom Mahanta. Sie läßt sich auf ihren Schultern nieder wie ein warmer Mantel der Liebe. Andere ECKisten tragen ein Wissen in sich, daß ihr spirituelles Leben von der großen Hand des ECK geleitet wird.

Sie sehen also, wenn sich das Dritte Auge öffnet, kann es eine große Vielfalt von Möglichkeiten geben, wie die Seele dessen bewußt wird.

*Vielen Dank für Deine sanfte Berührung auf der inneren Ebene, die mir meine Initiation bestätigte. So sehr ich mich auch bemühe, ich kann einfach nicht herausbringen, was Du gemeint hast, als Du mich unter dem linken Auge berührt und gesagt hast: »Das brauchst du nicht mehr.«*

Das linke Auge ist ein Symbol für Ihre alte Abhängigkeit von materiellen Dingen. Bei der Initiation hat der Mahanta Ihr Spirituelles Auge geöffnet. Materielle Interessen sind einer neuen, höheren Sicht des Lebens gewichen.

## Initiiertenberichte

*Kann man einen »falschen« Initiiertenbericht schreiben? In einer Satsang-Klasse erinnerte sich ein Höherinitiierter eines Briefes, den Paul Twitchell ihm einst als Antwort auf einen Initiiertenbericht geschickt hatte. Paul nahm ihn ins Gebet, weil er zu viele »persönliche Wünsche« gehabt hatte.*

*Das steht im Gegensatz zu dem, was mir andere Quellen mitgeteilt haben. Diese sagen: »Bringe alle Probleme, die Du hast, in den Bericht.« Jetzt bin ich verwirrt. In welchem Maße kann ich in einem monatlichen Bericht um Hilfe bei meinen Problemen bitten, besonders dann, wenn ich verstehe, daß die Hilfe nicht durch den physischen Kanal, sondern durch die inneren Kanäle kommen wird?*

Pauls Brief war für jenen Höherinitiierten zu jener Zeit bestimmt. Er paßt nicht überall. Der Meister gibt manchmal einem Chela einen scharfen Hinweis, wenn sanftere Mittel nutzlos geblieben sind.

Sie können in Ihren monatlichen Initiiertenbericht alles hineinschreiben, was Ihnen in den Sinn kommt. In der Tat bitten neue Chelas den Mahanta oft darum, daß er ihnen persönliche Wünsche erfüllt. Wenn sie solche Gedanken aufschreiben, erkennen sie sie oft zum ersten Mal in unretuschierter Form. Dieser Prozeß brennt altes Karma ab. Und wenn der Mahanta erkennt, daß es für den Betreffenden nützlich ist, wird er vielleicht den persönlichen Wunsch erfüllen. Es schadet nie, zu bitten.

*Ich bin seit etwa sieben Jahren in ECK und bin Zweitinitiierter. Ein Freund sagte mir, es sei nicht erforderlich, meine Initiiertenberichte einzusenden. Ich hoffe, es ist nicht das, was mich davon abgehalten hat, meine dritte Initiation zu erhalten. Kannst Du mich in dieser Angelegenheit aufklären?*

Ich weiß Ihren Brief und den Dienst, den Sie erweisen, indem Sie die ECK-Botschaft den Uninitiierten bringen, sehr zu schätzen. Das einzig Wichtige ist, daß der Initiierte die Selbstdisziplin aufbringt, einen monatlichen Bericht über seine spirituellen Angelegenheiten zu schreiben. Es ist nicht erforderlich, ihn an den Lebenden ECK-Meister zu schicken, wenn der Betreffende sich mit seiner Verbindung mit dem Mahanta, dem Lebenden ECK-Meister, wohl fühlt.

Man erwirbt sich innere Initiationen durch die spirituelle Entfaltung, die sich durch regelmäßiges Praktizieren der spirituellen Übungen einstellt. Jedoch um äußere Initiationen zu erhalten, die Vervollständigung und das Gegengewicht derjenigen im Inneren, muß man die äußere Mitgliedschaft und das Studium der ECK-Kurse aufrechterhalten. Die inneren Initiationen sind ohne die äußeren nicht vollständig.

Der aufrichtige Initiierte, der die Erfahrung der Selbst- und Gottrealisation haben möchte, muß auch beginnen, mit einer der Arten des freitäglichen Fastens zu arbeiten, die in den Weisheitsnotizen aufgeführt sind. Nicht jeder wird lebhafte innere Erfahrungen haben, jedoch anstatt dessen den Göttlichen Geist in seinem täglichen Leben wirken sehen.

## Starthilfe

*Seit meiner zweiten Initiation sind acht Jahre vergangen. Ich habe meines Wissens weder den Inneren Meister noch das blaue Licht gesehen, noch die Gegenwart des Meisters gespürt. Ich liebe den Meister und die ECK-Lehre, aber ich bin frustriert, weil ich nicht fähig bin, diese Erfahrungen zu haben.*

*Paul Twitchell erwähnte in seinen Schriften das erwartungsvolle Gefühl, das man hat, wenn man einen geliebten Menschen am Flughafen abholen will. Ich habe dieses Gefühl seit langem, aber ich kann nicht mehr viele abgesagte Flüge ertragen.*

*Ich weiß, daß ich geduldig und ausdauernd sein muß, aber ich bin sehr erschöpft. Ich habe so furchtbar viel zu lernen, kannst Du mir deshalb bitte beim Start helfen?*

Es war gut, von Ihnen zu hören. Als Antwort auf den Mangel an Erfolg in ECK bei den spirituellen Übungen kann ich nur sagen, daß jeder Mensch einzigartig ist, und daß der Göttliche Geist ihn in der für ihn richtigen Geschwindigkeit vorwärts bringt. Sie werden ein größeres Verständnis dessen im *Shariyat-Ki-Sugmad*, Buch Zwei, Seite 167–168 finden.

Erfolg erwächst daraus, Selbstdisziplin zu üben. Die Kontemplation muß mit freudiger Erwartung gemacht werden. Bevor man abends in Schlaf fällt, kann man den Inneren Meister etwa so bitten: »Ich gestatte dir, mich zu dem Tempel der Goldenen Weisheit mitzunehmen, der zu meinem spirituellen Stand paßt, oder zu irgendeinem anderen Ort, den du auswählst.« Dann schlafen Sie ein, und vergessen Sie die Erlaubnis, die Sie dem Mahanta gegeben haben.

Es ist eine spirituelle Disziplin, die spirituellen Übungen täglich zu machen.

## Der eigene Weg der Seele

*Was passiert mit unserem neugeborenen Baby, wenn es stirbt, bevor es die zweite Initiation erhält? Als junge Eltern sind wir darüber sehr besorgt.*

Sie müssen verstehen, daß jede Seele ihrem eigenen Schicksal entsprechend auf die Erde kommt. Eltern können nicht für ein Kind handeln, um es in den Himmel zu bringen. Auch geht eine Seele in den Armen des ECK niemals verloren. Der Göttliche Geist trifft umfassende Vorsorge für jeden, damit er Seinen Weg, Seine Stimme finden kann, wenn alle Vorbereitungen getroffen sind.

Sie müssen wissen, daß der Mahanta über eine Seele in einem neugeborenen Kind ebenso sorgfältig wacht wie über einen Erwachsenen. Nichts ist dem Heiligen ECK unmöglich, denn alles ist in Seiner Hand.

Es ist kein blinder Zufall, daß Ihr Sohn in dieses Leben eintrat, nachdem Sie die zweite Initiation erhalten haben. Es gibt keine Lücken in der Schule von ECK, durch die ein Kind hindurchfallen kann und dann vom Meister vergessen wird.

Wie weit können Eltern ein Kind im Leben bringen? Wann muß sich jede Seele ihren eigenen Erfahrungen aus der Vergangenheit stellen? Verzögern wir ihren Fortschritt, wenn wir zulassen, daß unsere

Gefühle das spirituelle Prinzip vernebeln, nach dem jeder von uns in seinem eigenen Recht vor Gott stehen muß?

Es ist in der Tat ein Privileg, denn die Seele ist eine unabhängige Einheit, die in ihrer Substanz dem Sugmad Selbst gleicht. Das Potential spiritueller Größe liegt deshalb in uns allen, aber es muß die Möglichkeit haben, in seiner eigenen Zeit zu reifen.

Ich hoffe, das gibt Ihnen eine umfassende Sicht von Gottes Plan für die Seele.

## Die Entscheidung zurückzukehren

*Wenn ein Höherinitiierter stirbt und dann beschließt, sich wieder auf diesem Planeten zu verkörpern, was geschieht dabei mit seinen Initiationen? Wird er automatisch in eine Famlie von ECKisten hineingeboren? Muß er seine Initiationen alle von neuem erwerben, oder erhält er sie schneller als andere?*

Nehmen wir Paul Twitchell als Beispiel. Warum entschloß er sich zurückzukehren? Die spirituelle Hierarchie hatte den Eindruck, daß sein Training bis dahin ihn in einzigartiger Weise dafür qualifizierte, im Jahre 1965 der Mahanta, der Lebende ECK-Meister, zu werden.

Er hatte in seiner vorhergehenden Inkarnation die fünfte Initiation erreicht, aber er entschloß sich trotzdem, zurückzukommen. Warum? Weil seine Liebe für das Sugmad jeden Wunsch nach Titeln wie den des Fünft- oder Sechstinitiierten überwog. Seine Geburt im Jahre 1908 war eine Möglichkeit für ihn, einen höheren Zustand spiritueller Bewußtheit zu erreichen.

Und, ja, er mußte alle ECK-Initiationen wieder passieren. Ein Schleier verschloß die Erinnerungen an seine früheren Lebenszeiten, deshalb war er sich früherer Errungenschaften weitgehend unbewußt. Oft wird jemand wie Paul in eine Familie hineingeboren, in der mindestens ein Mitglied ein gutes Verständnis für das ECK besitzt.

Dieses System könnte grausam erscheinen, aber es funktioniert. Der Seele ist nur an Erfahrung gelegen. Titel und Positionen bedeuten ihr wenig, und ihr Wunsch, Gott zu dienen, führt zur allerreinsten Liebe.

## Gehen Sie in Ihrem eigenen Tempo

*Ich bin keine Schülerin von ECK, aber mein Ehemann ist es. Ich bin zu der Erkenntnis gekommen, daß er sich in einem veränderten Bewußtseinszustand befindet. Ich habe in einigen der ECK-Bücher gelesen, daß ein Mensch den anderen herabziehen kann, und ich möchte nicht so jemand sein, denn das würde unsere Ehe belasten. Was kann ich tun, daß er in seinem eigenen Tempo wachsen kann und ich in meinem?*

Vielen Dank für Ihren besorgten Brief. Wenn die Liebe, die man für Gott hat, so stark ist, daß sie einen in unbekannte Bereiche bringt, dann ist es am besten, langsam voranzuschreiten und allem Leben Liebe und guten Willen zu geben.

Das ECK ist tätig, um Harmonie in Familien zu bringen. Mit *ECK* meine ich den Heiligen Geist, mit dem Sie besser vertraut sind. Bleiben Sie bei der katholischen Lehre Ihrer Jugend. Die Liebe und der Schutz des Göttlichen Geistes übersteigen alle Unterschiede zwischen religiösen Wegen, wenn der Sucher sich die Erfahrung Gottes aufrichtig wünscht.

Seien Sie nicht beunruhigt, denn Sie entfalten sich zusammen mit Ihrem Ehemann weiter, auch wenn Sie sich bei der Religion Ihrer Kindheit wohler fühlen.

Schließlich muß eine Religion zu Ihnen passen, nicht umgekehrt. Wenn Sie die Tatsache akzeptieren, daß Sie die spirituelle Entfaltung Ihres Gatten erkennen können, weil sie nur eine Widerspiegelung der Ihren ist, werden Sie sowohl bei Ihren täglichen Pflichten als auch in der Freizeit Freude in Ihrer Familie haben.

Die ersten zwei Jahre der Mitgliedschaft in Eckankar werden absichtlich gesondert behandelt, damit man feststellen kann, ob es für einen taugt. Nach zwei Jahren des Studiums kann man die Entscheidung besser treffen, ob man Eckankar oder der katholischen Lehre folgen soll. Die Entscheidung muß darauf beruhen, was man für sich als richtig erkennt.

## Steinerne Statue

*Ich bin frustriert, weil ich mit dem Seelenreisen solche Schwierigkeiten habe. Ich bin neu in ECK. Kannst Du helfen?*

Das Problem, so wie Sie es schildern, liegt darin, daß Sie Ihren Körper nicht verlassen können. Die Methoden von ECK funktionieren früher oder später für die meisten Menschen. Aber natürlich, dank unser aller Individualität, können Seelenreisen-Erfahrungen entsprechend unserer eigenen Individualität dramatisch, routinemäßig oder gar nicht vorhanden sein.

Ich tue mein Bestes, jedem zu helfen, der ernsthaft daran interessiert ist, ein Kanal für das ECK zu sein, um in der für ihn besten Weise einen höheren Bewußtseinsstand zu erreichen. Es gilt in ECK als feststehende Tatsache, daß man das, was man sich vorstellen kann, auch erreichen kann.

Deshalb bin ich erfreut zu hören, daß Sie die spirituellen Übungen durchhalten. Indem Sie sie machen, bauen Sie die innere Stabilität auf, die erforderlich ist, um über den physischen Körper hinauszugehen und sich an die Ergebnisse zu erinnern.

Probieren Sie die folgende Übung, die bei einigen Menschen funktioniert hat, welche sich selbst als zu praktisch veranlagt ansehen, um Seelenreisen-Ausflüge zu erleben.

Bevor Sie schlafen gehen, stellen Sie sich vor, Sie wären eine Statue. Sehen Sie die ECK-Meister Peddar Zaskq, Rebazar Tarzs, Fubbi Quantz und Wah Z, die mit Transportwerkzeugen ausgerüstet um die Statue versammelt sind. Wah Z und Peddar Zaskq halten eine Brechstange in der Hand, während sich Fubbi Quantz und Rebazar Tarzs an einem Kranwagen zu schaffen machen.

Schauen Sie zu, wie Peddar Zaskq und Wah Z eine Ecke der Statue hochstemmen und wie die Winde des Kranwagens darunter geschoben wird. Der Kranwagen ächzt unter dem Gewicht der Statue, aber er vermag es dennoch, sie anzuheben. Es kommt nicht darauf an, wie hoch.

Nun schaffen die Meister die Statue an einen anderen Ort—von der physischen Ebene über die Astral- zur Kausalebene. Fubbi Quantz fährt den Kranwagen über eine Rampe in einen Tempel der Goldenen Weisheit. Dort gibt es einen riesigen leeren Raum für Restaurierungen, in dem die ECK-Meister Statuen in lebendige spirituelle Wesen zurückverwandeln.

Die ECK-Meister sind alle sehr glücklich, daß sie die Statue bis hierher gebracht haben. Es ist lediglich eine Verschiebung, aber besser als überhaupt keine Bewegung. Fubbi Quantz setzt die Statue langsam in der Mitte des Raumes ab. Er bringt ein paar Topfpflanzen herein, darunter einige große Farne, und arrangiert sie um die Statue herum, damit es hübsch aussieht.

Passen Sie nun genau auf, was die ECK-Meister tun.

Jeder Meister hält eine kleine Dose in der Hand, die er mit einem Schraubenzieher öffnet. Sie enthält ein ganz besonderes Öl, das dazu geschaffen ist, Krusten aufzulösen. Es sind uralte Krusten, die sich um die Seele gelegt haben, nachdem sie sich durch die Probleme des täglichen Lebens verhärtet hat.

Die ECK-Meister tragen dieses lösende Öl nun sehr sorgfältig überall auf die Statue auf. Denken Sie daran, Sie sind die Statue. Hören Sie nun auf zu beobachten, und werden Sie selbst die Statue. Spüren Sie, wie Sie über und über mit dem Öl eingefettet werden. Gleich darauf beginnt die Kruste der Jahrhunderte zu bröckeln, und darunter kommt gesunde Haut zum Vorschein.

Die ECK-Meister treten zurück und schauen. »Da ist ja jemand drin«, rufen sie amüsiert und beobachten, wie die Seele das menschliche Bewußtsein durchbricht und sich davon befreit. Dann öffnet sich die Decke des Raumes, und die Sonne, das Licht Gottes, berührt das wahre Wesen, das in der Statue des menschlichen Bewußtseins gefangen war.

Wiederholen Sie diese Übung einen Monat lang. Wenn Sie in Licht und Ton fortschreiten, wird das ECK beginnen, Ihren spirituellen Puls zu beleben. Sie werden beginnen zu lauschen und den Ton der Sphären vernehmen, der wie der Wind in den Bäumen klingen mag.

## Rechtes Unterscheidungsvermögen anwenden

*Ich habe kürzlich ein neues Geschäft eröffnet und würde mein Produkt gerne an ECKisten verkaufen, die ich in meiner Gegend kenne. Kannst Du mich darüber bera-*

*ten, ob das spirituell in Ordnung ist?*

Was Ihre Frage über die Vermischung Ihres Berufs mit dem spirituellen Weg betrifft: Es ist niemals gut, auf eine Party zu gehen und über Politik oder Religion zu sprechen, wenn man Freunde behalten möchte. Im Geschäftlichen gilt das noch mehr. Sie bringen sich selbst und anderen eine Menge Kummer, wenn Sie sich besonders auf ECKisten einstellen.

Eine ECKistin, die ich kenne, hat ein kleines Geschäft, aber sie betont ausdrücklich, daß sie nicht an ECKisten verkauft. Statt dessen empfiehlt sie ihnen einen anderen Lieferanten, von dem sie keine Provision bekommt.

Ich weiß Ihre Bedachtsamkeit zu schätzen, daß Sie danach fragen. Was immer jemand als Individuum tut, geht mich nichts an. Aber wenn jemand beginnt, aus seiner Mitgliedschaft in ECK Profit zu schlagen, dann betrifft es mich, und ich muß davon abraten.

## Vollkommene Freiheit

*Ist es wahr, daß man über Eckankar hinauswächst, wenn man ein Fünftinitiierter in ECK wird?*

Wenn man durch die niederen Ebenen zur Seelenebene hin geht, schreitet der Mahanta voraus, um auf die Fallen hinzuweisen, die der Seele auf ihrem Weg zurück zu Gott vielleicht auflauern. Auf der Seelenebene tritt eine Veränderung ein, wenn der Betreffende Selbstrealisation erreicht. Jetzt kann er sich entscheiden, den restlichen Weg nach Hause allein zu gehen, oder er kann den Inneren Meister einladen, ihn zu begleiten.

Von diesem Punkt an begleitet ihn der Meister geradewegs bis in das innerste Herz Gottes. Dieser

Punkt wird vom Chela oft übersehen, wenn er seine Augen zu dem letztlichen Ziel erhebt. Der Meister gibt einem jedoch bei jedem Schritt vollkommene Freiheit, sich von den ECK-Werken zurückzuziehen, wenn man das wirklich im Herzen wünscht.

*Ich bin auf dem Weg von ECK zu der Auffassung gelangt, daß man, wenn man sich der Meisterschaft nähert, den Weg von Eckankar verläßt und den Weg von ECK aufnimmt, oder wie ich es jetzt nenne, den Weg des Heiligen Geistes. Bedeutet das, daß ich Eckankar verlassen sollte?*

Ihre Entscheidung muß von Ihnen selbst kommen, und sie wird selbstverständlich respektiert.

Im *Shariyat-Ki-Sugmad*, Buch Zwei, steht auf Seite 189: »Der Initiierte des siebten Kreises . . . hat nun das Recht zu wählen, ob er den Rest des Weges auf dem Pfad von Eckankar weiter verfolgen will.« Der Initiierte des achten Kreises wird sogar noch stärker gedehnt: »[Er hat] das Recht zu wählen, ob er sich opfert und auf der Erde verbleibt, um beim Fortschritt der Menschheit zu helfen, oder ob er zum Bereich der spirituellen Entwicklung außerhalb dieses Planeten und . . . in die spirituellen Regionen weiterschreitet«.

Die ersten acht Initiationen werden im Physischen gegeben und die darüber hinausgehenden im Inneren. Wenn man den Weg von ECK verläßt, verliert man alle seine ECK-Initiationen. Wenn Sie das wünschen, werde ich es respektieren.

## Wer ist der Mahanta?

*Kannst Du mir mehr über den Mahanta sagen? Ist es eine universelle Kraft oder eine Person? Ich bin neu bei der Lehre von ECK und überlege mir, ob ich Mitglied werde.*

Ich freue mich sehr über Ihren Brief, in dem Sie Interesse an Eckankar zeigen. Über den Mahanta bilden Sie sich am besten in dieser Hinsicht Ihre eigene Meinung. Ich empfehle, ein wenig im *Shariyat-Ki-Sugmad* und ebenso in dem Buch *Spirituelle Aufzeichnungen* von Paul Twitchell nachzuforschen.

Das Thema, auf das hier zu achten ist, ist der Stab der ECK-Macht. Nehmen Sie das, was Sie finden, sanft mit in die Kontemplation. Sie werden vielleicht zu einem Verständnis kommen, wer der Mahanta für Sie ist. Eine direktere Antwort wird im Traum kommen.

Sie müssen daran denken, daß Ihre Beziehung zum Mahanta nur für Sie ist. Es spielt wirklich keine Rolle, ob jemand anders Ihre Realität in der gleichen Weise sieht oder nicht. Es ist leichter, den Vorschriften Ihrer eigenen Wahrheit zu folgen, indem Sie das Gesetz des Schweigens, das als Kamit bezeichnet wird, beachten.

Die meisten Ihrer Fragen werden zur rechten Zeit beantwortet, wenn Sie mit den spirituellen Übungen fortfahren. Nehmen Sie sich Zeit, schreiten Sie langsam voran, und lassen Sie sich von Ihren Gefühlen und Ihrer Intuition und nicht von irgendwelchen äußeren Einflüssen lenken. Wenn die Richtung stimmt, werden Sie im Inneren ein gutes Gefühl dabei haben. Das ist eines der besten Kriterien für die Wahrheit, das ich Ihnen geben kann.

## Geheimes Wort und Karma

*Wie ist das, wenn man sein geheimes Wort, das einem in seinen Initiationen gegeben wird, nicht benutzt? Bedeutet das, daß man eine Menge Karma abarbeiten muß, wenn man ein Höherinitiierter wird?*

Leute, die ihr geheimes Wort nicht benutzen, werden vielleicht niemals Fünftinitiierte.

Das geheime Wort ist in der Tat dazu da, Karma abzuarbeiten. Es ist ein spirituelles Geschenk. Der Mahanta hat es Ihnen gegeben, um Ihren Weg in diesem Leben zu erleichtern, denn es gibt Ihnen die Möglichkeit, die Kraft des ECK anzuzapfen, um Ihnen bei der spirituellen Entfaltung zu helfen.

Karma versperrt einem Menschen den Zugang zu den höheren Welten. Das geheime Wort hilft Ihnen, Ihr Gepäck durchzumustern und das Überflüssige wegzuwerfen. Es macht Ihr Leben leichter.

Denken Sie deshalb daran, dieses Geschenk des Mahanta zu benutzen.

## Ein neues Wort

*Es sieht so aus, als hätte ich meinen spirituellen Namen auf den inneren Ebenen erhalten. Kannst Du das bestätigen?*

Man erhält seinen spirituellen Namen bei der neunten Initiation. Der Name, den Sie erhalten haben, ist Ihr geheimes Wort für Ihre jetzige Stufe spirituellen Wachstums. Es ist der Schlüssel, der die Kräfte des ECK erschließt, um Sie zu den erhabenen Zuständen des spirituellen Bewußtseins anzuheben. Sie müssen es geheimhalten, sonst geht die Kraft des Wortes verloren.

*Würdest Du, wenn es angebracht ist, etwas darüber sagen, wie es ist, wenn man eine Reihe spiritueller Worte hat — und nicht nur eines. Ich hatte das geheime Wort von meiner zweiten Initiation nur ein paar Wochen lang. Seitdem habe ich etwa alle sechs bis zwölf Monate ein neues Wort erhalten. Ich mache mir Sor-*

*gen, daß ich irgend etwas falsch mache.*

Ihre Frage veranschaulicht, wie jeder in ECK einen einzigartigen Weg zum Gottbewußtsein geht. Der Meister gibt jedesmal ein neues geheimes Wort, wenn sich der Chela in seiner Bewußtheit entfaltet. Die Astralebene zum Beispiel hat viele untergeordnete Initiationsstufen, und für jede davon ist ein neues Paßwort nötig, um in sie einzutreten. Jedes neue Wort gestattet den Zugang zu einem besonderen Bereich des Unterrichts.

Die Tatsache, daß Ihr Wort sich so oft ändert, deutet auf ein wißbegieriges und spirituell abenteuerfreudiges Wesen hin.

## Bedeutung der äußeren Initiationen

*Seit mein Mann 1979 hinüberging, habe ich ihn oft auf den inneren Ebenen getroffen. Er sagt, er ist jetzt ein Mitglied der Vairagi-Meister und hat viele gute Schriften von Rebazar Tarzs und Fubbi Quantz weiterzugeben. Soll ich sie Dir senden?*

Spirituelle Entfaltung ist eine äußerst persönliche Angelegenheit. Alle Mitglieder des Ordens der Vairagi mußten unter der Leitung des Lebenden ECK-Meisters der betreffenden Zeit durch die äußeren Initiationen hindurchgehen. Ihr Mann hatte guten Fortschritt in seiner spirituellen Entfaltung gemacht, aber er hat niemals die ersten acht Initiationen im Äußeren erhalten, und daher ist er nicht ein Mitglied der Vairagi ECK-Meister.

Sie können einige seiner Schriften an Eckankar senden, wenn Sie es für nützlich halten, aber das ist Ihre Entscheidung. Ihrem Mann geht es gut, und er ist glücklich auf den inneren Ebenen, und er selbst erhebt nicht den Anspruch darauf, ein Mitglied der ECK-Meister zu sein. Seit seinem Hinübergehen im Jahre 1979 hat er ein besseres Bild von seinem spirituellen Wachstum.

Wir haben nicht das Recht, ihn durch unser mangelndes Verständnis von weiterer Entfaltung abzuhalten.

## Sind Sie bereit?

*Wie kann ich erkennen, wann ich eine weitere Initiation erhalten werde? Woher weißt Du, daß ich bereit bin?*

Jeder ECK-Initiierte muß soundsoviele Jahre lang die ECK-Kurse studieren. Dann hängt es davon ab, wie gut er oder sie in der Lage war, sich für den ECK-Strom zu öffnen, der von der nächsten Ebene herabströmt.

Die Entfaltung eines Menschen kann man in seinem Gesicht und seinen Handlungen erkennen. Der Initiiertenbericht ist nur eine von mehreren Möglichkeiten, die der Meister benutzt, um den spirituellen Fortschritt des einzelnen in Richtung auf die nächste Initiation zu beobachten.

*Seit einigen Monaten habe ich bereits die Genehmigung für meine zweite Initiation, aber ich habe sie noch nicht erhalten. Ich möchte sie nicht bekommen, wenn ich nicht bereit bin. Wie werde ich das erkennen?*

Der Meister hat Ihnen den rosa Schein für die Initiation geschickt. Das Geschenk wurde schon gegeben, aber der Chela muß es annehmen. Sie können die Initiation nehmen, wann immer Sie wollen.

## Die Haltung des liebevollen Herzens

*Unmittelbar nach meiner zweiten Initiation hatte ich einen schlimmen Autounfall. Sind diese Nachwirkungen Teil der Initiationen? Ich habe Bedenken, irgendwelche weiteren zu erhalten.*

Bitte glauben Sie nicht, daß große Schwierigkeiten eine natürliche Nachwirkung der Tatsache sind, daß Sie die zweite Initiation erhalten haben.

Wenn jemand die Initiation auf einer beliebigen Stufe erhält, dann durchströmt ihn der Hörbare Lebensstrom in stärkerem Maße. Das ECK hebt das Bewußtsein des Betreffenden an und reinigt es, so daß es zu der neuen Stufe spirituellen Verständnisses paßt, die er erreicht hat.

Man kann einen sanften Weg durch die meisten Initiationen haben, wenn man auf die subtilen Hinweise des Göttlichen Geistes hört, die einen an unnötigem Karma vorbeiführen. Die Haltung, die man entwickeln kann, ist gekennzeichnet durch liebevolle Aufmerksamkeit, wie die ECK-Prinzipien jetzt in stärkerem Maße im eigenen Leben wirken.

Es sind unsere Haltungen, die Karma erzeugt haben. Daher können Sie sehen, daß wir sanft in die spirituellen Welten hineingehen werden, sobald wir die für uns schädlichen Haltungen identifizieren und loslassen können.

Auf jeder Stufe der Entfaltung stellen wir fest, daß wir über einige unserer früheren Haltungen hinausgewachsen sind. Sie gehören nicht zu unserem neuen spirituellen Bewußtsein, das wir uns erworben haben. Sie müssen verschwinden, oder wir müssen uns mit der Situation so lange auseinandersetzen, bis die Lektion aufgenommen worden ist.

Ich würde sicher nicht mit einem schwarzen

Schatten über meinem Kopf herumlaufen. Man kann statt dessen mit liebevollem Herzen und Einfachheit im Geiste zum Licht und Ton von ECK blicken, wie ein kleines Kind, welches auf seine Eltern vertraut, daß sie ihm alles geben, was dazu nötig ist, im Leben zu bestehen.

Eine Haltung des liebevollen Herzens kann viel von dem unnötigen Karma auflösen. Es verliert die Macht, uns anzurühren, weil wir unter dem Schutz des Mahanta stehen.

## ECK-Initiatoren

*Ich hatte gerade die Gelegenheit, einer Frau und ihrer Tochter die zweite Initiation zu geben. Ich möchte Dir einfach von ganzem Herzen für diesen Segen danken. Die Erfahrung, eine Initiation zu geben, ist ebenso tiefgreifend, wie eine zu erhalten. Ich wurde demütig gemacht, geehrt und mit der göttlichen Freude erfüllt, Dir und dem ECK in dieser Weise zu dienen. Kannst Du mir noch mehr über den Dienst des Initiators sagen?*

Der Initiator hat eine besondere Möglichkeit, die Macht des ECK zu erkennen. Es ist eine merkwürdige Sache, aber wenn man gelegentlich Zweifel an der Macht des ECK hat, einen klaren Beweis erhält der Initiator während der heiligen Initiation.

Er allein hat dieses Privileg, weil er es sich verdient hat. Aber er kann sich nicht auf diese Erfahrungen beziehen, wenn er einem ECKisten gegenübersteht, der sie sich noch nicht verdient hat.

Ich sehe es immer als einen besonderen Segen an, dem Sugmad als Initiator zu dienen, denn der Beweis der göttlichen Werke ist nie stärker als bei einer ECK-Initiation.

## Inwiefern ist eine ECK-Initiation etwas anderes?

*Inwiefern sind ECK-Initiationen anders als diejenigen auf anderen Wegen?*

Ein Mann erzählte mir von einem Bekannten, der jetzt siebenundsechzig Jahre alt ist. Er war nach Tibet, China, Südamerika und zu allen Enden der Welt gereist, um unter den großen unbekannten Heilern unter uns zu studieren. Im Laufe seiner Ausbildung nahm er zahlreiche Initiationen von Macht und Licht, von denen einige den orthodoxen Verstand staunen lassen.

Aber alle diese untergeordneten Initiationen, die Voraussetzungen der ECK-Initiationen sind, hatten ihn zu einem emotionalen, sozialen und finanziellen Krüppel gemacht. Keine dieser Zeremonien hatte die Kraft, die verschiedenen Teile seines Wesens zu integrieren und sie zu etwas zu vereinigen, das für ihn die Kluft zwischen den sichtbaren und den unsichtbaren Ebenen überbrückte.

So erhielt er psychische Kräfte, aber spirituell konnte er nicht einen Fuß vor den anderen setzen und gehen, ohne zu stolpern.

Die ECK-Initiation ist eine stille Angelegenheit. Sie bringt die unstete Energie des Karma aus früheren Leben in Bewegung, den Schwung, der einen bis auf einen Zentimeter an sein Ziel herankommen läßt, nur um es wieder durch ein unbewußtes selbstzerstörerisches Wesen zu verlieren.

Menschen außerhalb von ECK, die wenig über die Initiationen wissen, halten sie für törichtes Gewäsch. Sie wissen nicht, daß man sie sich teuer erwirbt. Daher sind sie in der spirituellen Entfaltung so wichtig.

## Der Einsatz der Vorstellungskraft

*Welchen Nutzen kann die bildhafte Vorstellung Höherinitiierten in ihrem spirituellen Wachstum bringen?*

Ich erhielt einen Brief von jemand, der meinte, die Techniken der bildhaften Vorstellung seien nicht in Ordnung, sie entstammten den psychischen Ebenen. In dem Buch *Die Flöte Gottes* steht einiges zur bildhaften Vorstellung und ihrer Bedeutung, und was sie bewirken kann, um uns in unserem spirituellen Leben weiterzuhelfen.

Die Erfahrungen sind bei jedem anders, aber Sie könnten Schwierigkeiten haben, zur sechsten Initiation zu gelangen. Wenn Sie erst da sind, sind Sie so glücklich, da zu sein, daß Sie nicht wieder weggehen wollen. Sie geraten in den Bann einer Art spiritueller Lethargie. Etwas, das Ihnen hilft, sich selbst weiter vorwärts zu ziehen, sind die spirituellen Übungen, die nun einmal Techniken der bildhaften Vorstellung sind.

In dem Buch *Talons of Time* schreibt Paul über die Zeitmacher und ihre Rolle hier in den niederen Welten. Vielleicht haben Sie für sich einen spirituellen Plan mit einem Anfangspunkt, einem Zeitraum, in dem Sie versuchen, ihn durchzuführen, und einem Endpunkt, an dem Sie Ihr Ziel erreichen. Die Zeitmacher oder die negative Kraft versuchen die Seele irgendwo zwischendrin einzufangen und sie zu lähmen. Das kann sich in einer Reihe verschiedener Weisen zeigen: Verzögerung, Lethargie. Das ist nur dazu da, die Seele von der Entfaltung abzuhalten.

Sie können die Techniken der bildhaften Vorstellung verwenden, um sich aus dem Dreck herauszuziehen.

## Den Anstieg erleichtern

*Kannst Du mir eine Hilfe geben, wie ich es mir leichter machen kann, zur nächsten Initiation fortzuschreiten?*

Jede neue Stufe der ECK-Initiation bedeutet, in den Wirbel einer stärkeren, vom ECK ausgehenden Schwingung einzutreten. Um es für einen leichter zu machen gilt die alte Regel: »Aufgeben und loslassen«. Das bedeutet, alle unsere voreingenommen Meinungen darüber, was mit der Initiation in Übereinstimmung steht oder nicht, abzulegen.

Das ECK tut immer das, was für den Augenblick richtig ist. Jeder wird als Individuum behandelt. Unsere Meinung über den Wert Seines Wirkens beeinflußt das ECK nicht, denn was geschehen muß, wird ohnehin geschehen.

Man erkennt, daß es nur einen Unterschied von Haaresbreite zwischen den materiellen und den spirituellen Ebenen gibt. Manche können den Unterschied gar nicht erkennen, denn es sind die beiden Ebenen, die so unterschiedlich sind, sondern unser Bewußtseinszustand in Bezug auf sie. Daher besteht alles aus dem Göttlichen Geist. In dem Maße, in dem wir das erkennen, können wir nach Höherem streben.

Der Mahanta ist daher nur darum besorgt, daß sich der einzelne in irgendeiner Weise entfaltet. Das Ziel ist die ECK-Meisterschaft, aber auf dem Weg dorthin muß man zuerst die physische Ebene meistern, dann die astrale, und so weiter.

Was bedeutet es, ein Meister zu sein? Es bedeutet, die Umstände auf jeder Ebene, auf der wir die Anerkennung als Meister gewonnen haben, in vollem Maße zu beherrschen. Ein Meister zu sein bedeutet, daß man die Macht gewonnen hat, sein eigenes Schicksal in die Hand zu nehmen.

# 10
# Führer in ECK

*Wie können wir die Botschaft von ECK verbreiten, ohne den Freiraum anderer zu verletzen, die im Augenblick nicht gerade nach ECK suchen?*

Tun Sie alles im Namen des Sugmad oder im Namen Gottes. Das bedeutet, es mit Liebe und Sorgfalt zu tun.

Andere, die ebenfalls ein produktives spirituelles Leben führen möchten, werden das bemerken und fragen, woran Sie glauben. Das ist eine Gelegenheit, ihnen etwas über ECK zu erzählen.

Solange die Menschen nicht auf Sie zukommen, können Sie tun, was so viele andere ECK-Chelas machen: Sie können ECK-Bücher und -Broschüren da liegenlassen, wo interessierte Menschen sie finden können. Einige erwähnen sogar ECK-Themen wie z.B. Träume auf Computerforen.

Wenn Sie die Botschaft von ECK verbreiten wollen, seien Sie aufmerksam. Der Mahanta wird Gelegenheiten zur Verfügung stellen, von denen Sie nie geträumt haben.

Neuinteressenten möchten wirklich mit jemand in ECK reden, der mit ihnen über ihre Bedenken sprechen kann. Meist suchen sie nur jemand, der zuhört. Während sie ihre Gedanken, Einsichten, Zweifel und Fragen aussprechen, beobachten sie uns genau, um zu sehen, ob wir ihnen wirklich zuhören, oder ob wir die Zeit nur dazu benutzen, unsere nächste Äußerung vorzubereiten. Wenn das der Fall ist, dann zeigt sich das in unseren Augen und unserem Verhalten, und sie merken das schnell. Dann ziehen sie sich zurück.

Ich arbeitete einmal für einen Chef, der einen Druckauftrag für ein Krankenhaus übernahm. Er wollte, daß ich die Vorlagen für die Druckerei des Krankenhauses montierte, weil deren Druckbearbeiter aufgehört hatte. Es war eine Druckerei, mit der er offenbar nicht vertraut war, und deshalb waren die Anweisungen, die er mir gab, ganz daneben. Die Drucker im Krankenhaus konnten den Job retten.

Mein Boß war verärgert, weil er einen Job falsch abgeliefert hatte, wandte sich an mich und fragte: »Warum hast du den Fehler nicht erwischt?« Ich sagte ihm einfach, daß er so selbstsicher geklungen hatte, daß es möglich schien, er wüßte etwas, was ich nicht wußte. Deshalb machte ich es auf seine Weise, einfach um es herauszufinden.

Danach hörte er auf mich, statt mich herumzukommandieren wie einen Lagerarbeiter, der einen Karton Seife verlädt.

Andere Führer in ECK werden mithelfen, die Last der spirituellen Arbeit zu verteilen. Es gibt viele Menschen, die von ECK hören möchten, und die Mitglieder von Eckankar sind dabei, mehr Verantwortung zu übernehmen, um als Mitarbeiter Gottes zu handeln. Ich empfehle, daß die Lehrer in ECK das *ECK-Arahata Buch* ziemlich regelmäßig durcharbeiten, um funktionierende Methoden beim Unterricht von ECK im Bewußtsein zu halten. Das stimmt einen auf die

Mechanismen der göttlichen Offenbarung ein.

Im Augenblick gibt es einen großen Bedarf an Initiierten, die stabil und zuverlässig sind. Die Öffentlichkeit beobachtet uns sehr sorgfältig, wie ein Kind einen Fisch im Aquarium beobachtet und sich fragt, was so ein Fisch wohl denkt.

Aber weder die Jahre noch die Handlungen von ECK-Führern bedeuten mir so viel wie ihre Seinsweise. Das ist ein hochtrabendes Wort, um auszudrükken, daß ich Sie liebe, weil Sie Sie sind. Die Seinsweise ist nichts, was ein quantitatives Pensum erfüllen oder ihm entsprechen muß.

## Ein Werkzeug für den Mahanta

*In letzter Zeit mache ich die Erfahrung einer starken und tiefen Trauer, die mich selbst nicht betrifft. Als das zum ersten Mal auftrat, erfuhr ich von zwei Führern in unserer Satsanggesellschaft, daß ihre Väter nahe am Hinübergehen waren. Beide trauerten. Nachdem ich mit ihnen telefoniert hatte, verließ mich das Gefühl der Trauer.*

*Zwei Wochen später kam das Gefühl der Trauer mit einer Tiefe wieder, die fast unerträglich war. Wenn ich diese Trauer erlebe, die mich anscheinend nicht betrifft, gibt es für mich da noch irgend etwas, das ich als ein ECK-Kanal tun könnte?*

*Oder soll ich einfach tun, was ich kann, um die Erfahrung durchzustehen oder auszuhalten?*

Die Gefühle, die Sie aufnehmen, stammen von ECK-Initiierten in Ihrer Gegend, die mit Momenten tiefer Emotion konfrontiert sind. Als ein Werkzeug für den Mahanta verspüren Sie etwas von deren Trauer, denn das gehört zum Mitgefühl.

Jedoch zum Wohle Ihrer Gesundheit und Ihres Seelenfriedens müssen Sie die Probleme anderer dem ECK übergeben. Eine Möglichkeit, das zu tun, bietet der Initiiertenbericht. Es ist oft schwer, sich hinzusetzen, wenn dieser Sturm der Gefühle kommt, aber wenn Sie einfach das unterbrechen, was Sie gerade tun, und einen Initiiertenbericht schreiben, dann werden Sie normalerweise innerhalb weniger Minuten Erleichterung bekommen. Der Mahanta ist direkt an Ihrer Seite, wenn Sie das tun.

Deshalb gehen Sie sofort an Ihren Zustand der Unruhe heran, indem Sie schreiben, auch wenn Sie nicht alle dahinterstehenden Gründe verstehen. Normalerweise werden Sie feststellen, daß das Problem nachläßt. Und später werden Sie wahrscheinlich auch den Grund für Ihre Erfahrung entdecken.

## Traum von der Führerschaft

*Kurz vor meinem Geburtstag hatte ich einen sehr kraftvollen Traum. Ich hörte eine tiefe Stimme, die mich zuerst aufforderte aufzuwachen und dann sagte: »Der Löwe ist jetzt frei, und er wird tun, was er will!« Das erschreckte mich so sehr, daß ich nicht schlafen konnte, und ich habe in der letzten Woche oft über diesen Traum nachgedacht. Was bedeutet er?*

Ihr Traum von der tiefen Stimme, die sagte: »Der Löwe ist jetzt frei, und er wird tun, was er will!« bedeutet folgendes: Die Indianer sagten, daß der Panther ein Symbol für die Führerschaft ist. Das Leben drängt Sie in diese Rolle. Es gibt dabei erhebliche Vor- und Nachteile, denn die Menschen beneiden einen starken Führer. Sie können selbst nicht erfolgreich sein, weil ihnen die nötige Selbstdisziplin fehlt, deshalb brauchen sie einen starken Führer, der für sie das tut, was sie nicht tun können. Aber das erregt Neid. Deshalb müssen die Führer stark sein mit eigener Orientierung aus einer inneren Quelle (dem ECK). Führerschaft der richtigen Art ist in hohem Maße spirituell, denn sie betätigt die göttliche Schöpfungskraft.

## Der silberne Wolf

*Ich hatte im Laufe eines Jahres eine Reihe von persönlichen Verlusterlebnissen, nachdem ich von einer führenden Position in ECK zurückgetreten war. Während einer Zeit, in der ich mich in die Abgeschiedenheit der Berge zurückgezogen hatte, hatte ich auf den inneren Ebenen eine sehr kraftvolle Erfahrung mit einem silbernen Wolf. Die Erfahrung hielt einige Wochen an. Zu einer bestimmten Zeit hörte ich die Worte: »Die Verwandlung ist vollzogen.«*

*Was kannst Du mir dazu sagen?*

Der Wolf ist bei den Indianern ein gutes Omen, und ganz besonders ein silberner. Sie haben sich seit der Zeit, in der Sie ein Amt als ECK-Führer bekleideten, darum bemüht, Ihre Entfaltung fortzusetzen. Der silberne Wolf bedeutet, daß Sie eine neue Stufe des Dienens als Lehrer in ECK erreicht haben.

Manche Menschen erhalten eine äußere Initiation, aber sie hören dann auf zu wachsen. Sie aber werden stärker als je zuvor ein Gefühl für die ECK-Gemeinschaft haben, aber damit kommt etwas, das im Gegensatz dazu zu stehen scheint: das Bedürfnis nach Einsamkeit. Gehen Sie nach innen, um dem Mahanta zu begegnen, und lernen Sie von ihm, dann aber demonstrieren Sie diese Weisheit und Wahrheit anderen in Ihrer Umgebung.

## Überlebensstrategie

*Manchmal fühle ich mich wie ein Soldat im Schützengraben, wenn ich versuche, die Lehre herauszubringen. An welche Einstellung hältst Du Dich, die es der ECK-Lehre ermöglicht, in einer Welt, die ihr oft nicht freundlich gesonnen ist, zu überleben?*

Ich bin vorsichtig und setze meine Hoffnungen nicht zu hoch an. Wenn wir auf unserem Lorbeer ausruhen, dann ist das Ende nahe. Daher ist es am besten, mager und hungrig umherzulaufen und sich immer umzuschauen, ob einem jemand auf den Fersen ist. Es ist das Gefühl, das ein Soldat hat, wenn er in den Kampf zieht. Er ist dann lebendiger als zu irgendeiner anderen Zeit im Leben — obwohl dieses paradoxerweise auch im Kampf enden kann.

Es gibt viel Arbeit, aber von der guten Art. Es ist eine Arbeit der Liebe. Ohne ECK, was gibt es da?

Es ist immer das Beste, dahin zu gehen, wo das stärkste Interesse besteht, denn wir sind ja nur so wenige, und das muß eben genug sein.

*Über ein Jahr lang habe ich sowohl mit einer äußerst schwierigen finanziellen Situation gekämpft, als auch versucht, Eckankar in dieser Gegend zu vertreten. Ich verstehe nicht, was da vor sich geht, und warum das Problem, trotz meines ständigen Optimismus und meiner ehrlichen Bemühung, mir meinen Lebensunterhalt zu verdienen, größer geworden ist. Mir bleibt keine Zeit und keine Stelle mehr, an die ich mich wenden kann.*

Es gibt in Ihrem Staat eine Menge stiller Opposition gegen Ihre Bemühungen im Hinblick auf die ECK-Lehre. Bitte sehen Sie sich sorgfältig nach allen Mitteln um, die Ihnen zur Verfügung stehen. Es hat sich für Sie eine Möglichkeit aufgetan, einen Teil der finanziellen Last zu erleichtern, aber es ist immer noch Ihre Verantwortung, sie zu finden.

Blicken Sie im Traum oder in der Kontemplation auf den Inneren Meister.

## Was man mit guten Ideen anfängt

*Viele Menschen haben gute Ideen, aber da hört es dann schon auf. Wie plant man? Weißt Du ein paar einfache Schritte, die Du uns mitteilen kannst, um uns zu helfen, die Vision des Mahanta zu manifestieren?*

Gute Ideen gibt es wirklich das Dutzend für einen Groschen. Aber um eine Idee wirksam werden zu lassen braucht man einen Verfechter der Idee und einen Plan.

Nehmen wir einmal an, die Idee bezieht sich auf ein Vahana-Projekt. Wer hat Sie auf die Idee aufmerksam gemacht? Schauen Sie genau hin, denn gerade derjenige könnte vielleicht der Vorkämpfer für die Idee sein. Aber es ist noch zu früh, das mit Sicherheit zu sagen.

Als nächstes berufen Sie ein Treffen der Vahanas ein. Benennen Sie einen *Protokollführer*, der mitschreibt, aber leiten Sie dieses erste Treffen selbst. Sie haben ein zweifaches Ziel: (1) einen *Plan* zu machen, und zwar vollständig mit Einzelschritten und Datum, an dem sie fällig sind, und (2) einen *Teamführer* (den Vorkämpfer) zu wählen. Geben Sie eine kurze Einführung zu der Idee, und bitten Sie dann denjenigen, der die Anregung ursprünglich gebracht hat, darüber zu sprechen. Denken Sie daran, die übrigen Mitglieder des Teams um ihre Ideen zu bitten, und sorgen Sie dafür, daß der Protokollführer alle wesentlichen auszuführenden Schritte aufschreibt.

Ein Plan hat einen logischen Zeitrahmen: einen richtigen Zeitpunkt und Ort für jeden Schritt des Plans. Machen Sie jetzt eine Liste aller dieser Schritte der Reihe nach. Sind alle mit dem Plan einverstanden?

Dann bitten Sie denjenigen im Raum, der am scharfsinnigsten und lebendigsten ist, das Team bei diesem Vahana-Projekt zu leiten, und benennen Sie gleichzeitig einen Assistenten. Geben Sie ihnen die volle Verantwortung für dieses Projekt, aber bitten Sie um etwa wöchentliche Berichterstattung. Erledigen sie jeden Schritt des Projektes zum geplanten Zeitpunkt? (Sie sollten Ihre eigene Kopie des endgültigen Vahana-Plans als Checkliste besitzen.) Bitten Sie sie auch, Sie anzurufen, wenn sie in Schwierigkeiten kommen (und das werden sie).

Ein Vorkämpfer ist nötig, wenn eine gute Idee funktionieren soll. Ein fähiger Verfechter der Idee wird die Sache durchziehen und Sie für andere Pflichten frei machen. Weise zu delegieren ist der Schlüssel zu guter Führung. Wenn Sie andere bei der Mission von ECK helfen lassen, gibt ihnen das eine Möglichkeit, spirituell zu wachsen. Und bedanken Sie sich später bei ihnen.

Noch ein Punkt: Zögern Sie nicht, die Aufgabe des Teamführers einem Zweit-, Dritt- oder Viertinitiierten zu geben, auch wenn alle anderen Höherinitiierte sind.

Bescheidenheit ist ein Schlüsselwort in ECK.

## Goldenes Zeitalter

*Ich habe den Eindruck, daß der Weg von ECK sich verändert, um denjenigen, die in diesem Leben aus dieser Lehre Nutzen ziehen können, eine bessere Hei-*

*mat zu bieten. Ich hoffe, daß die Führerschaft von ECK dies als die große Gelegenheit zu wachsen erkennen kann, die es ist. Ich hoffe, sie können Dir ihre Dienste bei diesem Wachstum zur Verfügung stellen. Wie können wir als ECK-Führer helfen?*

Es ist noch ein weiter Weg, bis Eckankar seine Bestimmung erfüllt. Es ist so, wie wenn wir eine Schaufel Erde bewegt haben, aber der restliche Berg steht noch da. Der größte Teil der Grundlagenarbeit sollte in fünfundzwanzig Jahren geschafft sein, und das ist wirklich eine kurze Zeit, wenn man die weltweite Basis bedenkt, die geplant ist. All das sieht manchmal überwältigend aus, aber dies ist das Zeitalter, um Eckankar wieder an die Öffentlichkeit zu bringen. Ein kulturelles, soziales und spirituelles goldenes Zeitalter wird sich daraus ergeben.

Der Einfluß von ECK geht in die Welt hinaus. Viele Menschen werden die Gelegenheit haben, das Licht und den Ton Gottes kennenzulernen, bevor es für sie Zeit wird, diese Erde zu verlassen. Für die ECK-Initiierten wird es weitere Möglichkeiten geben, bei dieser großen Aufgabe zu helfen. Wer dem Leben etwas von sich gibt, ohne daß Bedingungen daran geknüpft sind, ist ein reicherer Mensch, denn er liebt etwas anderes mehr als sich selbst.

Die fortlaufende Erneuerung unserer Arbeitsweise ist der Hauptbeitrag. Nehmen Sie zum Beispiel ein ECK-Seminar. Ganz gleich, wie gut die Programme sind, es gibt immer Platz für Verbesserungen. Bringen Sie ständig Leben hinein, und es bleibt jung, aber lassen Sie es sich verfestigen, dann wird es alt und stirbt.

Die Aufgabe, das ganze Programm zu koordinieren, läßt den Verstand zurückschrecken. Seminarleiter von anderen Gruppen haben mehr als einmal festgestellt, daß sie nicht verstehen, wie wir die Seminare zustande bringen, insbesondere bei dieser Größe und der Tatsache, daß sie weitgehend von Freiwilligen veranstaltet werden.

Das ist ein großes Vorhaben. Es funktioniert, weil wir alle zusammenarbeiten. Die Chelas sind bereit, ihre Zeit und ihre Fähigkeiten zur Verfügung zu stellen, um dem ECK zu dienen, und schließlich gibt es eine Möglichkeit, das zu tun. Das einzige, das mir wirklich wichtig ist, ist, so vielen Menschen wie möglich Gelegenheit zur Entfaltung geben.

Während der Weg von ECK sich verbreitert und mehr Menschen ihm folgen, wird ein größerer Teil der täglichen Entscheidungen von den ECK-Führern in ihren Heimatstädten getroffen werden. Es wird Mißbrauch der Macht geben, aber es wird auch den Ausgleich des ECK geben. Wachstum bedeutet Probleme, weil niemand darauf vorbereitet ist, die Entscheidungen auf der neuen Stufe zu treffen, bis er einige Erfahrungen mit den Umständen dort gewonnen hat, und das braucht Zeit.

Jedes Universum ist eine Bühne, auf der Seelen tun können, was sie tun müssen, um die Reinigung zu bewirken, die das Herz für das Gottbewußtsein öffnet.

Die Herausforderung, der sich die Führer in ECK gegenübersehen, ist es, den Initiierten zu gestatten, sich in ihrer spirituellen Entfaltung zu erweitern. Führerschaft ist nicht damit getan, zu sagen: »Dort ist das Ziel. Tu dieses und jenes, und du wirst dafür belohnt werden. Wenn du versagst, ist dies die Strafe dafür, daß du den spirituellen Normen nicht entsprichst.«

Die Herausforderung liegt darin, dem einzelnen zu zeigen, wie er über seine persönlichen Interessen hinausgehen und im Namen des Sugmad handeln kann. Sie werden sehen, welch ein genaues Beispiel für diese Ideale ein guter Geschäftsmann mit seinen Angestellten abgibt.

## Unterschiedliche Standpunkte

*Ich hielt kürzlich einen Einführungsvortrag, in dem ich hervorhob, daß man sich auf seine eigenen Erfahrungen mit Gott verlassen soll, daß die Seele innere Führung suchen muß, daß wir unsere Eigenart bewahren und uns der Falle der Imitation anderer ECKisten bewußt sein müssen. Ich sprach darüber, über die ECK-Bücher hinauszugehen—wie man sie liest und die Bilder darin aufnimmt und sich dann darauf vorbereitet, sich von ihnen loszulösen, damit die innere Realität ein Teil des eigenen Bewußtseins wird. Aber ein Mahdis, ein Fünftinitiierter, der den Vortrag besuchte, hatte einen ganz anderen Standpunkt. War meine Auffassung falsch?*

Ich habe Ihre interessante Beschreibung der offenen Diskussion gelesen. Ihre Einsichten waren tiefgehend und treffsicher. Das Anliegen des Mahdis ist es, daß ein Einführungsvortrag einfach gehalten sein sollte. Wir wollen den Menschen am Anfang nicht zu viel sagen, sondern ihnen gestatten, in Hinsicht auf die ECK-Werke ihre eigenen Entdeckungen zu machen.

Sie können sicher sein, daß der Mahdis irgendwann einmal in Ihrer Situation gewesen ist. Das Wissen des ECK ist so schnell in das Bewußtsein hineingeströmt, daß es eine Prüfung war, zu entscheiden, was man damit macht. Spiritualität kann nicht gelehrt, sondern muß erfaßt werden. Ich war einmal in der gleichen Situation wie Sie. Es war leicht, über die Lehre des Göttlichen Geistes zu sprechen.

Da viele Menschen mit unterschiedlicher Geisteshaltung zusammenkamen und die Bedeutung der Worte mißverstanden, geschah es unglücklicherweise, daß einige Leute mit meinem Standpunkt nicht übereinstimmten. Um mich selbst zu schützen, analysierte ich, was in meinen Worten lag, das andere aufbrachte. Welches Vorgehen könnte man wählen, das den Gästen in einfachen Worten die Botschaft von ECK vorstellt, aber Zusammenstöße mit den ECK-Führern vermeidet? Eine Lösung war, die ECK-Werke in Form von Geschichten darzustellen—entweder solchen von den ECK-Meistern oder von anderen ECKisten (mit deren Genehmigung). Das machte eine Menge Arbeit.

Ein anderes funktionierendes Vorgehen in einer Gesprächsgruppe ist es, die Tatsache zu akzeptieren, daß unsere Vorstellungen wichtig sind, jedoch die Klasse dafür zu benutzen, die Einsichten anderer zum Vorschein zu bringen. Das ist schwierig und bedarf eines echten Interesses an anderen Menschen. Normalerweise hat ein guter Zuhörer dabei am meisten Erfolg. Er gestattet anderen, aus ihren Einsichten zu schöpfen, und freut sich, wenn sie erstaunt feststellen, daß derartige Edelsteine schon immer in ihrem Wesen verborgen lagen.

Ich habe festgestellt, daß es etwas Wichtigeres gibt, als recht zu haben. Der höhere Weg ist es, mit allem Lebenden auf allen Ebenen in Harmonie zusammenzuarbeiten. Diese Fähigkeit zu erwerben erfordert wirkliche Einsicht.

## Unsere Aufmerksamkeit in ECK

*Kannst Du uns einige Richtlinien geben, wie man mit inoffiziellen Gruppen mit speziellen Interessen arbeitet, wie zum Beispiel mit Homosexuellen. Wie können wir die Aufmerksamkeit auf dem ECK halten und doch bewirken, daß sich die Mitglieder dieser Gruppen willkommen fühlen?*

Unsere Aufmerksamkeit in ECK liegt auf dem Licht und Ton Gottes. In Eckankar geht es nicht nur um Beziehungen, Heilung, die Suche nach Wahrheit, Seelenreisen oder irgendeinen der vielen Teile der ECK-Lehre. Es geht um all dies. Bedenken Sie folgendes: Wie kann die ECK-Gemeinschaft gedeihen, wenn die Initiierten nicht anfangen, in Liebe, Harmonie und Weisheit zusammenzuarbeiten?

Wir wollen gleich gesonnenen ECKisten die Möglichkeit geben, sich zu treffen. Doch Eckankar ist für alle da, die ihren Weg heim zu Gott finden wollen.

Die ECK-Center sind kein Ort, um dort soziale Erklärungen abzugeben oder Produkte zu verkaufen. So etwas gehört an einen anderen Platz. Kommen Sie zusammen, um ECK zu studieren und sich der Gemeinschaft mit denjenigen zu erfreuen, die das gleiche hohe Ideal von spiritueller Freiheit hier und jetzt haben.

## Die spirituelle Disziplin eines Führers in ECK

*Ist Fasten etwas, das der Initiierte einfach deshalb machen sollte, weil der Mahanta ihn bittet, es zu tun?*

Niemand wird in ECK gezwungen, irgend etwas zu tun, aber von den Führern wird mehr erwartet. Das ist nur zum spirituellen Nutzen des Initiierten — um ihm zu helfen, Selbst- und Gottrealisation in der für ihn besten Weise zu erreichen.

Wenn Sie eine Zeitlang das freitägliche Fasten einhalten, werden Sie eine Aufwärtsbewegung in Ihren Gedanken und Ihrer Sicht des Lebens erkennen.

Sie werden Ihr Leben besser im Griff haben, als je zuvor.

*Es gibt einige langjährige Höherinitiierte, die einen besonderen Status in der ECK-Gemeinschaft haben. Sie unterrichten häufig Klassen und haben ihre Anhänger. Sie zerstören die Harmonie in der Gegend, indem sie sich nicht an Deine Richtlinien halten, die Du durch die RESAs gibst.*

*Kannst Du ein paar Tips geben, wie man mit diesen Leuten umgeht?*

Sammeln Sie zuerst klare Beweise, inwiefern sie sich beim Unterrichten von ECK nicht an die Richtlinien halten. Zeigen Sie diese dann dem RESA oder demjenigen, der dafür zuständig und vom RESA eingesetzt ist. Manche Punkte werden schwerwiegender sein als andere, und der RESA wird Ihnen helfen, sie durchzusehen, um zu einer Entscheidung über den nächsten Schritt zu kommen.

Es ist sehr wichtig, daß Höherinitiierte ECK korrekt unterrichten, denn das spirituelle Wohl vieler Menschen hängt davon ab. Ich danke Ihnen für Ihre Bedenken.

*Ich bin ein RESA, und ich habe gerade entdeckt, daß unser Hauptkoordinator für Spirituelle Dienste, ein Höherinitiierter, ein starker Raucher ist. Manchmal raucht er, wenn andere ECKisten zugegen sind. Manche Chelas sind darüber aufgebracht. Was soll ich tun?*

Du mußt Dich mit ihm zusammensetzen und darüber sprechen. Der Mahanta bleibt nicht da, wo Leute rauchen. Bitte vor diesem Treffen den Mahanta um Worte der Entschlossenheit, aber auch des Mitgefühls und der Liebe. Ein Problem wie dieses packt man besser heute als morgen an, denn besonders ein Führer, der in Gegenwart von ECKisten raucht, schädigt sie ernstlich sowohl im physischen als auch im spirituellen Sinne.

Du mußt ihn bitten, seinen Führungsposten abzugeben. Seine Gewohnheit zu rauchen ist dem spirituellen Wohl anderer in der ECK-Gemeinschaft abträglich.

## Trägheit überwinden

*Obwohl ich ein Führer in ECK bin, habe ich meine Zweifel an der Gültigkeit von Eckankar und meiner eigenen Verpflichtung gegenüber dem Göttlichen Geist. Als neuer Chela habe ich alles gutgläubig akzeptiert, aber jetzt stelle ich fest, daß ich alles ablehnen möchte, was ich nicht persönlich erfahren habe.*

Es reicht eigentlich nicht zu sagen, daß Zweifel über ECK ein natürlicher Schritt in unserer spirituellen Entfaltung sind. Die Heiligen hatten ihre unterschiedlichen Erfahrungen von Gott, aber nicht immer. Zwischen Zeiten der Ekstase widmeten sie ihre Zeit dem Sehen des göttlichen Lichtes in weltlichen Aufgaben. Wenige konnten verstehen, wieso sie in Hinsicht auf die kleinen und unwichtigen Dinge des Lebens so glücklich waren. Das Entscheidende ist, daß Erfahrungen uns nur bis zu einem bestimmten Punkt bringen können. Es kommt eine Zeit, in der wir die Erfahrungen, die wir gehabt haben, loslassen müssen, um überhaupt als ein nützlicher Mensch unter unseren Mitmenschen existieren zu können. Kein Weg zu Gott ist ein Spaziergang in ständiger Seligkeit. Das Leben dehnt uns und macht uns größer, als wir gestern waren, und das tut weh.

Die Seele arbeitet mit Ruhepunkten in der Ewigkeit. Das wird in dem Buch *The Far Country* behandelt. Wenn wir in einem Zyklus der Aktivität sind, dann ist alles gut. Aber wenn alles langsamer zu werden scheint, dann ist unser Verstand verwirrt und verliert die Orientierung. Irgend etwas hat sich in subtiler Weise verändert, und wir wissen nicht was. Das Leben verläuft in Zyklen. Versuchen Sie als vorläufige Maßnahme jemanden zu finden, der Ihnen bei Ihrer ECK-Arbeit hilft, damit Sie zurücktreten und als Seele der Beobachter sein können, um die neue Richtung zu bestimmen, in die der Göttliche Geist Sie trägt. Der Heilige Geist geht in eine Richtung, und Ihr Verstand ist immer noch in einer anderen Richtung unterwegs. Der Schwung ist noch da von dem vorigen Zyklus, der Ihnen die Begeisterung gab, für ECK zu arbeiten. Es gibt eine neue Richtung, und Sie müssen sie finden.

Um die Trägheit zu überwinden, die von Ihnen Besitz ergriffen hat, nehmen Sie einen Schreibstift und einen gelben Markierstift und lesen Sie einen Brief aus dem Buch *Briefe an Gail.* Fangen Sie mit Band I an. Lesen Sie jeden Abend etwa einen Brief, unterstreichen Sie, und machen Sie Randbemerkungen dabei. Nehmen Sie sich dafür Zeit und machen Sie die spirituellen Übungen, die Sie dort finden. Sie sind einfach, aber nützlich, wenn Sie etwas für sich tun wollen.

## ECK zum persönlichen Nutzen verwenden

*Ich habe Bedenken in Hinsicht auf einige Höherinitiierte in unserer Gegend, die die Mitgliedschaft in Eckankar für ihre Geschäfte benutzen. Das ist ein wenig beunruhigend, und ich möchte Dich dazu um Deinen Rat bitten.*

Es gibt einige ECKisten, die gerne mit anderen ECKisten Geschäfte machen. Damit habe ich kein Problem. Aber manchmal tun sie so etwas, wie die

Adressenlisten der ECK-Center zu verwenden. Das ist überhaupt nicht gut.

Wenn Sie einen Grund dafür wissen wollen, es ist folgender: Wir sind eine gemeinnützige Gruppe, und wir müssen uns in einer Weise schützen, die mit dem Gesetz in Einklang steht. Das ist unser Vertrag mit dem Staat, der uns unsere Existenz ermöglicht. Das bedeutet, daß niemand in unrechter Weise einen Nutzen aus dem gemeinnützigen Status von Eckankar als Religion ziehen darf.

Wenn ECKisten Adressenlisten vom ECK-Center für irgendetwas Derartiges verwenden, ist das absolut nicht in Ordnung. Es vermischt Profit und Gemeinnützigkeit. Sie versuchen, ihren Lebensunterhalt mit einer Adressenliste zu verdienen, die sie nicht in die Hände bekommen hätten, wenn sie nicht freiwillig für eine gemeinnützige Religion gearbeitet hätten. Das ist nicht in Ordnung.

Vielleicht müßten Sie etwas zu ihnen sagen. Sie könnten sagen: »Ihr bringt hier etwas durcheinander, und ich glaube, ihr verletzt ein spirituelles Vertrauen. Ist das die Art von Verhalten, die wir hier in unserem Bereich haben wollen? Ist das ethisch?« Ich weiß, Sie exponieren sich dabei, aber exponiert sind Sie ohnehin.

Meine Meinung ist: Wenn jemand ein Geschäft beginnt, das nur deshalb existieren kann, weil er ECKisten als Kunden hat, dann müßte ich fragen, ob es wirklich einen Dienst leistet. Manche Menschen denken, sie leisten der Welt einen Dienst, aber in Wirklichkeit tun sie es nur, um Geld zu verdienen.

Ich habe mit ihnen manchmal sehr wenig Geduld. Ich bemerke, daß das Gleiche gelegentlich auch bei Seminaren geschieht, denn Gewohnheiten sind Gewohnheiten. Wenn sie es zu Hause machen, bringen sie die gleichen Angewohnheiten mit auf das Seminar. Wenn ich davon Kenntnis bekomme, dann sage ich ihnen ganz bestimmt, daß es fehl am Platz ist. Und wenn sie das so aufbringt, daß sie ECK Hals über Kopf verlassen wollen, dann würde ich sagen: Laßt sie. Sie gehören nicht hierher.

Wir müssen immer daran denken, warum wir hier sind. Um in irgendeiner materiellen Weise etwas für uns herauszuschlagen? Oder um Gott zu lieben und ihm zu dienen? Wir müssen dieses Prinzip im Hinterkopf haben und es als Maßstab für alle unsere Handlungen und für diejenigen verwenden, die mit uns zusammenarbeiten. Manchmal müssen wir die Leute zur Ordnung rufen.

## Wahrheit schlägt den Klatsch

*Wie können ECK-Führer mit anderen Initiierten umgehen, die durch Klatsch Unfrieden unter den ECK-Chelas stiften?*

Wahrheit schlägt den Klatsch.

Daher rate ich Ihnen, zuerst, soweit Sie können, die Hintergründe eines Gerüchtes zusammenzutragen, dann sich mit dem Verbreiter der Gerüchte zu treffen und ihn zu fragen, welche Grundlage er hat, dieses Gerücht zu verbreiten. Halten Sie die Tatsachen fest. Und überprüfen Sie wie ein Detektiv das Wer, Was, Wann, Wo und Wie.

Stellen Sie dem Gerüchtemacher Ihre Fragen möglichst von Angesicht zu Angesicht. Ein Mensch, der klatscht, ist wie eine Ratte: Er liebt das Dunkle. Sobald Sie das Licht der Wahrheit (die Fakten) auf den Fall scheinen lassen, wird er sich in die Nacht davonschleichen wollen.

Die beste Waffe gegen Klatsch ist Wahrheit.

## Zum Wohle des Ganzen

*Kurz nachdem ich RESA wurde, gerieten einige höherinitiierte Führer sehr aus dem Gleichgewicht. Einige davon stehen im Blick der Öffentlichkeit. Beruht das auf einer Zeit der Reinigung, durch die wir alle gehen, oder handelt es sich nur um ihre eigenen Probleme?*

*Muß ich mit ihnen sprechen, weil sie Führer sind, und wie kann ich ihnen auch spirituell helfen?*

Je länger Du RESA bist, desto mehr wirst Du erkennen, wie sehr alles gleich bleibt. Es wird immer Menschen geben, die aus dem Gleichgewicht kommen, sogar Höherinitiierte. Du wirst auf dieses Problem immer wieder stoßen.

Jemandem, der seinen inneren Fernseher nicht auf den Mahanta abstimmt, werden die neuesten Neuigkeiten von ECK entgehen. Es ist mehr als wahrscheinlich, daß er aus dem Gleichgewicht geraten ist, weil er aufgehört hat, die spirituellen Übungen zu machen. Versuche, ihn in einer ESA-Sitzung zurück auf Kurs zu bringen.

Was machst Du jedoch, wenn er nicht um Hilfe bittet?

Früher oder später wird sich die innere Verwirrung eines Menschen immer darin zeigen, was er sagt oder tut. Nimm zuerst einmal Abstand und versuche, im Verstand ein klares Bild darüber zu bekommen, wie schlimm sein Verhalten tatsächlich ist. Dann sprich mit ihm darüber im Geiste der Liebe. Sei bereit, ihm anhand von einem oder zwei speziellen Beispielen zu zeigen, wie er anderen spirituell Schaden zugefügt hat.

Ein Arahata ist aus dem Gleichgewicht, wenn er oft zu spät zur Satsang-Klasse kommt — oder sie manchmal überhaupt vergißt. Sprich mit ihm darüber. Wenn er weiterhin seine spirituelle Verpflichtung als ECK-Führer nicht wahrnimmt, dann schreite ein und suche an seiner Stelle jemand mit mehr Verantwortungsbewußtsein.

Tu alles mit Liebe für das ECK, und es wird sich in der Regel zeigen, daß es zum Wohle des Ganzen ist.

## Projekte in Gang bringen

*Als ein ECK-Führer wüßte ich gerne: Wie bringt man ein Projekt für ECK in Gang? Welche spirituellen Qualitäten sollten dahinterstehen?*

Die meisten Programme werden still begonnen, so daß außer denen, die unmittelbar beteiligt sind, kaum jemand eine Ahnung davon hat, daß eine mächtige Kraft still hinter der Bühne für ECK wirkt. Es ist nicht notwendig, bei einem derartigen Programm zu drängen, denn der Mahanta setzt eine Menge von Bedingungen so, daß später alles zusammen paßt.

Es hängt alles von den Menschen ab, die er auswählt, und wie schnell die Gruppen miteinander Frieden schließen können. Vorher sind sie für niemanden von Nutzen, besonders nicht für das Sugmad. Aber paradoxerweise gibt es gewöhnlich keine Möglichkeit, diesen Prozeß zu beschleunigen.

Deshalb werden die goldenen Menschen für Schlüsselpositionen ausgewählt. Die meisten von ihnen machen Prüfungen der Läuterung durch, und einige bestehen sie nicht.

Das Leben hat einen Rhythmus, der über ein gewisses Maß hinaus nicht beschleunigt werden kann.

Geduld, Verständnis und Liebe sind erforderlich.

## Dienstzeit eines RESA

*Gibt es eine richtige Anzahl von Jahren für die Dienstzeit eines RESA?*

Es gibt keine feststehende Dauer des Dienstes; RESAs werden jährlich ernannt.

Aber ich schlage vor, Du setzt zusammen mit dem Mahanta ein persönliches Ziel fest, was Du in Deinem Bereich bei den Aufgaben von ECK erreichen willst. Sobald Du es erreichst, setze zusammen mit dem Mahanta ein neues fest, oder bitte ihn um neue Anweisungen in Deinem spirituellen Leben.

Wenige Positionen bieten soviel Gelegenheiten für Liebe, Einsicht und spirituelles Wachstum wie die eines RESA.

## Wie die geheime Lehre übermittelt wird

*Wie arbeiten die ECK-Meister mit den Chelas in führenden Positionen? Wie geben sie den Chelas die ECK-Lehre auf individuelle Weise?*

Als ich Kopien von Briefen las, die Paul an verschiedene ECK-Führer schrieb, fiel mir auf, daß er bestimmte Dinge immerzu wiederholte.

Wenn er zum Beispiel jemanden zum Gebietsrepräsentanten ernannte, informierte er darüber eine Auswahl von Leuten quer durch die Mitgliedschaft. Er wollte den Betreffenden in der Stellung eines ECK-Führers aufbauen.

Paul hatte es mit Leuten zu tun, die zwei Jahre dem Programm angehörten und sich über mangelnden Fortschritt beklagten. Natürlich konnte er an ihnen einen Unterschied erkennen, und das konnten auch die, die ihnen nahestanden. Er versuchte, ihnen zu zeigen, inwiefern sie anders geworden waren, seit das ECK in ihr Leben getreten war. Nach zwei Jahren wurde der Betreffende eingeladen, die zweite Initiation zu nehmen. Diese Initiation ist wichtig, weil sie der Punkt ist, von dem ab der Innere Meister ernsthaft damit beginnt, die geheime Lehre zu übermitteln. Wie viele Chelas verstehen das?

Die geheime Lehre wird auf vielfältige Weise gegeben: im Traum, durch Seelenreisen, durch spirituelle Einsicht in alle Situationen, durch Eindrücke, durch den Mahanta, wenn er durch Menschen in den Läden und Straßen der Städte spricht, durch das ECK-Vidya.

Die Menschen trauen ihrer eigenen Pipeline zum ECK nicht und beneiden andere Leute um ihre Erfahrungen. Auch sind die spirituellen Begabungen unterschiedlich. Der eine nimmt die innere Botschaft innerhalb eines Tages auf, während der langsamere Schüler mit dem spirituellen ABC kämpft und sich fragt, was an den ECK-Schriften dran ist.

Der Weg zu Gott ist ein persönlicher. Wir können nicht einmal den gleichen Weg gehen, den unser Meister nahm, als er ein Schüler im Training war. Das ist für manche Menschen schockierend und enttäuschend, aber sein Leben kann nur als allgemeine Richtschnur dienen. Wenn sein Beispiel uns dazu inspiriert, die Stille zu finden, in welcher wir Gottrealisation finden, dann ist es die Mühe wert, sein Leben ebenso wie das Leben aller wahren Heiligen zu studieren.

Für die ECK-Initiierten bedeutet das, sich bereitzuhalten und die Fragen des Neuinteressenten zu beantworten und ihm soviel Unterstützung zu geben, wie er uns gestattet. Er muß jedoch sein eigenes spirituelles Format durch die Führung des Mahanta entwickeln. Das ist der einzige Weg zu Gott.

## Die Mittel der Seele

*Was macht ein Führer in ECK, wenn er beim Versuch, die Botschaft von ECK zu verbreiten, auf Hindernisse bei anderen Chelas stößt?*

Immer, wenn ich in der Vergangenheit auf einschränkende Haltungen traf, habe ich sie umgangen. Da immer irgend jemand irgendwo die Lektionen des Lebens lernt und manche dieser Lektionen mir vielleicht im Weg stehen, lernte ich, eine Möglichkeit zu finden, sie zu umgehen.

In einem speziellen Sinne ist das einzige, was wir lernen — ganz gleich, wem wir begegnen und wie man uns mitspielt —, daß wir Seelen sind und uns im Bewußtsein erweitern. Wir wandeln immer auf heiligem Grund.

So legte ich ECK-Bücher aus, schrieb Briefe, verteilte Lesezeichen und gab bestimmte ECK-Bücher an Bibliotheken, Krankenhäuser und Altersheime. Sie werden feststellen, daß man all dies selbständig machen kann, ohne daß jemand zustimmen muß — oder es ablehnen kann.

Ich ging immer vorwärts in meinen eigenen Gottwelten und ließ niemals zu, daß mir jemand ein Bein stellte, denn es ist wirklich so, daß sich mit den Mitteln der Seele immer ein Weg findet.

## Dem Goldenen Herzen folgen

*Ein Chela in unserer Gegend verursachte eine Störung im ECK-Center, und ich unternahm Schritte, um ihn aus der Position eines Arahata zu entfernen. Nachträglich hatte ich an meinem Vorgehen ein wenig Zweifel. Was für Wellen wird dies unter den Chelas schlagen? Bin ich als RESA dem Goldenen Herzen gefolgt?*

Deine Entscheidung, ihn von seiner Position zu entfernen, war die richtige. Eitelkeit gibt manchen Menschen eine derartig aufgeblasene Selbsteinschätzung, daß sie zu Kanälen für das Kal werden. Eine Möglichkeit, dies zu erkennen, hat man an den Störungen, die sie verursachen. Es ist sehr schwierig, ein RESA zu sein und Entscheidungen über einen Menschen und seinen spirituellen Weg zu treffen. Die Entscheidung ist noch schwieriger, wenn der Betreffende in bezug auf die Störungen und die Angst, die er anderen einjagt, blind ist.

Eitle Menschen und ärgerliche Klatschverbreiter können alle möglichen Probleme verursachen, wo überhaupt keine sein müßten. Diese beiden Arten von Menschen wirken zusammen und unterstützen sich gegenseitig. Dabei bringen sie eine Reihe von ECK-Initiierten auf dem Weg von ECK zum Stolpern und zu Fall. Sie wollen unbedingte Macht über andere haben und sind schnell dabei, diejenigen, die sie wegen ihres spirituellen Fehlverhaltens zur Ordnung rufen, als machthungrig zu verklagen. Sie erkennen sich selbst nur allzu klar, aber sie wissen es nicht.

Horche weiter auf die Stimme des Mahanta, daß er Dir Schritt für Schritt die Führung gibt, die Du Dir wünschst. Du machst es gut. Du bist zweifellos in einer Position, die Dich weitet.

## Singe einfach HU

*Der Mangel an Führungskraft bei vielen Höherinitiierten macht mich besorgt. Sie schleichen so dahin, unzufrieden mit Eckankar und der RESA-*

*Organisation, oder sie halten sich offensichtlich fern von ECK-Veranstaltungen.*

*Führungseinsatz der Höherinitiierten würde aus dem Vahanaprogramm in unserem Staat eine ganz andere Sache machen. Was können wir tun, um zur Heilung und zum Wachstum des Bewußtseins der Höherinitiierten beizutragen?*

Es gibt darauf eine einfache Antwort aus Afrika.

Der RESA Phil Morimitsu aus Japan fragte die ECK-Führer in Afrika, was der Grund für das phänomenale Wachstum von ECK dort sei. Sie sagten: »Triff dich einfach mit ein oder zwei Chelas, die die gleiche Vision haben wie du, und singt einmal in der Woche zusammen das HU.«

Das ist alles!

## Ein größerer Schauplatz

*Unter den hiesigen ECKisten gibt es einige, die Schwierigkeiten mit dem Ausdruck* Religion *haben. Ich würde gerne besser verstehen, was der Platz von Eckankar als Religion in der Welt ist. Wie sieht seine Zukunft aus?*

Eckankar *ist* die uralte Wissenschaft vom Seelenreisen. Das ist unsere *geheime* Lehre. Als äußere Form ist es die Religion von Licht und Ton Gottes. Wenn auch manche langjährigen ECKisten über diese Tatsache aufgebracht sind, so ist doch jede Gruppe, die von Gott, dem Heiligen Geist und spiritueller Freiheit spricht — und die sich selbst als Gruppe und individuell der Entfaltung mit Mitteln spiritueller Hilfe widmet, um Gottrealisation zu erreichen, — eine Religion.

Es ist wahr, manche werden an dem Wort *Religion* Anstoß nehmen. Sie sind vor die neueste Prüfung des

Überlebens in ECK gestellt worden und haben in gewissem Sinne versagt, aber nur in dem Maße, als sie erkennen müssen, daß die wirkliche ECK-Lehre die geheime, innere ist. Die äußere Lehre und Struktur ändern sich immerzu, weil sich das Bewußtsein der Menschen, die bereit sind, das ECK zu empfangen, ständig ändert.

In der Vergangenheit sind wir eine etwas selbstbezogene Gruppe gewesen, allzusehr bereit, unwichtige Unterscheidungen zwischen anderen Seelen und uns zu treffen. Meine Aufgabe ist es, wieder in einen größeren Schauplatz zu führen. Mögen alle folgen, die es können.

## Wie man dient

*Ich bin ein neuer Höherinitiierter. Was ist für Führer in ECK die beste Möglichkeit des Dienens?*

Ich weiß Ihren letzten Brief sehr zu schätzen, in dem Sie um einen Rat bitten, wie Sie als Initiierter im Dienst für ECK helfen können. Es ist eine Kunst zu lernen, wie man mit Menschen arbeiten kann.

Die Grundlage dafür, wie die ECK-Botschaft in der Öffentlichkeit dargestellt wird, wird durch die RESA-Struktur gegeben. Nach Bedarf wird der RESA oder jemand, der vom RESA beauftragt ist, ein Treffen aller ECKisten einberufen, die dabei mithelfen wollen, Pläne und Projekte in Gang zu bringen.

Als Höherinitiierter ist es Ihre Aufgabe, dafür zu sorgen, daß die Pläne in Übereinstimmung mit allen Richtlinien bleiben, die Ihnen zur Verfügung stehen. Zum Beispiel müssen Arahatas den Richtlinien des *ECK Arahata Buch*es folgen. Wenn das nicht geschieht, hätte ich gerne von Ihnen, daß Sie die Aufmerksamkeit derjenigen, die abweichen, auf die betreffende

Buchseite lenken. Wenn sie nicht darauf hören und Sie den Eindruck haben, daß Ihre Anregung sich darauf bezieht, die örtlichen Praktiken in Übereinstimmung mit den Richtlinien von Eckankar zu halten, dann rufen Sie den RESA an und bitten Sie ihn um eine Einsicht in das Problem, die Ihnen eine Vorstellung gibt, wie Sie es angehen können.

Respektieren Sie die Ideen derjenigen, die sich auf allen Stufen der Entfaltung befinden. Behalten Sie jedoch unbedingt im Kopf, daß Sie als der Wächter der Wahrheiten von ECK und deren reiner Lehre auf Erden dastehen. Sagen Sie es laut und deutlich, wenn etwas nicht den ECK-Richtlinien entsprechend getan wird.

Als Höherinitiierter werden Sie feststellen, daß Sie ein größeres Selbstvertrauen ausstrahlen, das Ihnen auch im persönlichen Leben gut zu statten kommt.

Ich weiß das, was Sie für ECK tun, immer zu schätzen. Wenn man so etwas für andere tut, so tut man es eigentlich für das Sugmad, aber einige unglückliche Menschen wissen das nicht und versuchen, alles für sich zu behalten. Sie aber sind anders. Der Mahanta schlägt für Sie die Trommel, und darauf kommt es an.

## Wie man ein klarer Kanal ist

*Ich habe nie den Eindruck gehabt, ich sei geeignet dafür, ein ECK Spiritueller Helfer zu sein. Ich fragte mich von Anfang an, warum ich die Verantwortung bekommen hatte. In der ersten ESA-Sitzung, die ich abhielt, hatte ich so sehr den Eindruck des Versagens.*

Sie wären überrascht, wenn Sie wüßten, wie häufig ein neuer ESA unsicher darüber ist, wie man ein klarer

Kanal für das ECK sein kann. Behandeln Sie es wie eine Initiation, indem Sie Ihren Körper und Geist vorher reinigen. Dann hören Sie vor allem zu. Anstatt zu versuchen, der große Zauberer von Oz zu sein, der alles weiß und sieht, fragen Sie sanft denjenigen, der zu Ihnen kommt, was er als mögliche Lösung ansieht. Seien Sie lieber ein Resonanzboden und nicht der Beantworter.

Ich werde nicht versuchen, ein Schema darzulegen, das in jedem auftretenden Falle paßt, denn das ist nicht nötig. Eine Vorsichtsmaßregel jedoch ist es, Ihre Emotionen von der Person, die das Problem bringt, zu trennen. Ihre Funktion als ESA geht eigentlich noch über die formale Sitzung hinaus, bis das ECK die Situation ins Gleichgewicht bringen kann. Wenn zukünftige ESA-Sitzungen beginnen, heikel zu werden, dann übergeben Sie die Person an einen anderen ESA, von dem Sie das Gefühl haben, er sei der richtige.

Es ist ein solcher Segen, als ESA zu dienen. Der Mahanta wird Ihre Einsicht mit jeder Sitzung erweitern. Der ESA spricht natürlich mit niemandem darüber, was geschieht, es sei denn mit dem Lebenden ECK-Meister.

## Frage nach Innen

*Wie kann ich die Fragen neuer Chelas in einer Satsang-Klasse am besten beantworten? Ich habe oft das Gefühl der Unzulänglichkeit.*

Niemand weiß alle Antworten, denn es gibt in der Entfaltung immer einen weiteren Schritt. Wir können aber die schöpferische Vorstellung benutzen, um eine Antwort im Inneren zu erhalten.

Bitten Sie die Mitglieder der Klasse, die Frage in

den ECK-Büchern zu untersuchen und ihre Ergebnisse in der nächsten Klasse zur Diskussion zu stellen.

## ECK-Vahanas

*Meine Frau und ich planen zusammen eine Reise, um dazu beizutragen, die ECK-Lehre zu Orten in unserem Land zu bringen, in denen wenig ECK-Aktivität herrscht. Gibt es irgend etwas, was wir wissen sollten?*

Folgen Sie jeder Führung, die Ihnen im Inneren gegeben wird. Sie lassen die Menschen einen Beitrag leisten und wachsen, wo immer Sie hingehen, daher ist der Ort, an den Sie gehen wollen, völlig Ihre eigene Entscheidung.

Sie werden es interessant finden zu sehen, wie die Menschen in verschiedenen Ländern von sich in Beziehung zum ECK denken. Die Mehrzahl der Menschen in manchen Ländern liebt es, Dinge und Menschen herumzukommandieren; an anderen Orten bewältigen die Initiierten die gleiche Menge an Arbeit, indem sie mit den Menschen zusammenarbeiten.

Es hängt alles davon ab, ob die Führer von Liebe oder Macht ausgehen, aber auch diejenigen Führer, die vorwiegend vom Prinzip der Liebe aus arbeiten, stellen fest, daß sie in manchen Fällen klare Entscheidungen treffen müssen, wenn sie wollen, daß alles zu seiner Zeit geschieht.

Sie lieben das ECK mit reinem Herzen und dienen Ihm mit unbeirrter Zielsetzung. In Erwiderung gibt Es einen erweiterten Stand der Bewußtheit über das Leben um uns herum. Das Kostbarste überall ist die Liebe, daher lieben Sie sich gegenseitig, und lieben Sie die Seele, das ECK und das Sugmad.

## Das spirituelle Gesetz

*Neuerdings habe ich zahlreiche Klagen von einigen Höherinitiierten gehört, die Eckankar unter Deiner Führung direkt kritisieren. Ich stellte sie mit Liebe im Herzen zur Rede. Breche ich ein spirituelles Gesetz oder stütze ich es, wenn ich Kritiker von Eckankar zur Rede stelle?*

Viele Höherinitiierte verstehen die ECK-Prinzipien, aber leider gibt es immer einige, die sie nicht verstehen. Es sind die Menschen dieser zweiten Gruppe, die die spirituelle Entfaltung anderer so sehr beeinträchtigen.

In den frühen Jahren von Eckankar gab es viele Initiierte wie Sie, die verstanden, was es für ein Privileg ist, die ECK-Lehre zu finden. Und sie liebten die Lehre. Sie verstanden das spirituelle Gesetz, welches erfordert, daß man den wahren Meister findet, der einem hilft, den Weg heim zu Gott wiederzufinden.

In diesem Prinzip in ECK ist die Notwendigkeit des Inneren und Äußeren Meisters enthalten. Aber manche, die die Spirituellen Übungen von ECK vernachlässigen, haben keine Erfahrungen mit den vielen Aspekten von Ton und Licht. So glauben sie, andere müßten spirituell ebenso unfruchtbar sein wie sie selbst. Sie können einem leid tun. Nachdem sie die Liebe von ECK gefunden haben, schieben sie sie so unachtsam beiseite und denken in ihrer Eitelkeit, daß sie die Gesetze von ECK umschreiben können. Das kann niemand. Auch ich nicht.

Ich bin bereits dabei, Maßnahmen zu treffen, um den Mißbrauch der Macht durch solche Menschen, wie Sie sie in Ihrem Brief erwähnen, einzuschränken — Menschen, die versuchen, das Vertrauen anderer in ECK zu zerstören. Aber diese Maßnahme wird still und fast unbemerkt wirken. Blicken Sie in einem Jahr wieder zurück.

## Andere zu ECK bringen

*Ist es in Ordnung, wenn ECK-Initiierte sich anderen Gruppen anschließen und dann mit anderen Chelas über diese Gruppen sprechen mit dem Ergebnis, daß die anderen Chelas in diese Gruppen hineingezogen werden?*

Ich antworte auf Ihre Besorgnis über ECK-Initiierte, die sich anderen Gruppen anschließen, aber dann aktiv andere ECKisten für die Mitgliedschaft in diesen Gruppen abwerben. Wie Sie richtig vermuten ist meine Absicht bei der Öffnung der Lehre von Eckankar für die Öffentlichkeit nicht, den ECK-Führern frei zu gestatten, neuere ECK-Initiierte von dem Weg von ECK abzuziehen. Das ist eine willkürliche Verzerrung des ECK-Missionsprogramms.

Wer sich in dieser Weise betätigt, ist in Wirklichkeit ein Diener des Kal. Was kann ich sonst noch dazu sagen? Sie sind Missionare, um Menschen von der Lehre von ECK wegzuziehen.

Meine Absicht dabei, den Weg von ECK zu öffnen, ist genau gegenteilig — die Lehre von ECK für die Öffentlichkeit zur Verfügung zu stellen. Wenn also jemand Chelas von Eckankar wegzieht, indem er seinen Einfluß als ein ECK-Führer benutzt, dann fragen Sie ihn: »Glaubst du, der Mahanta möchte, daß du Menschen von ECK *weg*ziehst, was du wahrscheinlich bewirkst, weil sie zu dir als einem ECK-Führer aufsehen?« Und dann frage: »Warum gibst du dir nicht die gleiche Mühe dabei, diejenigen Menschen zu finden, die bereit sind für die Lehre von Licht und Ton, und sie zu Eckankar *hin*zubringen?«

Es gibt gewiß kein Gesetz auf der Erde, welches besagt, daß man zu einer Zeit nur einem einzigen Weg folgen kann. Von den ECK-Führern würde ich das jedoch erwarten. Die Lektionen des Lebens selbst werden ihnen sagen, wann es an der Zeit ist, die Mitgliedschaft in dem anderen religiösen Weg aufzugeben. Vielleicht werden sie statt dessen Eckankar aufgeben wollen.

*Einige Höherinitiierte in unserer Gegend geben an Neuinitiierte Bücher weiter, die von Eckankar nicht mehr verkauft werden. Sie mischen sich auch in die Handlungen des RESA in einem benachbarten Land ein. Ich verstehe das nicht. Warum führen sie die Menschen weg von ECK?*

In Ihrem Land gibt es Höherinitiierte, die ich aufrichtig liebe. Deshalb reagiere ich so langsam dabei, sie aus ECK zu entfernen, einem Weg, dem sie mit den Lippen dienen und den sie nicht verstehen. Sie denken, sie sind schlau und ich achte nicht auf sie bei ihrer spirituellen Betrügerei.

So manche sind bereit, die Welt zu erobern, indem sie sie zu ECK bekehren, aber sie haben den Kampf mit Kal Niranjan in ihren eigenen Welten verloren. Ihre ganzen Bekehrungen und Lehren sind befleckt, weil sie keine Liebe haben—nur Macht.

Die Stellung des RESA ist spirituell sehr ehrenvoll. Sie wird jährlich überprüft. Der RESA erhält einen Bereich, in dem er seine Liebe für das Sugmad, das ECK und den Mahanta verströmen soll. Er ist ein ECK Spiritueller Helfer für einen Bereich. Er ist wie ein Fürst seines Landes und tut dort seine Arbeit für ECK, ganz gleich, wie großartig oder bescheiden diese vielleicht ist. Er würde niemals daran denken, in den Bereich eines anderen einzudringen, weil dies das psychische Eindringen in den Freiraum eines Bruders ist, nicht wahr?

Wenn wir dem ECK mit Liebe und in Ehren dienen, geschieht das nicht unter Anwendung von Gewalt —ganz gleich, wie subtil. Das ECK weiß alles. Wir machen Pläne, die ECK-Lehre in unserer Heimat zu stärken, und sind dabei weise genug, unsere Darstellung im Rahmen der Bräuche, Gesetze und Erwartungen unserer Nachbarn zu halten, und wir respektieren unsere Regierung.

Wenn sich zwei Initiierte auf der Straße treffen, sollten ihre Gesichter vor Freude leuchten.

## Schuld fallenlassen

*Ein Freund hat etwas zu mir gesagt, das mir ein schlechtes Gefühl gab, weil ich die Gelegenheit habe vorübergehen lassen, bei einem ECK-Seminar zu sprechen. Ich war familiär verpflichtet und hatte das Gefühl, ich sollte nicht hingehen. War es richtig, zu Hause zu bleiben? Und wenn es richtig war, warum fühle ich mich so schuldig?*

Es ist nicht notwendig, jedes ECK-Treffen zu besuchen. Ich möchte nicht, daß Eckankar eine spirituelle Organisation wird, in der die Menschen an Veranstaltungen teilnehmen, weil sie Angst haben, sie zu versäumen.

In meinen frühen Tagen bei ECK hatte ich einmal einen Vortrag bei einem Seminar ausgelassen und traf daraufhin mit Paul Twitchell in einem Aufzug zusammen. Sie hätten meine Schuldgefühle sehen sollen — es war so, wie wenn ich sonntags zu Hause in der Kirche fehlte. Natürlich waren die Schuldgefühle mein eigenes Problem und hatten überhaupt nichts mit Paul zu tun. Ich sah ihn durch die Augen meiner christlichen Prägung.

Ich habe das überwunden, aber Sie würden sich wundern, wenn Sie wüßten, wie viele Menschen in ECK das nicht haben. Daher fühle ich mich nicht schuldig an irgendwelcher Schuld, die sie noch nicht fallengelassen haben.

Bitte sagen Sie Nein, wann immer Sie gebeten werden zu sprechen und das Gefühl haben, Sie sollten es nicht tun. Ihre spirituelle Stärke wird dadurch wachsen und nicht geringer werden.

*Bei einem Treffen von Höherinitiierten wurde es spät; zwei unserer Freunde sind große Redner. Einige Leute waren für die Heimfahrt von mir abhängig, und ich spürte meine Verantwortung recht genau. Ich versuchte, die Aufmerksamkeit des Leiters zu erhalten, um ihm mitzuteilen, daß ich gehen müßte, aber schließlich blieb mir nichts, als mich davonzuschleichen. Ich hatte dabei ein schlechtes Gefühl.*

Sie haben gewiß die Freiheit, jedes Treffen zu verlassen, weil Sie anderen gegenüber, die von Ihnen abhängig sind, eine Verantwortung haben.

Es ist für mich wirklich verblüffend, wie es dann, wenn das ECK die Herzen der Initiierten öffnet, immer noch etwas mehr zu sagen gibt. Nach einer und einer viertel Stunde sage ich im allgemeinen, daß es spät geworden ist und daß gehen kann, wer mag. Es kann erforderlich sein, die Besprechungen abzukürzen, denn das ECK strömt weiter, wenn wichtige Fragen zu lösen sind.

## Das Gesetz der Nichteinmischung

*Ich bin besorgt über die Handlungen einer Mit-Höherinitiierten. Sie scheinen mir jemandem in dieser Initiationsstufe nicht angemessen zu sein. In der*

*Kontemplation wurde mir mitgeteilt, daß die Angelegenheiten eines anderen dessen Sache sind und daß es in meinem eigenen Raum genug gibt für das ich zu sorgen habe.*

Auch wenn diejenige, von der Sie sprechen, meint, ihre Tätigkeiten seien sowohl richtig als auch dem Äußeren und Inneren Meister unbekannt, seien Sie sicher, daß alles bekannt ist. In der Tat mahlen die Mühlen Gottes langsam, aber trefflich fein.

Sie haben jedoch das Problem im Zusammenhang erkannt. Was immer andere tun, ist eine Angelegenheit zwischen ihnen und dem Mahanta. Ich wünschte mir aufrichtig, daß das alle ECK-Initiierten verstünden. Das bedeutet nicht, unsere Augen vor Problemen zu verschließen, sondern sie als Tatsachen zu behandeln — damit unsere eigene Reise zu Gott weitergehen kann.

*Ich brauche eine Erklärung zum Gesetz der Nichteinmischung. In den ECK-Werken, sogar in* Der Wind der Veränderung, *habe ich davon gelesen, daß man Menschen ihr Karma lassen soll. Bedeutet das, daß man jemandem, der in Schwierigkeiten ist, nicht helfen soll?*

Ich kann Ihre Bedenken darüber verstehen, wie so viele Menschen das Gesetz der Nichteinmischung verdrehen. Worauf es mir in dem Buch *Der Wind der Veränderung* ankam, war, daß man anderen ihre Freiheit lassen sollte. Diese Überlegung wird häufig vergessen, wenn Menschen sich in das Leben ihrer Bekannten einmischen, indem sie unerwünschten und unerbetenen Rat geben.

Ja, wenn jemand uns um Hilfe anruft, dann können wir hingehen und helfen. Ich denke, Sie erhalten eine vollständigere und abgerundetere Sicht, wie man handeln sollte, wenn Sie in dem Buch *Der Fremde am*

*Fluß* von Paul Twitchell das Kapitel 24, »Keine größere Liebe«, lesen. Es geht um einen Hindu niederer Kaste, der sein Leben dafür hingab, ein ertrinkendes Kind aus dem Fluß zu retten, und welchen Lohn er dadurch erwarb.

Mit anderen Worten, wir erkennen, daß diese Welt ein harter und manchmal grausamer Ort ist, aber wir können da etwas tun.

*Was ist die beste Möglichkeit, einem Freund zu helfen, der etwas über ein spirituelles Gesetz wissen sollte, das er verletzt, der aber nicht fragt?*

Es ist unmöglich, jemandem zu helfen, wenn er nicht selbst darum bittet. Die beste Möglichkeit, mit ihm umzugehen, ist, ihn zu treffen und mit ihm zu sprechen, wenn er mit Ihnen in Kontakt kommt. Das könnte so klingen, als ob man eine feine Unterscheidung treffen müßte, aber es ist die saubere Weise, in der das ECK arbeitet.

Sie können ihm dann die Hilfe geben, die er braucht, um mit dem Inneren Meister in Verbindung zu treten.

## Sich schützen

*Einige ECKisten haben berichtet, daß jemand sie sowohl im Inneren angreift als auch ihr physisches Leben beeinträchtigt. Ich kann mit ihnen über Schutztechniken sprechen und wie sie sich selbst stärken können, aber ich glaube, ich muß tun, was ich kann, um sie ebenfalls zu schützen. Was kann ich tun, ohne spirituelle Gesetze zu brechen?*

Das Innere ist das Innere und das Äußere ist das Äußere.

In der Welt des täglichen Lebens reagiere ich selten auf Klagen darüber, was andere Menschen denken oder glauben. Aber ich schreite ein, wenn schädliche Gedanken und Überzeugungen zu Handlungen werden, die andere physisch schädigen.

Sie können gefahrlos den ECK-Initiierten Ihr Ohr leihen, die glauben, sie seien Opfer von psychischen Angriffen. Geben Sie ihnen weiterhin Schutztechniken. Erinnern Sie sie daran, daß sie ihr Herz und ihren Verstand mit Liebe füllen, und lassen Sie sie anschließend die Angelegenheit dem Mahanta übergeben. Es gibt wirklich psychische Verbrecher, die in der Gesellschaft ihr Unwesen treiben, aber oft liegt die psychische Störung in dem angeblichen Opfer, das sich über das Abbrennen seines eigenen Karmas nicht bewußt ist.

Kümmern Sie sich daher nur um das destruktive Verhalten im Äußeren in der ECK-Gemeinschaft. Lassen Sie den Mahanta für die innere Seite sorgen.

## Grundlagen von ECK

*Was würdest Du zu jemandem sagen, der daran interessiert ist, Mitglied von ECK zu werden? Welchen Rat würdest Du ihm in bezug auf die Schritte durch die ersten Jahre geben?*

Wenn jemand zu Eckankar kommt, kann er die Kurse für sich allein oder in einer Satsang-Klasse studieren, soweit eine solche in seiner Umgebung zur Verfügung steht. Es ist wichtig, beim Studium von ECK langsam vorzugehen, denn jeder wird Seine Realität auf seine eigene Weise finden. Wenn man zuviel in den spirituellen Werken liest, bekommt man spirituelle Verdauungsstörungen, und in Wirklichkeit verlangsamt das einen beim Ziel der Selbst- und Gottrealisation.

Die erste Initiation kommt im Traum und wird vom Traummeister gegeben. Einige Menschen sind sich ihrer bewußt, andere dagegen nicht. Die niedrigeren emotionalen und intellektuellen Zentren kommen mit den höheren in Verbindung.

Die zweite Initiation kommt, wenn der Betreffende zwei Jahre Kursstudium in ECK absolviert hat. Ich möchte, daß er ein gründliches Studium der ECK-Werke vornimmt, bevor er eine Entscheidung trifft, ob der Weg von Eckankar seinen spirituellen Bedürfnissen entspricht oder nicht. Kein Weg paßt für alle Menschen. Dies gehört zur Freiheit in den spirituellen Werken.

Vor allem sagen Sie ihm, er solle sich mit dem ECK-Studium Zeit lassen, mit gesundem Menschenverstand arbeiten und seinen täglichen Verpflichtungen sich selbst und seiner Familie gegenüber nachkommen.

## Das ECK leben

*Ich sehne mich danach, eine spirituelle Erfahrung zu haben, damit ich besser mit den ECKisten hier zusammenarbeiten kann. Ich möchte das Gefühl haben, ich kann ihnen Hilfe geben, wenn sie sie brauchen, aber ich habe Schwierigkeiten mit meinen eigenen inneren Erfahrungen. Würdest Du mir bitte die Erfahrung geben, Dich auf den inneren Ebenen zu treffen und mit Dir zu sprechen?*

Da Sie nicht in der Lage sind, mich auf den inneren Ebenen zu sehen, möchte ich Sie dazu bringen, sich weniger angestrengt zu bemühen. Leben Sie Ihr Leben mit Freude, und dienen Sie dem Mahanta auf eine Weise, die Ihnen gefällt. Dann ist es ein Geschenk der Liebe.

Machen Sie weiter mit den spirituellen Übungen. Singen Sie dabei HU. Erfinden Sie neue Melodien, die angenehm sind, aber kehren Sie immer wieder zu dem regelmäßigen HU-Singen mit lang ausgedehntem Atem zurück.

Manche Höherinitiierte haben selten bewußte Erfahrungen mit Ton und Licht oder sogar mit dem Mahanta. Sie leben die spirituelle Erfahrung jeden Tag in ihrem Dienst der Liebe für Gott.

Wenn Sie das tun können, werden Sie 99,99 Prozent der Menschheit in Ihrem Verständnis von ECK und Seiner Liebe voraus sein.

# 11
# ECK in der Welt

*Warum ist das Spirituelle Center von Eckankar nach Minnesota umgezogen? Was ist Deine Absicht für Eckankar in der Zukunft?*

Jemand hatte einmal die Idee, Eckankar sei nach Minnesota gezogen, weil ich meinem Geburtsort in Wisconsin nahe sein wollte. Das ist ziemlich töricht, denn wenn ich auf Wisconsin gezielt hätte, wäre ich da gelandet. Es hätte keinen Grund gegeben, sich gerade daneben niederzulassen. Dies ist für ECK der Ort, Wurzeln zu schlagen, aber wie die Mormonen müssen wir vielleicht unseren kleinen Winkel auf Gottes Erde mühsam erkämpfen.

Nachdem der Traum nun wahr geworden ist, kommt jetzt die größere Aufgabe, die ECK-Lehre immer weiter in die Welt hinauszutragen. Die Daueraufgabe bedarf sorgfältiger Planung.

Neben meinem Tisch liegt eingerahmt eine Liste von Prinzipien, um Gewinnpunkte zu machen[1]. Einer der Punkte besagt: »Konzentriere dich lieber auf

---

[1] Sri Harold verwendet in dieser Antwort verschiedentlich Bilder aus dem amerikanischen Football-Spiel.

langfristige, dauerhafte Lösungen statt auf lückenfüllende Maßnahmen.« Das paßt. Ein anderer Punkt: »Verschwende keine Zeit damit, den Leuten zu sagen, was du tust oder tun willst. Ergebnisse informieren die Welt auf ihre Art.« Paßt auch. Ebenfalls: »Wenn der Ball auf der Torlinie ist, dann riskiere keinen Patzer; *trage ihn selbst hinüber.*« Stimmt.

Während sich die Grundlagen von ECK erweitern, wird mehr von den höheren Verantwortungen der Führerschaft an Menschen gehen, die aus den Erfahrungen des Lebens den vollen Nutzen ziehen wollen. ECK ist für den aktiven Menschen, für jemanden, der sich von einem wiederholten Nein nicht entmutigen läßt. Wenn er im Inneren weiß, daß etwas getan werden muß, dann wird er den Weg finden, es zu tun — und wird dabei jede Menge an Hindernissen überwinden, die einen schwächeren Menschen längst unter sich begraben hätten.

Der ECK-Initiierte muß damit rechnen, daß das Leben eine Schulter bereithält, die auf seinen Magen zielt, wenn er mit dem Ball rennt. Worauf es aber ankommt ist, wie er nach dem ersten Schlag reagiert. Wird er den, der ihn blockiert, abfangen und weiterlaufen, oder wird er aufgeben?

Schließlich, mit den Worten der weisen alten Gewinnpunkt-Prinzipien, die hier am Keyboard auf mich aufpassen: »Um dein Ziel zu erreichen fange erst einmal an. Zweitens konzentriere dich ausschließlich auf das aktuelle Projekt. Drittens *bleib nicht stehen.*«

## Innen und Außen

*Wie kannst Du Tausenden zur gleichen Zeit als der Lebende ECK-Meister erscheinen?*

Der Äußere Meister, der Lebende ECK-Meister, übernimmt die Verantwortung, den Sucher mit den ECK-Schriften, Büchern und Kursen zu versorgen. Indem der Betreffende diese studiert, beginnt er die Spirituellen Übungen von ECK zu praktizieren. Ihr Zweck ist es, das Spirituelle Auge allmählich zu öffnen, damit man mit dem Ton und Licht von ECK, den Zwillingsmanifestationen des Göttlichen Geistes, in Berührung kommt.

Nach einiger Zeit entdeckt der aufrichtige Sucher die Gegenwart des Heiligen Geistes. Der Innere Meister ist die Form, die der Göttliche Geist wählt, um als spiritueller Führer im Traum oder in der Kontemplation zu wirken.

Da das ECK Leben ist und alles Leben erhält, ist es überall zur gleichen Zeit gegenwärtig. Es stellt eine direkte Verbindung mit jedem einzelnen her, ganz gleich ob nur einer oder tausend auf der Suche sind. Im Laufe der Zeit werden Sie das für sich selbst ausfindig machen, wenn Sie wollen.

## Die wahre Bestimmung

*Was steht dem im Wege, daß die ECK-Lehre ihre wahre Bestimmung in vollem Maße erfüllt?*

Es müssen recht viele grundlegende Stadien erreicht werden, bevor die ECK-Lehre hier fest etabliert ist. Die Verwaltung des Spirituellen Centers von Eckankar hat erste Priorität. Solange dessen Mitarbeiter die Bedürfnisse der Chelas nicht in kompetenter und vorhersagbarer Weise erfüllen können, ist es nicht möglich, mit der ECK-Botschaft weiter zu gehen, als wir bereits gegangen sind.

Wenn ich die Bestimmung sehe, die die ECK-Lehre in diesem Zyklus verwirklichen soll, und betrachte, wo wir heute stehen, dann sehe ich nur Gesindel. Aber es gibt nun andererseits auch keinen Grund, seine Hände in Verzweiflung zu erheben. Ein Schritt nach dem anderen in der Richtung auf das ferne Ziel ist die Weise, wie wir vorgehen müssen.

Vor allem muß es eine Möglichkeit geben, daß viele Menschen ihre Talente auf allen Ebenen in Eckankar ausdrücken und nutzen können. Ihre Fähigkeiten müssen erkannt werden, die Menschen und die richtigen Tätigkeiten müssen einander angepaßt werden.

Wenn fähige Menschen mit Herausforderungen konfrontiert werden, die in ihrer Reichweite liegen, dann kommen die Dinge ausgezeichnet voran.

Paul brachte die ECK-Lehre heraus. Der Same dieser Ideen ist eingepflanzt, und aus der Eichel muß die mächtige Eiche erwachsen, denn das ist die Bestimmung von Eckankar. Aber es wird Zeit brauchen, zu wachsen und zu reifen. Die Hauptrollen, auf die auf diesem Weg zur Reife zu achten ist, spielen die Arahatas und die Eltern. Die Arahatas lehren in den Buchbesprechungen und ECK-Satsang-Klassen, die Eltern bringen ihren Kindern die ECK-Werke bei.

Die Stärke der Satsangs liegt in der großen Vielfalt der Chelas, die zu gemeinsamem Zweck zusammenarbeiten.

Nachdem der Sitz der Macht etabliert ist, sind wir hier, um hier zu bleiben. Aber es wird eine Menge ernsthafter Anstrengung von ECK-Pionieren notwendig sein, um diesen Traum zu verwirklichen.

Wenn es nur an uns allein läge, hätte die ECK-Lehre niemals die Anziehungskraft erreicht, die sie zur Zeit hat. Aber es ist das ECK, das alle anregt, die Es lieben, und das bewirkt Wunder in einer Weise, die der Durchschnittsmensch niemals wahrnehmen würde.

## Der Sitz der Macht

*Was ist der spirituelle Sitz der Macht?*

Der Sitz der Macht ist das Zentrum, von dem aus die ECK-Lehre die Menschen in der Welt erreicht.

Dieses Zentrum ist der Tempel von ECK in Chanhassen, Minnesota. In einer besonderen Einweihungszeremonie am 22. Oktober 1990 wurde er zum Sitz der Macht.

Viele Tausende neuer Menschen werden jetzt den Ton und das Licht Gottes finden, nachdem wir den Sitz der Macht hier gegründet haben.

## Das Geschenk des Mahanta

*Kann jemand das Reich Gottes erreichen, ohne Mitglied von Eckankar zu sein, sondern indem er sich einfach durch Träume und tägliche Kontemplationen auf den Mahanta einstimmt und eine dankbare Haltung einnimmt?*

Es gibt natürlich für jede Regel eine Ausnahme. Jedoch dient Eckankar als eine ausgezeichnete Straßenkarte zu den Welten von ECK, denn es ist das Geschenk des Mahanta an die Seelen, die die wahren Himmel auf direkteste Weise erreichen wollen.

## Beschleunigung

*Ist die Zeit schneller geworden? Ich stelle fest, daß ich meine Frau frage: »Haben wir das gestern getan, oder war es vor einem Jahr?«*

Das Karma in der Situation der Welt ist beschleunigt worden, aber wenn Sie in einen bestimmten Bewußtseinszustand kommen, hat die Vergangenheit und die Zukunft keine Bedeutung. Aber der Augenblick hat Bedeutung. Gelegentlich werden Sie nicht wissen, ob etwas, das Sie gesehen haben, im Inneren oder im Äußeren war. Sie können keine Unterscheidung mehr treffen zwischen den Mauern, die die physische Welt vom Traum oder die Gegenwart von der Vergangenheit oder Zukunft scheiden. Sie leben in der Bewußtheit der Seele.

Sie sind für ein Wochenende weggefahren und haben vor der Abfahrt das Geschirr abgewaschen, und ihr ganzer Verstand war voll damit beschäftigt, wie Sie das Flugzeug erreichen und was bei dem Treffen vor sich gehen wird. Sie gehen durch das ganze Wochenende und am Montagmorgen stehen Sie wieder am Spülbecken und waschen Geschirr ab. Und es sieht so aus, als hätten Sie immer nur Geschirr abgewaschen, weil der Augenblick, in dem Sie Geschirr spülen, die gesamte Ewigkeit aufnimmt und die Grenzen der Zeit überschreitet. Sie leben im Augenblick, in einem spirituellen Bewußtsein.

## Mit der Zeit gehen

*Warum gehst Du nicht hinaus auf die Straßen und predigst die Botschaft von ECK, wie es in alten Zeiten geschah?*

Jeder Abschnitt in der Geschichte hat seine eigene besondere Weise, die Botschaft von ECK zu predigen.

Malati, der Lebende ECK-Meister unter den Menschen von Polara, zeigte ihnen einfach, wie man die Früchte der Erde pflanzt und erntet. Der primitive Mensch war zu sehr damit beschäftigt, sich nach wilden Tieren und anderen Feinden umzusehen, um viel Zeit für die Kontemplation aufzubringen. Malati konnte daher dem Menschen von Polara nur ein wenig von der äußeren ECK-Lehre mitteilen, aber das tat er im Traum.

Es wäre töricht, heutzutage in China oder in Ländern, in denen der Islam Staatsreligion ist, offen über ECK zu sprechen.

Ich liebe die ECK-Initiierten, die das Sugmad so lieben wie ich. Die Öffentlichkeit hat ihre vielen Götter und ist damit glücklich. Sie glaubt außerdem, daß Licht und Ton von ECK nur Geschichten sind, die von ECKisten mit fruchtbarer Einbildung erfunden wurden.

Manchmal spiele ich in einem städtischen Erholungszentrum Tischtennis. Kaum einer von den High-School-Schülern dort weiß, daß ich in ECK bin, aber sie respektieren, wie ich spiele. Eines Tages werden sie zwei und zwei zusammenzählen und bei sich denken: »Jemand, der so Tischtennis spielt, kann kein so ganz schlechter Kerl sein!« Inzwischen bekomme ich sowohl körperliche Bewegung als auch gute Gesellschaft.

Das bedeutet es, ein stiller Kanal für das ECK zu sein, wobei Handlungen lauter sprechen als Worte. Und das tue ich gern!

## Stille Kanäle

*In meinem Heimatland Israel wird Eckankar als ein Kult bezeichnet. Kürzlich wurde eine Regierungskommission eingesetzt, um die Aktivitäten verschiedener Kulte hier zu untersuchen, weil man befürchtet, daß sie die Jugend negativ beeinflussen. Deshalb verbreiten wir die Botschaft von ECK mehr über persönlichen Kontakt, statt Veranstaltungen in örtlichen Zeitungen anzuzeigen, wie wir es früher zu tun pflegten. Aber wir haben ein wöchentliches HU-Singen, und das ist wunderbar.*

Ganz aufrichtigen Dank für Ihren Brief. Bitte teilen Sie den anderen, die zum HU-Singen kommen, für ihre Bereitschaft, Werkzeuge für das ECK zu sein, meinen Ausdruck der Wertschätzung mit.

Ich unterstütze Ihr einfühlsames Vorgehen angesichts der Furcht der Regierung in bezug auf den Einfluß von Kultgruppen auf die Jugend. Seien Sie taktvoll, und fühlen Sie sich nicht genötigt, bei Ihrer Förderung der ECK-Werke großes Aufsehen zu erregen. Das wird nur zu Problemen für Sie alle führen, und diese Erfahrung brauchen Sie nicht zu machen. Das ECK arbeitet durch Sie mit der Majestät Seines Willens.

Menschen aus anderen Ländern könnten mit dem Finger auf Ihre Regierung zeigen und irrtümlicherweise sagen, daß deren Unterdrückung sogenannter Kulte die gleiche Diskriminierung sei, die Ihren Landsleuten in so unglücklicher Weise in Ländern auferlegt wird, in denen sie zu Gast sind. Jetzt kommt die Ausübung der gleichen Intoleranz an Ihre Türschwelle. Aber das kriegerische Klima erzwingt stärkere Vorsicht, als es zu Friedenszeiten möglich ist.

Die politischen und militärischen Führer sind zu Recht besorgt über Splittergruppen, die eine Bedrohung für die Sicherheit des Landes darstellen könnten. Deshalb haben Sie bitte Verständnis für die besonderen Umstände, in denen Sie alle sich befinden. Wenn es jemals eine Möglichkeit gibt, die Unterstützung von Leuten in höheren Regierungspositionen zu gewinnen, die dafür sorgen werden, daß Sie nicht den Vorurteilen in Ihrem eigenen Land zum Opfer fallen, dann arbeiten Sie mit diesen zusammen.

Wir unterstützen die Regierung der Länder, aus denen wir stammen und wissen, daß es nie Vorteile bringt, eine derartige Unruhe hervorzurufen. Kontemplieren Sie für sich, und halten Sie Ihr HU-

Singen ab, solange es niemand von Ihnen in Konflikt mit der Polizei bringt.

Denken Sie daran, die Liebe und der Schutz des Mahanta ist immer bei Ihnen. Vielleicht werde ich eines Tages Ihr Land besuchen können, wenn die politische Struktur stabiler geworden ist. Das ECK strömt durch jeden von Ihnen und berührt alle, mit denen Sie zusammentreffen — obwohl sich wahrscheinlich niemand einer Veränderung aufgrund Ihrer Anwesenheit bewußt ist.

## Innere Botschaft

*Ich habe eine Frage zu dem Erdbeben in Los Angeles im Jahre 1994 — die Erde erweist sich als sehr unstabil. Sollten die Menschen wegziehen?*

Nicht einmal öffentliche Beamte wagen es, allgemein Alarm zu schlagen, weil es das Leben von Millionen Menschen durcheinander bringen würde. Wenn sie eines vernichtenden Schlages sicher sein könnten, würden sie vielleicht etwas sagen. Wie aber, wenn sie unrecht hätten? Wohin sollten diese Millionen von Menschen hinziehen — nach Arizona, Nevada, Oregon, — wohin? Es gibt einfach zu viele Menschen, die zu warnen sind.

Einige ECKisten werden in der Gegend bleiben, um im Falle einer Katastrophe zu helfen. Diejenigen, die den Staat verlassen sollten, werden auf den inneren Ebenen eine Botschaft erhalten.

## Karma abwickeln

*Ich lebe in einem Land, das durch große politische Umwälzungen geht. Kann ich als ECKist in diesem*

*Zyklus meines Landes als ein Werkzeug für den Willen des ECK mithelfen?*

Obwohl alles Äußere, das wir lieben, auf die Probe gestellt wird, ist der Meister jederzeit bei uns. Sie müssen wissen, daß Ihre Sorgen in den Händen des ECK liegen, das immer zu Ihrem besten Wohle wirkt.

Das Karma Ihres Landes wird jetzt zu einem großen Teil abgebrannt, und einiges davon wird durch die ECK-Initiierten gehen, die als Filter für den Mahanta wirken. Das ist nicht die alte Vorstellung von einem Erlöser, der für die Sünden von vielen leidet oder stirbt. Aber es gibt eine Parallele.

Wenn das Karma eines Landes oder einer Gruppe, der man angehört, beginnt, sich abzuwickeln, dann werden alle, die sich in diesem Land oder dieser Gruppe spirituell an der Spitze befinden, die Nebenwirkungen dieses Abbrennens zu spüren bekommen. Sie können darum bitten, von einem Teil dieser Last enthoben zu werden, wenn sie irgendwann unerträglich wird.

Hier folgt eine spirituelle Übung, die Ihnen helfen kann, sich für den Mahanta zu öffnen. Sie ist einfach. Sagen Sie jeden Morgen nach dem Aufwachen zum Meister: »Ich bin ein Kind des ECK und ich wandle und verweile in den Armen Seiner Liebe.« Dann gehen Sie Ihrer Tagesarbeit in wohltuendem Vertrauen nach, denn die Gegenwart des Meisters wird in den schwierigsten Zeiten überall bei Ihnen sein.

Sie werden das leuchtende Licht für alle sein, die Hilfe brauchen, denn Sie sind dann ein klarer und offener Kanal für den Ton und das Licht Gottes. Licht und Ton werden sanft durch Sie hindurchgreifen und denjenigen in Ihrer Nähe Trost oder die Heilung des

Heiligen Geistes bringen, die das brauchen.

## Den Weg verteidigen

*Ich schrieb kürzlich einen Brief an den Herausgeber unserer örtlichen Zeitung und protestierte gegen einen Artikel über Eckankar, von dem ich glaube, daß er ein Musterbeispiel von Sensationspresse war. Wie lange werden wir noch die Lehre von Eckankar in dieser Weise verteidigen müssen?*

Vielen Dank für Ihre Worte der Verteidigung von Eckankar.

Es ist bemerkenswert, daß die Zeitung die Tatsachen in bezug auf die angebliche Verbrecherin nicht überprüfte und nicht feststellte, daß ihre Behauptung, ECKistin zu sein, nicht wahr war. Vielen Dank dafür, daß Sie Stellung bezogen haben gegen das blinde Vorurteil dieser Zeitung, deren Hauptinteresse nicht so sehr darin liegt, wahre Neuigkeiten zu bringen, als eine hohe Auflage zu verkaufen.

Solche Herausforderungen werden von ausgesprochenen »Respektspersonen« gegen Eckankar gerichtet werden. Kürzlich schrieb mir ein ECK-Ehepaar von den Vorurteilen, unter denen sie in einer Quäkergemeinde leiden. Man sollte meinen, daß die Quäker unter allen Menschen diejenigen wären, die aus ihrer eigenen Verfolgung durch andere Christen Toleranz gelernt hätten, aber das ist nicht der Fall.

Solange das menschliche Bewußtsein in seinem gegenwärtigen Zustand verbleibt, wird es das Leid geben, das der eine dem anderen im Namen der Religion zufügt. Der ECK-Initiierte ist der Kanal, durch den das ECK den Herzen der Menschen Erleuchtung bringt.

Ich bin dankbar, daß Höherinitiierte wie Sie ihre Fähigkeit der Kommunikation für ECK nutzen, wenn es nötig ist.

## ECK ist Alles

*Eine Freundin von mir ist an Eckankar interessiert, aber irgend etwas hält sie zurück. Ihr innerer Führer, den sie als Spirit bezeichnet, hat ihr gesagt, daß eine andere Religion der wahre Weg sei. Sie möchte wissen, hat Spirit sie angelogen, wenn ECK Wahrheit ist?*

Der Göttliche Geist oder das ECK lügt nicht. Denken Sie daran, daß ECK alle Religionen, alle Menschen und alles Leben umfaßt. Er hat ihr nur gesagt, daß sie erst einmal die Wahrheiten dieser anderen Religion lernen muß, bevor sie für die Lehre von ECK bereit ist. Wenn sie bereit ist, wird der Mahanta erscheinen. Dann wird sie wissen, daß ECK der direkteste Weg zu Gott ist.

## Ursprünge von ECK

*Gibt es einen besonderen Grund, Worte, die aus dem Osten stammen, im Shariyat-Ki-Sugmad und in der Terminologie von Eckankar zu verwenden?*

Die Menschen im Osten sind traditionell dem Westen im Verständnis der Tatsachen des spirituellen Lebens voraus. Östliche Sprachen können feine Unterschiede zwischen Dingen bezeichnen, die dem westlichen Menschen unbekannt sind.

Karma ist ein gutes Beispiel. Es setzt Reinkarnation voraus. Das Christentum jedoch akzeptiert keine vergangenen Leben. Die ECK-Meister mußten bei ihrem Versuch, Menschen aus christlicher Herkunft zu erreichen, entweder Worte aus dem Osten übernehmen oder neue prägen. Es war einfacher, sie zu übernehmen. Östliche Ausdrücke waren schon vielen Menschen in der ganzen Welt bekannt.

Jeder, der versucht, von ECK zu sprechen und dabei nur Worte westlichen Ursprungs zu verwenden, ist ein wenig im Nachteil.

## Das Shariyat und ECK

*Was ist der Unterschied zwischen dem Shariyat-Ki-Sugmad und dem ECK?*

Im Shariyat ist die Weisheit aufbewahrt, die aus dem Ton und Licht entspringt. Das ECK ist Ton und Licht.

## Glücklich sein

*Gibt es auf der Erde Bewohner anderer Planeten?*

Die gibt es sicher. Viele Bücher in den Bibliotheken berichten davon.

Ich frage mich jedoch manchmal, ob die Menschen, die sich sehr für Weltraumwesen interessieren, glücklich sind. Es klingt so, als ob sie nach den Sternen greifen, um ihrem eigenen Leben zu entkommen. Für andere ist die Frage, ob es Leute aus dem Weltraum gibt, eben nur eine interessante Frage von vielen.

Es gibt Leute aus dem Weltraum, die bei den Aufgaben eines der spirituellen Orden mitarbeiten, der den Vairagi-Adepten untergeordnet ist. Die meisten Menschen, die diesen Besuchern begegnen, erkennen sie nicht, so wie sie auch die ECK-Meister in Verkleidung nicht erkennen. Diese Besucher bewegen sich in ihren eigenen Kreisen, gehen ihren Pflichten Gott gegenüber nach, gerade so, wie jeder ECKist mit seinen eigenen Problemen arbeitet.

Ich empfehle Ihnen, daß Sie etwas Gutes finden, das Sie in Ihrem Leben tun können, und es tun. Zählen Sie die Segnungen Ihrer Gesundheit als etwas, das ohnegleichen ist. Seien Sie dankbar, daß Sie sich das Recht, in diesem Leben zu ECK zu kommen, verdient haben, denn das Leben ohne ECK ist eine lebendige Hölle.

## Die Schöpfungsfrage

*Wie machte Gott den Menschen, und wer war das erste Geschöpf?*

Unsere Wissenschaftler gehen um die ganze Welt auf der Suche nach den ältesten menschlichen Fossilien. Sie wollen das Alter der Menschen wissen. Wenn sie das erst erkennen, hoffen sie, die große Frage angehen zu können: Wie entstand der erste Mensch?

Die Antwort würde die Hauptreligionen bis ins Mark erschüttern.

Vor langer Zeit gab es keine Erde und keine Schöpfung. Aber das Sugmad wollte einen Platz zur Ausbildung der Seelen haben, also begann das ECK (das Wort Gottes) Dinge zu erschaffen. Das tat es, indem es die Schwingungen von Licht und Ton in einer gewissen Region veränderte. Aus dieser Region entstanden die niederen Welten.

Zuerst war da das Licht und der Ton Gottes. Dann kamen auf einer niedrigeren Schwingungsstufe die Gase. Äonen später begannen sich Flüssigkeiten und feste Körper, die Bausteine der niederen Schöpfung, zu formen. Die ätherische Ebene war die erste, die entstand, dann kam die Mentalebene. Viel später kam die physische Ebene.

Galaxien und Planeten waren das erste, das sich auf jeder Ebene bildete, und dann begann das ECK, mit Lebensformen zu experimentieren. Auf der Erde gehörten dazu die Dinosaurier.

In der Zwischenzeit hatte das ECK auf der ätherischen Ebene höhere Lebensformen wie die Menschen entwickelt. Sie begannen, die dortigen Planeten zu besiedeln, indem sie Kolonien von Gedankenreisenden gründeten, die sich ohne langsame und schwerfällige Raumfahrzeuge von Ort zu Ort bewegen konnten.

Diese Leute drängten die Grenzen des Raumes zurück, wie es unsere Astronauten heute tun. Mit Kolonien überall auf der ätherischen Ebene eröffneten die frühen ECK-Meister eine neue Front: das Reisen zwischen den Dimensionen der ätherischen Ebene und der Mentalebene. Also begann die Gründung von Kolonien jetzt auf der Mentalebene.

Besucher aus dem Weltraum besiedelten die Erde mit den ersten Kolonien. Es gab keinen ersten Mann oder eine erste Frau. Ein Raumschiff brachte eine kleine Gruppe von Menschen hierher, um eine Kolonie zu gründen. Dann irgendwann in der Fortsetzung des Stammbaums kamen Sie.

Eines Tages in nicht allzuferner Zeit wird diese Besiedlung der Planeten unter den Menschen von höherer spiritueller Bewußtheit allgemein bekannt sein.

## Wahre Losgelöstheit

*Manchmal, wie im letzten Krieg am persischen Golf, wo Menschen ums Leben kamen und physische Zerstörung stattfand, erscheint es wie eine billige Ausrede zu sagen: »Nun, das ist eben ihr Karma.«*

*Ich weiß, daß wir uns nicht von den Illusionen dieser physischen Welt gefangen nehmen lassen sollten, aber wo ist der mittlere Bereich von Mitgefühl und wahrem Verständnis? Welche spirituelle Realität steht hinter einigen der Umwälzungen und Veränderungen, die wir heutzutage auf dem Planeten erleben?*

Zuerst müssen Sie wissen, was es wirklich bedeutet, von dieser Welt losgelöst zu sein. Es ist ein spiritueller Standpunkt, den ein Mensch einnehmen kann, nämlich mit den Augen der Seele zu sehen. Das deutet in keiner Weise auf Kaltherzigkeit hin, wie so viele glauben.

Was bedeutet es, losgelöst zu sein? Es bedeutet ganz einfach, daß man weiß, das Leben hat einen Sinn, auch wenn man ihn in einer bestimmten Situation nicht erkennen kann. Seien Sie einfach ein Kanal für das ECK, welches die Liebe selbst ist. Dann werden Sie feststellen, daß in dieser Welt in jeder Weise Platz für Mitgefühl und wahres Verständnis ist.

Wozu die Umwälzungen in der heutigen Welt? Es ist nichts Neues. Bitte machen Sie sich an Ihr eigenes Studium der Geschichte, dann wird Sie von dem, was Sie über Menschen hören, nur noch sehr weniges verwundern. Die Erde ist oft wie ein Kessel mit kochendem Wasser, aber sie ist immer noch der beste Ort für die Seele, um die Reinheit des Seins zu finden.

## Segnungen

*Am Anfang als ich meine zweite Initiation erhalten hatte, ging ich in irrtümlicher Weise die Hauptstraße entlang und segnete jeden unglücklich scheinenden Menschen, der zu sehen war. Jetzt frage ich mich, wie ich es richtig machen soll.*

Eine Segnung ist einfach das Weitergeben der Liebe des ECK in solcher Weise, daß der Betreffende das Geschenk annehmen oder zurückweisen kann. Das sicherste Vorgehen ist einfach zu sagen: »Möge Segen sein« oder »Baraka Bashad.« Und überlassen Sie alles, was daraus wird, dem Göttlichen Geist, ohne es in irgendeiner Weise zu beeinflussen.

## Veränderungen annehmen

*Was ist das absolut Schwierigste, das Du tun mußt?*

Erwachsenen zu helfen, eine Veränderung zu etwas spirituell Besserem anzunehmen. Für junge Menschen ist es recht natürlich, etwas Neues zu tun. Sie wachsen ständig aus den Kleidern heraus, daher gewöhnen sie sich daran, neue und größere Sachen zu kaufen.

Erwachsene haben normalerweise weniger Veränderungen. Sie wachsen seit Jahren nicht mehr. Tatsächlich neigen manche Erwachsene dazu, einem Bild von sich als Jugendlichen nachzuhängen. Aber die zwanziger und auch die siebziger Jahre sind vorbei.

Die meisten Menschen können neue Entwicklungen der Technik, wie das Fernsehen, den Taschenrechner und den PC akzeptieren. Diese Dinge können ihnen helfen, sich von ihrer alten Denkweise zu lösen. Die Technik hat unsere Arbeitsweise verändert.

Aber jetzt sind die Menschen zu sehr mit technischen Geräten beschäftigt, um sich darum zu kümmern, Seelenreisen zu lernen. Doch manche Menschen in der Masse werden sich immer die Wahrheit mehr als alles andere wünschen. Für sie ist der Lebende ECK-Meister bereit, der Menschheit zu dienen.

## Persönliche Entscheidung

*Ich würde gerne an einem örtlichen Gewichtsabnahme-Programm teilnehmen, das zwölf spirituell ausgerich-*

*teten Schritten folgt. Stünde das in Widerspruch zu ECK?*

Wie man sich entscheidet, für körperliche Gesundheit zu sorgen oder seinen Lebensunterhalt zu verdienen, muß für diejenigen, die dem Weg von ECK folgen, immer eine persönliche Entscheidung sein.

Ein möglicher Einwand wäre es, wenn jemand sein persönliches Geschäft mit den Menschen im ECK-Center oder bei einer ECK-Veranstaltung in Verbindung bringt. Ein anderer Einwand wäre es, wenn ein Führer in ECK sein Produkt oder seine Dienste aus Gründen persönlichen Nutzens einem anderen ECKisten aufdrängt. Aber ich weiß, Sie haben nicht die Absicht, den Heiligen Geist mit dem Geschäft zu vermischen. Sie haben völlige Freiheit, sich in Hinsicht auf die Gewichtsabnahme-Gruppe zu entscheiden.

## Lebensformen

*Haben Pflanzen Seelen? Angenommen, das ist der Fall, bekommen Tiere dann das gleiche Karma, wenn sie Pflanzen töten, das ein Mensch erhält, wenn er einen anderen Menschen schädigt?*

Schließen Sie nur einmal für eine Minute die Augen und schauen Sie das Leben hier auf der Erde in anderer Weise an. Denken Sie sich die Bäume, Menschen, Tiere, Gebäude und alles andere als Energiefelder statt berührbarer Objekte. Alle diese Billionen von Energiezentren bilden zusammen eine große Kugel aus Energie: die Erde.

Denken Sie jetzt an das Karmagesetz. Was ist das? Es ist nur das ECK, das jedem der Energiezentren innerhalb seiner Einflußsphäre in diesen niederen Welten Gleichgewicht verleiht. Wozu dient also das

Karma? Es ist dazu da, alle Seelen spirituell anzuheben. Und es scheint nur so, daß das Gesetz des Karma für Menschen exakter wirkt als für Tiere oder Pflanzen, weil wir das Karma in unserem eigenen Fall mit einem besonderen Interesse betrachten.

Wie also das Karma wirkt, hängt davon ab, wo jede Seele (in der Form eines Menschen, eines Tieres, einer Pflanze, eines Insekts oder einer noch kleineren Lebensform) im Augenblick spirituell steht. Im allgemeinen können wir jedoch sagen, daß Karma für alle das Gleiche ist. Jede Handlung kommt wie ein Brief mit fehlendem Porto zu dem zurück, von dem sie kam.

## Wer ist Christus?

*Wer oder was ist Christus? Paul Twitchell schrieb häufig über Christus in ähnlicher Weise wie über die ECK-Meister. Bezog er sich auf Jesus als Person oder auf ein Bewußtsein? Wenn das zweite zutrifft, auf welche Art von Bewußtsein? Ich habe viele christliche Freunde und wäre deshalb dankbar für eine Antwort.*

Ihre Frage ist wichtig, deshalb will ich Ihnen folgendermaßen antworten:

Jesus war tatsächlich der Mensch, und Christus war das Bewußtsein in ihm. Indem er über die Mission Christi sprach, sagte Johannes: »Allen aber, die ihn aufnahmen, gab er Macht, Kinder Gottes zu werden« (Johannes 1, 12). Jesus kam, um den Menschen den Weg zum Christuszustand in ihrem Inneren zu zeigen.

Wenn er vom »Reich Gottes« sprach, meinte Jesus das Christusbewußtsein. Er versprach seinen Jüngern, daß einige von ihnen vor ihrem Tode in es eintreten würden. »Von denen, die hier stehen, werden einige den Tod nicht erleiden, bis sie das Reich Gottes gesehen haben« (Lukas 9, 27).

Christus drückte sich in bezug auf das spirituelle Reich sehr direkt aus. Er sagte zu Pilatus: »Mein Reich ist nicht von dieser Welt« (Johannes 18, 36) und zu den Pharisäern: »Das Reich Gottes ist in euch« (Lukas 17, 21). Aber allzu viele Christen erwarten immer noch, daß das Reich — oder der Christuszustand — im Himmel erscheinen wird.

Heute suchen weiterhin Tausende nach dem verlorenen Schlüssel zum spirituellen Bewußtsein. Viele entdecken ihn in der Lehre von ECK.

Diese kurze Antwort kann nicht einmal beginnen, Ihre Frage erschöpfend zu beantworten, aber vielleicht hilft sie Ihren christlichen Freunden, das Christusbewußtsein in sich zu finden. Einige werden weiterschreiten bis zum ECKshar-Bewußtsein.

## Wahrheit in allen Glaubensrichtungen

*Da in allen Glaubensrichtungen ein Korn Wahrheit liegt, was ist die Wahrheit bei den griechischen und römischen Sagen?*

Die griechischen und römischen Sagen sind Legenden von Besuchern aus dem Weltraum, die in uralten Zeiten zur Erde kamen.

Die Naturwissenschaft glaubt heute, daß sich das Menschengeschlecht in Afrika entwickelte, aber wenige Wissenschaftler können sich darüber einig werden, woher die ersten Menschen kamen. Was eröffnete das Wachstum der Kultur? Die Wissenschaft weiß es nicht.

Seinerzeit in den dreißiger Jahren verblüfften die Dogonleute aus Westafrika viele Astronomen durch die Fakten, die sie über Sirius B, einen weit entfernten Stern, wußten. Der Stern leuchtet so schwach, daß erst 1970 Fotos von ihm gemacht wurden. Woher lernten dann die Dogon so viel über einen Stern, den sie mit bloßem Auge nicht einmal sehen konnten? Sie bestanden darauf, daß Besucher aus dem Weltraum ihnen das vor langer Zeit gesagt hatten.

Im Augenblick aber haben die Menschen auf der Erde mit dem Versuch, miteinander auszukommen, alle Hände voll zu tun.

## In anderen Religionen dienen

*Kann ein ECK-Initiierter als Priester, Pfarrer oder Rabbiner in einer anderen Religion dem ECK dienen?*

In der Zukunft werden wir immer wieder ECKisten sehen, die die Rolle von Führern in anderen Religionen bekleiden. Ein Chela von Paul Twitchell war ein Pfarrer. In Afrika ist ein Initiierter der Häuptling seines Volkes, und dabei wird von ihm verlangt, daß er religiöse Feiern abhält. Ein derartiger Dienst für den Mahanta spiegelt die Universalität des ECK wider, denn Es ist nicht an irgendeinen Glauben oder eine Religion gebunden. Vielmehr übersteigt Es all diese, denn Es ist die einigende Kraft des Lebens.

## Zuviel Druck?

*Eine Freundin fand infolge unserer Gespräche Interesse an Eckankar und ging zu einem Einführungsvortrag. Sie wurde dann wochenlang von einem Chela belästigt, der sie immer wieder anrief um zu hören, ob sie Fragen hätte oder weitere Information haben wollte.*

*Insgesamt habe ich den Eindruck, daß man für den Freiraum der Menschen nicht sensibel genug ist.*

Einige ECKisten verstehen immer noch nicht, daß außer ihnen auch alle anderen Menschen auf heiligem Boden wandeln. Sie möchten nicht gedrängt werden, und das möchte ich auch nicht.

Menschen sind Menschen, ganz gleich welchen Weg sie gehen. Seien Sie größer als diejenigen, die sich selbst spirituell am Fortschritt hindern, indem sie ihren engen Glauben anderen aufdrängen. Die ECK-Botschaft zu präsentieren ist eine Sache, Leute zu belästigen ist etwas anderes.

Bitte sprechen Sie mit dem Aufdringlichen in taktvoller Weise über sein Verhalten, aber lassen Sie sich davon nicht herunterziehen.

## Persönliches Unterscheidungsvermögen

*Was für eine Art von Antwort würdest Du einem ECKisten empfehlen, wenn er von anderen aus Sorge um sein geistliches Wohl eingeladen wird, ihre Kirche zu besuchen? Ich möchte diejenigen nicht vor den Kopf stoßen, denen anscheinend nur mein Bestes am Herzen liegt. Ich möchte auch nicht, daß sie von mir denken, ich sei unmoralisch. Ich würde diesen Menschen gerne von Eckankar erzählen, aber ich glaube, das würde noch schlimmere Probleme verursachen, als wenn ich sie denken lasse, ich sei nur faul und auf die schiefe Bahn geraten.*

Sie stehen an einer schwierigen Stelle. Es gibt einen Kampf zwischen den Kräften des ECK und des Kal, der vor nichts Halt macht. Solche Menschen mögen sagen, sie seien in ernster Sorge um Ihr geistliches Wohl, aber sie sind Werkzeuge des Kal.

Nichts was Sie sagen wird sie davon abhalten, sich um Ihre Bekehrung zu bemühen. Sie können ihnen etwa so antworten: Gott hat uns viele Wege gegeben, zum Himmelreich zurückzukehren. Ich habe meine persönliche Beziehung zu Gott, über die ich nicht spreche.

Dann beenden Sie das Thema mit einem Lächeln oder gehen Sie in höflicher Weise. Sagen Sie, sie müssen irgendwo zu einer Verabredung sein und machen Sie vorher eine aus, wenn Sie eine Konfrontation befürchten.

Es gibt keinen Grund, die ECK-Lehre vor Menschen auszubreiten, die sich in einer gegen Sie gerichteten Mission befinden. Singen Sie still HU, beachten Sie das Gesetz des Schweigens und entschuldigen Sie sich bei der nächstmöglichen Gelegenheit.

## Diejenigen, die Gott lieben

*Dein Artikel über Kirche und Religion in der* Mystic World *war sehr willkommen. Manche anderen sind über die Veränderungen in ECK nicht so glücklich. Ein Freund sagte mir, mit Eckankar sei er jetzt fertig, und ich sah, wie das Licht aus seinen Augen verschwand. Wie kommst Du bei dieser Art von Widerstand voran?*

Ich bin mir bewußt, daß manche Initiierte nicht wissen, warum wir uns als *Religionsgemeinschaft* bezeichnen. Wir müssen uns aller unserer verfassungsmäßigen Rechte bedienen, wenn wir als spirituelle Lehre auf Dauer überleben wollen.

Wozu *Regeln*? Alles wird von Regeln und Gesetzen regiert. Wenn ein Baby aufwächst, nehmen die Regeln, die für es im Hause gelten, eine neue Form an. Sie sind weder besser noch schlechter als die alten Regeln, aber sie passen zu dem Alter des wachsenden Kindes. Wissen wir nicht, daß auch die Regeln der spirituellen Ebenen sich ändern, wenn wir in unserem Bewußtsein höher hinaufsteigen? Ein Molekül entspricht gewissen Naturgesetzen, oder es würde aufhören zu existieren.

Das Murren, das Sie vernommen und von dem Sie mir erzählt haben, ist natürlich. Es gehen wirklich große und wichtige Veränderungen in Eckankar vor sich. Der Widerstand ist nur die natürliche Neigung, sich einer Veränderung des bestehenden Zustands zu widersetzen. Die Menschen sind nicht glücklich, wo sie sind, aber sie beklagen sich, wenn das ECK versucht, sie zu größeren Dingen voranzubringen.

Das Ganze wäre eine entmutigende Aufgabe, wenn es nicht die verhältnismäßig wenigen Initiierten gäbe, die das ECK als erstes, als letztes und immer lieben. Sie wollen einfach Gottrealisation haben. Sie wissen, daß sie nicht mit der Masse in Konkurrenz liegen, daher spielen die Werte der Masse für sie keine Rolle. Sie wissen, daß sie den Berg Gottes in ihrem eigenen Tempo erklimmen müssen oder sich selbst Schaden zufügen. Daher hören sie auf den Rat ihres Führers, des Mahanta, des Lebenden ECK-Meisters.

Was mich in Gang hält sind die bescheidenen Menschen, die das Sugmad, das ECK und den Mahanta lieben. Sie haben ihre eigenen Erfahrungen mit Ton und Licht und sind für die Segnung dankbar. Ich liebe sie, denn ihnen wird das Reich Gottes gehören.

Auch Sie können mit mir gehen.

## Die Initiationen der Erde

*Ich hörte, wie ein ECK-Initiierter sagte, die Erde bekäme ihre überfällige dritte Initiation. Kannst Du dieses Thema und verwandte Themen wie das Karma des Planeten und den Tempel von ECK einmal beleuchten?*

Im Augenblick bleibt die Erde bei ihrer zweiten Initiation. Ihr Gruppenbewußtsein schlägt sich im wesentlichen mit den Emotionen herum. Jedoch nähert sich eine wachsende Vorhut von Menschen der dritten oder der kausalen Initiation.

Es ist zu früh, um über das Karma des Planeten zu sprechen. Das Gruppenbewußtsein der Erde hat einen freien Willen. Es kann sich entscheiden, ob es spirituell fortschreiten will oder nicht. Wenn es das tut, dann werden Sie sehen, daß die Sorge um Verschmutzung und individuelle Freiheit weiter zunimmt. Im anderen Fall werden die Länder in großem oder geringem Maßstab auf Kriege zur Lösung von Streitigkeiten zurückfallen.

Der Tempel von ECK kennzeichnet die Trennungslinie zwischen der zweiten und der dritten Stufe des Gruppenbewußtseins der Menschheit. Die Vairagi-Adepten möchten den Tempel haben, weil die Menschheit bald spirituell voranschreiten muß.

Der Tempel von ECK ist also hier, um dazu beizutragen, die Menschheit anzuheben.

Der Tempel von ECK ist spirituell wichtig, weil er dazu beitragen wird, daß viele Menschen den Ton und das Licht Gottes finden. Anderen Menschen wird er helfen zu verstehen, daß auch ECK-Initiierte Gott lieben.

## Gebäck und Träume

*Einige ECKisten möchten eine Trittstufe zu Eckankar bereiten, indem sie einen öffentlichen Kurs über die ECK-Sicht von Träumen veranstalten. Sie würden nicht über Eckankar sprechen, es sei denn als Antwort auf eine direkte Frage. Außerdem ist der Kurs keine Eckankar-Veranstaltung.*

*Stimmt dieses Vorgehen mit der Vahana-Mission überein? Und harmoniert es mit der Vision des Mahanta für Eckankar?*

Ein derartiger Kurs ist sicher einen Versuch wert.

Die Frage, die sich dann stellt, ist, ob der RESA und die ECKisten in einer Region eine Veranstaltung wie z.B. eine Traumklasse finanziell unterstützen dürfen, die nicht von ECK spricht.

Ja, solange sie nicht die Mittel von Eckankar benutzen wie die ECK-Center oder Finanzmittel von Eckankar.

Ein Kurs über Träume, der ECK oder Eckankar nicht erwähnt, unterscheidet sich nicht von einem Backkurs. Jede Veranstaltung, die die Mittel von Eckankar verwendet, muß eine *direkte* Verbindung mit der ECK-Lehre haben. Ein Kurs im ECK-Center über das Backen von Weihnachtsgebäck wäre von schlechtem Geschmack (in jedem Sinne des Wortes). Ebenso wäre eine Traumklasse, die ECK oder Eckankar nicht erwähnt, in einem ECK-Center fehl am Platze.

## Das Goldene Zeitalter

*Wie kann ECK im Vergleich zu anderen Religionen dem Durchschnittsmenschen helfen?*

Eine Initiierte hielt einen Workshop über ECK ab für Familien, bei denen ein Ehepartner nicht in ECK ist. Sie übermittelte den Menschen, welche Bedenken über die Rolle von ECK in einer Familie mit unterschiedlicher Religionszugehörigkeit hatten, eine Menge an Hilfe und gesundem Menschenverstand. In dieser Weise können wir Führer unter den Religionssystemen sein.

Wir sind vernünftige Leute, die sich mit den gleichen Problemen auseinandersetzen müssen, wie andere Gruppen auch, aber wir haben weniger mentales Gepäck, das eine direkte Entscheidung behindert.

Wir leben in begeisternden Zeiten. Man muß einfach etwas tun, um die Leute dazu zu bringen, sich um ihre eigenen Interessen zu kümmern statt sich immerzu auf den Staat zu verlassen. Schrittweise Veränderungen werden nötig sein, um von dem abhängigen Zustand zu einem der Unabhängigkeit zu gelangen. Sonst würde die ganze Welt der Menschen ohne jeden vernünftigen Grund auf den Kopf gestellt.

Diese Veränderungen werden eintreten, denn sie gehören zu dem Goldenen Zeitalter, das wieder das unsere sein kann, wenn es genug Initiierte gibt, die zur Verwirklichung beitragen.

## Fester Begriff

*Wäre es zur Unterstützung der Vahanabewegung nicht besser, den Namen Eckankar zu verändern—weil es kein vertrautes Wort ist?*

Es gibt heute viele unübliche Namen in der Welt. Ein Name als solcher bedeutet nichts, sondern nur, soweit er etwas Wertvolles bezeichnet.

Wie finden das die Menschen heraus?

Wenn diejenigen, die etwas Wertvolles besitzen, sich nicht bemühen, vielen anderen Menschen etwas über die Vorteile ihres Dienstes oder ihres Produktes zu erzählen, wer würde je davon erfahren? Zum Beispiel sind wir nicht mit dem Wissen geboren worden, was ein Big Mac-Hamburger ist. Das mußte uns jemand sagen. Und Millionen Menschen kamen Jahrtausende lang wirklich gut zurecht, bevor das erste McDonalds-Restaurant seine Pforten öffnete. Jetzt glauben viele, sie könnten ohne einen Big Mac-Hamburger nicht leben. Vielleicht hat der Name für manche Menschen auch einmal merkwürdig geklungen, aber heute hält kaum jemand inne, um noch einmal darüber nachzudenken.

Das Problem liegt nicht in dem Namen Eckankar. Es liegt bei den ECK-Initiierten, die sich der ECK-Lehre schämen. Deshalb lehnen sie es ab, anderen davon zu erzählen — weil sie vor der Reaktion der Gesellschaft und dem, was die Leute vielleicht sagen, Angst haben.

Diejenigen, die ein schwaches Herz haben, gewinnen keinen missionarischen oder militärischen Feldzug. In Wirklichkeit ist die spirituelle Kraft, die einen ECK-Missionar vorwärts drängt, die gleiche, die jeden wahren Sucher Gottes antreibt: ein kühner und abenteuerlustiger Geist.

Auf welche Weise werden *ECK* und *Eckankar* feststehende Begriffe? Nur durch unsere Bemühungen. Von allein geschieht das nicht.

## Gott und nichts Geringeres

*Ich habe viele Erfahrungen gehabt, die mir die Veränderungen zeigten, die in der ECK-Organisation stattfinden. Ich weiß jetzt besser denn je, daß ich als nichts Geringeres als ein Mensch mit Gottrealisation arbeiten muß, denn das ist jetzt nötig.*

Sie haben wirklich Glück, daß Sie zum Inneren Meister gehen können, um zu verstehen, was hier in der äußeren Organisation vor sich geht. Diese Fähigkeit ist das Herz und der Kern der ECK-Lehre.

Zur Zeit sind viele Richtungen möglich, aber die auf lange Sicht beste ist es, zu erkennen, wie wir für die Zukunft bauen können. Überlassen wir die Vergangenheit sich selbst, solange sie uns nicht zwingt, etwas zu lösen, das sonst keine Ruhe geben wird. Man kann viel kostbare Zeit damit verschwenden, immer wieder durchzukauen, was vielleicht etwas ist oder auch nicht. Können wir, wenn dieses Leben vorüber ist, die Jahrzehnte mit einem klaren Verstand überblicken und sagen: »Ich habe in diesem Leben getan, was ich zu tun vorhatte, bevor ich in den Körper kam.«? Was immer uns von unserem letztlichen Ziel der Gottrealisation abbringt, ist falsch.

Ich habe ein umfassendes Programm zusammengestellt, das sich Schritt für Schritt in Bewegung setzen wird. Damit sind viele detaillierte Planungen verbunden. An allen Fronten war eine vollständige Veränderung erforderlich, aber das übergreifende Thema ist immer noch, die Botschaft von ECK allen zu bringen, die sie hören wollen.

Was viele Initiierte nicht wissen, ist, daß der geheime Weg in das königliche Reich über den Dienst für Gott führt — einen alles verzehrenden Dienst, weil er aus der Liebe des ECK getan wird. Aber man muß Pläne machen, eine Richtung wählen und dann die Maßnahmen treffen, die dies ins Leben rufen.

Schließlich muß es für jeden, ob jung oder alt, gesund oder ans Haus gebunden, einen Platz geben, um dem ECK zu dienen. Das ist es, was heute mit Eckankar geschieht. Es wird ein Kanal des Dienstes für das ECK. Beide, der Geber und der Empfänger, sind gesegnet. Das ist das Wesen des ECK.

Zeitweilig bedeutet das eine langwierige und anstrengende Wegstrecke, aber wir planen für eine solide Zukunft, in der die ECK-Botschaft von den Menschen in allen Ländern allgemein akzeptiert sein wird. Es ist so viel Zeit nötig, eine solide Grundlage für die nach außen gerichtete Organisation zu legen, aber es muß alles oben beginnen und sich nach unten ausbreiten. Das geschieht zur Zeit.

Wenn die ECK-Lehre fortbestehen soll, dann

müssen sowohl die Mitarbeiter wie auch die Initiierten geschult werden. Aber wir müssen eins nach dem anderen tun, sonst ist alles verloren. Sie wären erstaunt, wenn Sie wüßten, wie viele Menschen uns dazu bringen möchten, daß wir unter Auslassung der Zwischenstufen mit einem großen Sprung von der Stufe eins auf die Stufe fünf springen.

## Die Zeiten ändern sich

*In neuerer Zeit habe ich erlebt, wie manche Menschen Eckankar verlassen haben, um ihre eigenen Organisationen zu gründen oder ihre eigenen Bücher zu schreiben, welche wiederum andere von Eckankar wegführen.*

*Zur gleichen Zeit ist in Amerika der ECK-Tempel gebaut worden, und es treten viele andere Veränderungen ein. All dies brachte mich auf die Frage, ob Eckankar vielleicht auf dem Weg ist, eine orthodoxe religiöse Institution ähnlich dem Christentum zu werden. Es gibt viele Parallelen zwischen der Geschichte des Christentums und dem, was heute in Eckankar geschieht, und ich befürchte, daß die wahre ECK-Lehre schließlich unterdrückt wird, um die Struktur der äußeren Organisation aufrechtzuerhalten.*

*Könntest Du mir bitte helfen, diese Furcht fallenzulassen, indem Du mir erklärst, was geschehen wird? Ich möchte Eckankar nicht verlieren.*

Vielen Dank für Ihre Bedenken. Der Lebende ECK-Meister der Zeit legt immer die Richtung für die ECK-Lehre und Eckankar fest. Zu seiner Zeit wußte Paul Twitchell, daß Eckankar eines Tages einen Sitz der Macht brauchen würde. Einen Altar, eine Kathedrale, einen Tempel oder was sonst? Besorgen Sie sich eine Tonbandkassette von der Einweihung des ECK-Tempels, um zu hören, was er selbst sagte.

Die Geschichte kann ein guter Lehrmeister sein. Aber nur dann, wenn man sie hinreichend studiert. Beispielsweise haben Menschen nicht erst »in neuerer Zeit« ECK verlassen, sondern auch in den Tagen von Paul. Es ist ebenso natürlich, daß Menschen kommen und gehen, wie daß sich die Jahreszeiten ändern. So ist das Leben.

Wenige verstehen, was der Lebende ECK-Meister tut. Er hat immer noch einen Auftrag des Sugmad auszuführen, Plan für Plan, um den Menschen die Lehre von Licht und Ton zu bringen. Alles geschieht zur richtigen Zeit und in der richtigen Reihenfolge.

# 12

# Ein Werkzeug für Gott sein

*Es gibt ein Paradox, auf das ich im Zusammenhang mit dem Dienst an Gott gestoßen bin. Wir sagen zum Göttlichen Geist: »Tu mit mir, was du willst«, aber wenn wir Werkzeuge sind, bewegen wir dann nicht gleichzeitig den Göttlichen Geist und bestimmen seine Richtung?*

Eigentlich bestimmen wir nicht die Richtung des Göttlichen Geistes. Wir sagen nicht: »Ich möchte lernen, das ECK in meinem Leben zu benutzen.« Unsere eigentliche Frage sollte sein: »Wie kann ich mich selbst als reines Werkzeug für die Benutzung durch das ECK öffnen?«

Sie gehen durch das Leben, und das Wissen darüber, was getan werden muß, zeigt sich, während Sie den Willen des Sugmad ausführen.

Oft erhalte ich eine innere Anweisung und weiß, was ich gerne tun würde. Ich beginne in dieser Richtung, und dann schreitet das ECK ein. Es kann sein, daß es sich durch jemand anderen ausdrückt, der mir sagt: »Das kann der Computer nicht.« Also versuche ich etwas anderes.

Das ECK wählt vielleicht einen Weg, der meiner

Meinung nach nicht ganz so direkt ist, aber wenn man an die Menschen denkt, die an dem Programm beteiligt sind, ist es das Beste für das Wachstum von allen. Also trete ich zurück und sage: »In Ordnung.«

Der Göttliche Geist gibt jeder Seele eine Anweisung und etwas zu tun. Man macht es so gut man kann. Wenn es aber plötzlich nicht funktioniert, öffnen Sie sich dann für Seine Führung. Sagen Sie zum Heiligen Geist: »Ich weiß, es gibt einen Weg, dies zu tun, aber wie stelle ich es an?« Dann wird jemand zur Tür hereinkommen und sagen: »Ich habe eine Lösung.« Vielleicht ist es nicht die vollständige Lösung. Es ist vielleicht nicht einmal Lösung genug, um Ihren Plan in Gang zu setzen, aber es wird zur nächsten Idee hinführen.

## Harmonie innerhalb einer Gemeinde

*Ich lebe in einer ziemlich isolierten ländlichen Gegend, wo mein Mann und ich Landwirtschaft betreiben. Es gibt keine ECKisten in der Nähe. Ich fühle mich oft recht einsam und unsicher darüber, wie ich hier ein guter ECKist sein kann, besonders dann, wenn mein Nachbar mir sagt, ich solle zur Kirche gehen und die Bibel lesen, um ein besserer Mensch zu werden.*

Es kann in einer ländlichen Gemeinde sehr schwierig sein, ECKist zu sein. Fast alle gehen zur Kirche, weil sie eines der wichtigsten sozialen Zentren ist, wo die Menschen sich treffen können.

Nach zwei Jahren in Eckankar fühlte ich mich in der Kirche sehr fehl am Platz. Aber ich ging meiner Familie zuliebe noch ungefähr ein weiteres halbes Jahr hin. Schließlich sagte mir die innere Führung vom ECK, ich solle Menschen finden, die so glaubten und fühlten wie ich.

Der erste schmerzliche Schritt war, daß ich meine Kirche auf dem Lande verließ. Es gehörte zum Schwierigsten, was ich je getan hatte, aber ich konnte mich nicht länger dazu zwingen, in diese Kirche zu gehen. Die Familie und die Nachbarn zerrten aus allen Richtungen an mir, damit ich in den Schoß der Gemeinde zurückkehrte. Wie hätten sie verstehen können, daß ich nicht mehr dorthin gehörte? Das bedeutet nicht, daß ich mich für besser hielt als sie — ich gehörte einfach nicht mehr dahin.

Wenn Sie sich wohler dabei fühlen, gelegentlich zur Kirche zu gehen oder die Bibel zu lesen, dann tun Sie das. Sie werden ein wachsendes Selbstvertrauen entwickeln, sich für das zu entscheiden, was Sie tun wollen. Das ist schließlich Ihr von Gott gegebenes Recht.

Lassen Sie sich niemals von irgend jemand einreden, Sie seien weniger wert als andere Menschen. Sagte nicht Christus: »Liebe deinen Nächsten wie dich selbst«? Sie müssen sich als ein Kind Gottes erst einmal selbst lieben, bevor Sie Ihren Nächsten lieben können.

Sie müssen nicht stundenlang ECK-Tonbandkassetten anhören, um ein guter ECKist zu sein. Sie müssen auch nicht ständig ECK-Bücher lesen oder nur noch ECK-Videos anschauen. Sie arbeiten hart auf dem Bauernhof. Manchmal müssen Sie sich einfach nach einem harten Tag vor dem Fernseher entspannen und *Roseanne* anschauen. Es kann auch gut für die Familie sein, etwas gemeinsam zu tun.

Ich möchte sagen, daß jeder, der in irgendeiner Weise etwas im Leben sucht, ständig eine Idee gegen eine andere auf die Waagschale legen muß. So ist das Leben. Niemand hat alle Antworten. Wichtig ist, daß Sie lernen, weil Sie das wollen. Allein das unterscheidet

Sie von 95 Prozent der Menschen, die Sie kennen. Und das wird sich nicht ändern, wie sehr Sie sich auch zwingen, in die Kirche zu gehen.

Sie sind nicht besser als Ihre Nachbarn, aber Sie sind sicher anders. Ihre Interessen beweisen das. Aber Sie müssen verstehen, daß anders zu sein an den meisten Orten als Sünde angesehen wird. Daher erwarten Sie nicht, daß die Leute Sie lieben. Das ist deren Problem, nicht Ihres.

Auf der Erde zu leben heißt, in der Gemeinschaft zu leben. Tun Sie, was Ihnen möglich ist, um im Kreise Ihrer Nachbarn friedlich zu leben, denn das bäuerliche Leben bedeutet oft, daß man zwangsläufig aufeinander angewiesen ist. Das gibt anderen jedoch nicht das Recht, Ihnen zu sagen, wie Sie Ihr Leben führen sollen.

Es ist gut, daß Sie daran arbeiten, dem Sugmad zu dienen, denn alles, was für Gott getan wird, ist für uns selbst getan.

## Das ECK für die Menschen wirklich machen

*Was ist der Schlüssel dafür, die ECK-Lehre lange Zeit zu erhalten? Wie können wir ECK für die Menschen zu einer Realität machen?*

Das ECK läutert die Seele Schritt für Schritt, bis sie soweit ist, daß sie eins mit dem ECK werden kann. Währenddessen muß man unbeirrt die Selbstdisziplin der spirituellen Übungen und der monatlichen Initiiertenberichte aufrechterhalten (ganz gleich, ob der Initiierte nun meint, daß sie wirklich abgeschickt werden müssen).

Das ECK umfaßt das Leben selbst. Es ist ein wunderbarer Dienst an ECK, den viele Initiierte verrichten, wenn sie in ihre Gemeinden hinausgehen und durch ihre berufliche Tätigkeit, sei es nun als Angestellter oder als Arbeitgeber, anderen das Licht und den Ton bringen. Es kommt nur darauf an, daß sie lernen, sich als Werkzeuge zu öffnen, durch die der Göttliche Geist wirken kann.

Die ECK-Führerschaft ist dabei, Möglichkeiten zu finden, wie sie spirituelle Sucher mit Erfolg erreicht. Führerschaft im Verein mit den Spirituellen Übungen von ECK bringt inneres Wachstum. Ich meine mit Führerschaft hier, die ECK-Botschaft hinaus an die Öffentlichkeit zu bringen.

Wenn jemand eine Untersuchung der spirituellen Wege machen wollte, die Erfolg oder Mißerfolg hatten, dann würde er feststellen, daß in den meisten — nicht in allen — Fällen sich eine religiöse Lehre als erfolgreich erwies, weil sie über eine starke zentrale Führerschaft in der Öffentlichkeit verfügte.

Das ist der Grund, warum die Mahdis als der rechte Arm des Mahanta so wichtig sind. Die Mahdis können die Botschaft von ECK zu denjenigen bringen, die auf andere Weise nicht erreicht werden könnten.

## Was ist Erfolg?

*Ich möchte viel Geld verdienen, damit ich ein größerer Kanal für das ECK sein kann. Ich eröffnete kürzlich eine Baufirma, aber ganz gleich, wie hart ich auch arbeite, das meiste von meinem Geld scheint für die Steuern abzugehen. Sind diese Steuern eine Verletzung des spirituellen Gesetzes? Was kann ich tun, um erfolgreich zu sein?*

Wir wollen einmal Ihre Bedenken nacheinander anschauen. Man braucht nicht viel Geld, um ein größerer Kanal für das ECK zu sein. Aber das wissen Sie schon. Manche Menschen haben jedoch die Karten (das Karma), wohlhabend zu werden und zu lernen, damit umzugehen — entweder in spiritueller oder in selbstsüchtiger Weise.

Steuern sind Steuern, sie sind weder gut noch schlecht.

Von allen Menschen, die mit dem Problem der Steuern konfrontiert sind, befindet sich jeder irgendwie in einer besondere Lage. Reiche Leute, arme Leute — manche zahlen zuviel und andere gar nichts. Sie müssen entweder ein Experte in Hinsicht auf die sich verändernden Steuergesetze werden oder einen guten Berater finden (einen Steuerberater oder Steueranwalt), um Hilfe eines Experten zu bekommen.

Aber das geht über meinen Rat hinaus.

Jedes Land erhebt von seinen Einwohnern Steuern, um die Kosten der Verwaltung zu bezahlen. Manche Steuern sind fair, andere sind für die Menschen eine Last, die sie der Möglichkeit, in Freiheit und persönlicher Entscheidung zu leben, beraubt. Das ist wiederum ein soziales oder politisches Thema, das über den Rahmen meines Rates hinausgeht. Menschen, die Steuergesetze und alle anderen Gesetze erlassen und durchsetzen, verletzen vielleicht das spirituelle Gesetz, aber die Herren des Karma werden sich mit ihnen zu gegebener Zeit befassen.

Wie können Sie erfolgreich sein? Was ist Erfolg? Es bedeutet, glücklich zu sein, und das hängt nicht vom Reichtum ab. Es gibt sowohl bedauernswerte reiche als auch glückliche arme Menschen und umgekehrt. Unterliegen Sie deshalb nicht der Illusion, daß Wohlstand Glück beschert. Und Wohlstand bedeutet auch keine bessere Fähigkeit, dem ECK zu dienen.

Bei jedem wahren Erfolg geht es um Liebe. Lieben Sie die Luft, die Sie atmen, denn sie ist ein Geschenk des Lebens. Lieben Sie Ihre Arbeit: Sie wird die Ihnen von

Gott gegebenen Fähigkeiten der Schöpfung erweitern. Und lieben Sie Ihre Angehörigen, und dienen Sie ihnen. Vor allem aber tun Sie alles im Namen des Mahanta.

Ein letztes Wort: Halten Sie sich an die beiden Gesetze, die Maybury in dem Buch *Whatever Happened to Justice?* angibt. Ich wiederhole: »Tue alles, was Du vereinbart hast« und »Beeinträchtige nicht andere Personen oder deren Eigentum«.

Erfolg ist nicht leicht zu erreichen, aber Liebe kann ihn möglich machen.

Nebenbei gesagt, alles Gute für Ihr Unternehmen.

## Negative Bindungen

*Unsere kleine Gemeinde verhält sich wie ein Clan und ist gegen Eckankar eingestellt. Anfangs meinten wir nur, wir würden unfair behandelt, und mein Mann hätte Arbeitschancen verloren, aber einige Leute bestätigten das gestern abend ganz unverblümt. Ich liebe Eckankar, aber ich bin nicht sicher, wie ich in dieser Stadt ein Werkzeug dafür sein kann.*

Seien Sie vorsichtig bei Ihren äußeren ECK-Aktivitäten, da die Öffentlichkeit Sie aufs Korn genommen hat. Sehen Sie zu, daß Sie so gut wie möglich mit ihnen auskommen. Wenn das ECK das getan hat, was es durch Sie als Kanäle in dieser Gemeinde tun muß, wird sich für Sie die Gelegenheit ergeben, an einen besseren Ort umzuziehen.

Sie handeln nur vernünftig, wenn Sie in bezug auf Ihre Gefühle gegenüber ECK Stillschweigen bewahren. Haß zu besänftigen, wenn er erst einmal losgelassen wurde, ist nicht das Einfachste. Diejenigen, die ihn auf Unschuldige richten — besonders, wenn es sich um die Chelas des Mahanta, des Lebenden

ECK-Meisters handelt —, werden plötzlich feststellen, daß ihre Angelegenheiten ziemlich schief gehen. Das wird vielleicht für die Nachbarn nicht äußerlich erkennbar sein, aber diejenigen, die Haß üben, werden sicher feststellen, daß es mit ihnen abwärts geht bei Dingen, die sie für selbstverständlich gehalten haben, wie z.B. der Gesundheit.

Wichtig ist hier Ihr Vertrauen in ECK, das den ganzen Tag hindurch stark und unerschütterlich sein muß. Wenn Sie ein mentales Bild von mir als dem Inneren Meister in Ihrem Spirituellen Auge plazieren und still HU singen, werden Sie fähig sein, den Haß aus jeder Begegnung zu ertragen.

Dies ist eine karmische Situation, in der Menschen, mit denen Sie in früheren Leben in ihrer Religion zusammengewesen sind, Ihre Gegenwart als Bedrohung ihres Glaubens ansehen. In der Vergangenheit waren Sie einer von ihnen. Aber jetzt sind Sie Außenseiter, denn Sie sind dort als stille Kanäle des ECK, um das Karma der Gruppe zu beschleunigen. Der Haß der anderen Ihnen gegenüber wird zweifellos deren karmische Zahlungsverpflichtungen eiliger machen. Aber all das ist für die Seelen in der Gemeinde nötig, damit sie sich eines Tages von den negativen Bindungen lösen können, die sie daran hindern, die spirituelle Befreiung zu erkennen.

## Wir werden immer beschützt

*Wie kann ich mit Sicherheit wissen, daß ich beschützt werde, während ich wachse und ein größerer Kanal für ECK werde? Ich habe wirklich zu kämpfen, um in meinem Lande ein Vahana für ECK zu sein.*

Wenn wir in Schwierigkeiten kommen, sind diese leichter zu verstehen und auszuhalten, wenn wir erkennen, daß sie die Art und Weise des Göttlichen Geistes sind, uns Vervollkommnung gewinnen zu lassen. Sehen Sie zu, ob Sie hören können, was ich sage: Es gibt immer eine Möglichkeit, ein spirituelles Leben zu führen, ganz gleich, wie sehr andere versuchen, uns aufzuhalten.

Ihr inneres Leben steht unter meiner Obhut. Es gibt nichts, über das man sich Sorge machen müßte. Sie werden gute Möglichkeiten finden, dem ECK auf stille Weise zu dienen, die alle anderen übersehen haben. Wir müssen nach außen hin dienen im Gegenzug für die Liebe, die das ECK uns gibt, oder wir brennen aus.

Blicken Sie bescheiden und einfach — sanft — auf den Inneren Meister. Lassen Sie den Mahanta Ihren Freund sein, wenn die Welt Sie verletzt. Ziehen Sie sich von denjenigen zurück, die Sie beunruhigen und schädigen. Seien Sie ein stiller Träger der Botschaft von ECK.

Sie werden für die Hilfe, die Sie geben, niemals Anerkennung erhalten, aber Sie bauen sich eine Belohnung im Himmel auf. Denken Sie daran, daß meine Liebe und mein Schutz immer bei Ihnen sind. Sie müssen nur darum bitten.

## Freiheit bewahren

*Kürzlich schickte ich dem Herausgeber einer großen Zeitung einen Brief über meine Bedenken in bezug auf das Gebet in der Schule. Ich zitierte die Bibel und fand Stellen, wo sie unsere Freiheit, so zu beten, wie wir wollen, schützt. Ich bin in unserer kleinen Stadt auch die örtliche Kontaktperson, über die die Öffentlichkeit etwas über ECK erfahren kann. Ich hoffe, dies hilft Dir und trägt zu Deiner Mission bei.*

Ihr Brief an den Herausgeber ist gut. Ich bin tatsächlich gerade dabei, einen Artikel über das Beten zusammenzustellen, in dem Matthäus 6, 5–6 zitiert wird. Ich weiß Ihre Hilfe bei der Bewahrung der individuellen Freiheit, die seitens unserer eigenen Regierung bedroht wird, sehr zu schätzen.

Vielen Dank, daß Sie für die Menschen in Ihrer Gemeinde, die etwas über ECK wissen wollen, zur Verfügung stehen. Man entspricht den spirituellen Übungen am besten, wenn man anderen aus Liebe dient, wie Sie es als ECK-Kontaktperson für die Öffentlichkeit tun. Innere Erfahrungen sind wichtig, aber die Liebe und der Dienst für Gott stehen über jeder inneren Erfahrung. Dienen beweist die Liebe.

Der Punkt, der einem Sucher oft entgeht, besteht darin, daß er die Liebe von ECK, die er erhält, zurückgeben muß. Das geschieht durch irgendeine Art von Dienst — eine Möglichkeit, die physischen und die spirituellen Dinge ins Gleichgewicht zu bringen.

## Ihre alltäglichen Erfahrungen

*Was genau bedeutet der Ausdruck »das lebende Shariyat«?*

Das Shariyat ist das heilige Buch der Vairagi-Adepten. Es ist eine Aufzeichnung der spirituellen Entwicklung auf jeder Ebene Gottes.

Das lebende Shariyat bezieht sich auf das Handeln des ECK, wie es in der Schöpfung stattfindet, bevor es in einem Buch niedergeschrieben wird. Für uns bedeutet es den dynamischen Einfluß des ECK in unserem täglichen Leben.

Auf einer zweiten Stufe ist das Shariyat der Ton und das Licht von ECK. Wenn die spirituellen Energien des Lebens zur Schriftform verdichtet worden sind, nennen wir das ein Buch: *Das Shariyat-Ki-Sugmad*. Das ist die Geschichte des ECK in den niederen Welten. Von der Seelenebene an aufwärts kann einen der Mahanta durch unmittelbare Erfahrung mit dem Ton und Licht unterrichten. Auch das ist das lebende Shariyat.

Kurz gesagt, das lebende Shariyat ist jede Erfahrung in Ihrem Leben, die etwas über die Liebe des Sugmad für die Seele — und die Liebe der Seele für Es—lehrt.

## Ein besserer ECKist sein

*Meine siebenundneunzig Jahre alte Mutter hat es gerne, wenn ich sie sonntags in die Kirche bringe. Ich habe Freude an dem Gottesdienst, auch wenn ich nicht daran teilnehme. Bin ich ein schlechterer ECKist, wenn ich das tue?*

Ich finde es wunderbar, daß Sie Ihre Mutter sonntags in die Kirche bringen können. Unser Leben ist Dienen. Und wenn es nicht für uns ist, ist es für andere —für deren spirituelle und emotionale Bedürfnisse. Ihre Mutter bedarf Ihrer warmen Liebe, denn das ist es, was das Leben für sie lebenswert macht.

Vielen Dank, daß Sie sich vom ECK als Sein Werkzeug benutzen lassen. Es weiß am besten Bescheid.

## Die Bewußtheit erweitern

*Warum mußte die Seele in die niederen Welten kommen? Hat sie im Himmel etwas Schlechtes getan und mußte bestraft werden?*

Vielen Dank für Ihre nachdenkliche Frage über die Seele und ihre Ankunft in den niederen Welten. Diese

Seelen haben nichts derartig *schlechtes* getan, daß sie hierher geschickt werden mußten, jedoch mußten sie zum nächsten Stadium im Rahmen des Zweckes, zu dem Sugmad sie erschaffen hatte, weitergehen. Sie müssen bitte verstehen, daß die wahren spirituellen Welten oberhalb der fünften Ebene nicht dem Gesetz der Logik von der Mentalebene unterliegen. Vielleicht haben Sie Schwierigkeiten, dies zu verstehen, vielleicht auch nicht.

Das Sugmad erschuf Seelen, damit Es durch deren Erfahrungen der *Liebe und Güte* anderen gegenüber zu einer wachsenden Bewußtheit Seiner Selbst käme. Verstehen Sie?

Die Seelen beim Spiel in den spirituellen Welten erfüllten einen Teil der Selbstentdeckung des Sugmad (wenn wir das überhaupt so ausdrücken können). Nachdem Es den Seelen eine Weile lang beim Spiel zugesehen hatte (noch einmal, Zeit und Raum haben keine Bedeutung in den spirituellen Welten. Sie erleichtern uns nur den Versuch, in menschlichen Sprachen — die alle noch der Mentalebene entstammen — zu kommunizieren), war das Sugmad bereit für eine ganz neue Stufe wachsender Bewußtheit Seiner Selbst. Die Seele existiert, weil Gott sie liebt.

Dieses Element des Sugmad — wachsende Bewußtheit — unterliegt ebenfalls dem »Plus-Element« der ECK-Lehre. Dieses besagt, daß es immer noch einen weiteren Himmel gibt. Immer noch einen weiteren Bewußtseinszustand über dem letzten.

## Menschen erreichen

*Ein wirklich neurotischer Mann versuchte vor etwa einer Woche eine Gesprächsgruppe zu beherrschen. Er gehörte zu den Menschen, die sich darin gefallen, andere lächerlich zu machen. Nach einigen scharfen Angriffen auf die anwesenden Leute teilte ich ihm ganz unvermittelt mit, die Veranstaltung sei zu Ende. Wir standen alle einfach auf, und er hatte keine Zuhörerschaft mehr. Nachträglich mußte ich einiges an ernsthafter Gewissenserforschung zulassen. Habe ich das Richtige getan?*

Das ECK hat seinen eigenen Plan und hat dafür gesorgt, daß Sie der Gesprächsrunde beiwohnten, um mit dem Störer umzugehen. Es ist interessant, wie schnell der Mann es fertig brachte, daß die ECKisten sich duckten. Und das ist kein Wunder, wenn Ärger in einem derartigen Sturm auf ahnungslose Leute losgelassen wird, die einen ruhigen Abend in ECK erwarteten.

Mir sagt ein solcher Angriff eine ganze Menge. Er bedeutet, daß die jetzige Welle der ECK-Darstellung die Aufmerksamkeit der Öffentlichkeit auf sich zieht. Die Reaktion ist zu diesen Zeiten normal und wird ungefähr ebenso stark sein, wie es das ECK auf der anderen Seite ist — aus Gründen des Gleichgewichts.

## Spielraum

*Ich habe wirklich Freude daran gehabt, das letzte Seminar zu besuchen und Dich im Physischen zu sehen. Aber ich bemerkte, daß die Vorträge mehr darauf ausgerichtet waren, was das ECK für uns tun kann, statt auf Selbstrealisation und Gottrealisation. Ist das die richtige Richtung für unsere Ziele als ECKisten?*

Es gibt einen Spielraum in den ECK-Programmen im Wechsel zwischen der »klassischen« hohen Spiritualität der Präsentation von Ton und Licht und der Darstellung von Merkmalen der Erleuchtung. Ein ultrakonservatives Vorgehen würde nur private Kontemplationen und das Studium der ECK-Kurse umfassen. Manche würden sich dabei wohl fühlen.

Andere würden vorziehen, daß es mehr soziale Zusammenkünfte wie Satsang-Klassen und ECK-Seminare gibt. Von dieser zweiten Gruppe würden einige ein Hauptprogramm vorziehen, das nur Vorträge und keine kreativen Darbietungen enthält. Andere möchten erfahren, was das ECK in ihrem Leben tun wird. Diese Menschen haben die Selbst- und Gottrealisation nicht und müssen deshalb ihren Bedürfnissen und Interessen entsprechend unterrichtet werden.

Vielen Dank für Ihre Kommentare zu den ECK-Seminarprogrammen. Sie sind sinnvoll und werden an die Seminarabteilung weitergeleitet.

## Das Gesetz der Hingabe

*Wie können wir dabei helfen, die Botschaft von ECK nach Außen zu bringen? Und in welcher Beziehung steht das dazu, daß wir etwas über uns selbst als Mitarbeiter lernen?*

Der ganze Schlüssel dahinter, die ECK-Botschaft nach Außen zu bringen, liegt in dem Gesetz der Hingabe: etwas zu geben, ohne einen Gedanken daran, etwas zu erhalten. ECK ist Liebe, so steht im *Shariyat*. Um Liebe zu bekommen, müssen wir Liebe geben. Das faßt die Aufgabe der Seele zusammen: ein Mitarbeiter Gottes zu sein.

Ich habe da Leute, die um eine Seelenreisen-Erfahrung bitten, damit sie wissen können, daß Eckankar etwas reales ist. Wenige sind bereit, dem ECK zu dienen, ohne eine Anerkennung zu erwarten. Diejenigen, die das tun, erkennen die Wunder. Sie können den spirituell Blinden nicht in Worten mitteilen, wie sie selbst die gleiche Sicht erreichen können. Der Grund dafür ist, daß die Herrlichkeiten Gottes nicht jemandem gegeben werden, nur weil er darum bittet. Sie müssen in sanfter, kindlicher Weise erworben werden.

Ich kann die reine Wahrheit nur einigen wenigen geben. Die übrigen Menschen verlangen Antworten auf materielle Bedürfnisse wie mehr Geld. Jeder erhält entsprechend seinem Dienst und seinem Vertrauen auf ECK. Manche bekommen nicht viel. So sind eben die unterschiedlichen Bewußtseinszustände, mit denen sich die Vairagi-ECK-Meister Tag für Tag auseinandersetzen.

## Aufgewühlte Fluten beruhigen

*Es gibt Zeiten, in denen das Leben außerordentlich hart wird. Die Arbeit wird belastend, und meine Gesundheit wird schlechter.*

*Ich bemerkte das zu Beginn des Kriegs am Persischen Golf und unmittelbar vor der Auflösung der Sowjetunion. Ich hatte den Eindruck, daß ECKisten im Inneren mitgeholfen haben, diese karmischen Ereignisse in Bewegung zu setzen.*

*Leide ich zur Zeit nur unter persönlicher Krankheit und Streß, oder ist das ECK-Bewußtsein wirklich ein Teil der Entfaltung der Ereignisse in der Welt?*

Ihr Eindruck ist natürlich richtig. Als ECKist sind Sie ein Kanal für das Licht und den Ton Gottes, um zu helfen, aufgewühlte Fluten zu beruhigen.

Seien Sie jedoch vorsichtig, daß Sie nicht als ein Führer in ECK die zusätzliche spirituelle Last zur Ausrede werden lassen, mit anderen gedankenlos umzugehen. Sie werden anderen gegenüber mehr Liebe, Geduld und Verständnis üben müssen.

Wählen Sie einen oder zwei Initiierte aus, die Ihnen als spirituell zuverlässig bekannt sind, damit sie Ihnen helfen, einen Teil der Arbeit für ECK zu tun. Ihre Gesundheit, Ihre Familie und Ihre Arbeit sind ebenso wichtig wie der Dienst für ECK. Ich möchte nicht, daß Sie Ihre Gesundheit ruinieren oder den Kontakt zu Ihrer Familie verlieren. Wir brauchen die Liebe und Unterstützung unserer Lieben.

*Mein Land macht einen großen politischen Umsturz durch. Kann ich als Werkzeug für Licht und Ton in dieser Situation helfen?*

Ich kenne die großen Schwierigkeiten, denen Ihr Land nach Meinung der Welt gegenübersteht. Dies könnte bald Stabilitätsprobleme auf politischem Gebiet hervorrufen, mehr als früher.

Die ECK-Chelas können viel von dieser Destruktivität mildern, wenn sie als bewußte Kanäle für das ECK vorgehen. Auf welche Weise? Indem sie mit ihren Glauben und ihren Praktiken nicht moralisierend umgehen, sondern sich einfach unter den Menschen bewegen und sich dabei der Gnade Gottes, die mit ihnen ist, aktiv bewußt sind.

Immer wenn man sich an eine Mission für den Mahanta macht, wird alles mögliche versucht, einem eine Niederlage zu bereiten. Wenn man in die hohen Welten von ECK eintritt, wird der Widerstand viel größer, aber auch die eigene spirituelle Stärke.

*Ein Nachbarland hat Schwierigkeiten dabei, die Botschaft von ECK zu präsentieren. Ich bin mit Liebe und Humor dorthin gereist, um den RESA in jeder Weise, für die er sich entscheidet, zu unterstützen. Ich glaube, wir können uns manchmal in Fallen der Persönlichkeit verstricken und sehen das Wirken des ECK nicht.*

*Gibt es irgend etwas, was ich tun kann?*

Herzlichen Dank, daß Sie dorthin gereist sind. Das ECK kommt durch diejenigen, die Es lieben, und gibt anderen die spirituelle Hilfe, die sie brauchen. Sie handeln mit der richtigen Losgelöstheit, auch wenn das ECK Sie als Werkzeug benutzt, um etwas spirituell Gutes zu erreichen, dessen Sie sich zeitweise vielleicht nicht bewußt sind.

Wie Sie sehr wohl wissen, braucht man enorme Mengen an Geduld und Liebe, um an irgendeinem Orte das Licht von ECK anzuzünden. Nur mit stetigem Fleiß bei der Aufgabe kann man einen langfristigen Erfolg überhaupt erhoffen. Allein unsere Anwesenheit gibt dem göttlichen ECK die Möglichkeit, Wunder in unserem täglichen Leben zu bewirken, ohne daß wir je irgend etwas zu irgend jemandem sagen müssen, wenn wir uns so am wohlsten fühlen.

## Familien und Gott

*Wenn ich ECK-Veranstaltungen besuche, ruft das einen ziemlichen Konflikt in meiner Familie hervor, weil mein Mann nicht ECKist ist. Wie geht man am besten mit einem solchen Konflikt um?*

Wenn Sie einen Konflikt zwischen Ihrer Familie und dem Besuch von ECK-Veranstaltungen feststellen, dann widmen Sie Ihrer Familie mehr Zeit, und besuchen Sie weniger ECK-Veranstaltungen. Wir bemühen uns, ein Leben zu schaffen, das so ausgeglichen wie möglich ist, und unsere Familie steht an erster Stelle.

Sie haben wirklich den Ton des Heiligen Geistes als Teil Ihres spirituellen Lebens, das bedeutet also, daß für Sie alles gut läuft.

*Lege bitte einmal dar, wie Du in Deinem Leben die*

*Prioritäten setzt.*

Erstens Gott. Nicht in der Weise, daß wir uns so sehr an die Vorstellung von Gott binden — denn dann verlieren wir Es —, aber die erste Beziehung, die man haben sollte, ist die zum Göttlichen, zum Ozean der Liebe und Gnade.

Zweitens kümmern wir uns um die Verpflichtungen, die uns am nächsten liegen, und dazu gehört die Familie. Wir sorgen dafür, daß das in Ordnung ist. Dann wirken wir aus einer Position der Kraft und der Liebe heraus, wenn wir für die Organisation von Eckankar arbeiten. Wir sind in einer Position der Stärke, nicht zerstreut und nicht gehetzt.

Das dritte ist Eckankar. Aber nehmen Sie zuerst Ihre Verpflichtungen wahr.

## Das Gesetz der Liebe

*Ich habe mich mit einem Freund gestritten, der mir etwas im Vertrauen gesagt hatte. Er glaubte, ich hätte sein Vertrauen mißbraucht. Später verließ er ECK. Ich weiß nicht, ob er es aufgrund unseres Streites verließ, aber ich habe so ein schlechtes Gefühl dabei.*

Sie haben das Geheimnis Ihres Freundes, der außer Ihnen noch mindestens einen weiteren Menschen und wer weiß wie viele noch ins Vertrauen gezogen hatte, doch nicht verraten, nicht wahr?

Das Gesetz der Liebe steht über dem Gesetz des Schweigens. Zerstören Sie nicht Ihr Glück mit dem Gedanken, Sie hätten etwas Schreckliches getan, das Ihren Freund dazu gebracht hat, ECK zu verlassen.

Man kann ECK niemals verlassen, denn Es ist das Leben. Er hat getan, was für ihn am besten war.

Und fühlen Sie sich nicht deshalb verantwortlich,

weil er Sie zu Eckankar gebracht hat. Oft gewinnt ein Mensch spirituell viel dadurch, daß er einen anderen auf den Weg von Ton und Licht führt. Das könnte genau der Grund gewesen sein, weshalb er in dieses Leben kam.

Sie sind zu leicht bereit, sich selbst die Schuld zu geben, wenn etwas schief geht, und vielleicht ist Ihr Freund zu schnell bei der Hand, einen anderen als den Grund für seine Probleme zu beschuldigen.

Eins ist jedoch geschehen: Sie haben eine Möglichkeit gehabt, jemanden mit ganzem Herzen zu lieben. Nicht viele Menschen sind in der Lage, einen solchen Zustand der Selbstlosigkeit zu erreichen. Was auch immer andere mit reiner Liebe tun, ist deren Angelegenheit, ob sie nun das Geschenk annehmen oder sich davon abwenden.

Es gibt keinen spirituellen Grund für Sie, sich weiterhin für die Richtung verantwortlich zu machen, die Ihr Freund in seinem Leben nimmt. Lieben Sie, so wie Sie es bereits getan haben, und Sie werden wieder Freude am Leben haben.

## Dienst in der Gemeinde

*Wie paßt ein Dienst in der Gemeinde mit ECK zusammen? Ich arbeite als freiwilliger Helfer beim Roten Kreuz und in unserem örtlichen Krankenhaus.*

Ich freue mich sehr über Ihren freiwilligen Einsatz beim Roten Kreuz und im Krankenhaus. Dieser Dienst wird mehr als irgend etwas anderes, das ich mir vorstellen könnte, dazu beitragen, irgendwelche Schranken abzubauen, die vielleicht zwischen Ihnen und dem ECK stehen.

Der Kern des Weges von ECK ist Liebe, Liebe für

das göttliche Prinzip des Seins. Ihr Liebesdienst für das ECK ist in den spirituellen Kreisen der ECK-Bruderschaft hoch angesehen.

An jede Kultur und die verschiedenen Ebenen innerhalb davon muß man in einer besonderen Weise herangehen. Vielleicht tun Sie das bereits, aber eine nützliche Übung, die die spirituelle Sicht und Wahrnehmung augenblicklich öffnet, ist es, wenn man sich zum Werkzeug für Gott erklärt.

Man kann das auf ganz einfache Weise tun, zum Beispiel indem man sagt: »Ich erkläre mich zum Werkzeug für das Sugmad, das ECK und den Mahanta.« Das können Sie beim Aufwachen tun, und es ist wirkungsvoller, wenn Sie es laut sagen können — wenn Sie allein im Bade- oder Schlafzimmer sind, damit Sie keine anderen Familienmitglieder stören. Es ist auch wirkungsvoll, wenn man es leise tut bei besonderen Gelegenheiten im Laufe des Tages, bei denen man sich vollständiger dem Göttlichen Geist öffnen möchte. Ein Beispiel wäre vor einem ECK-Vortrag auf einem Seminar, oder wenn Sie beim Hinübergehen eines anderen Menschen zugegen sind, wobei man es in der Stille tun kann.

## Ein stiller Kanal

*Ich bin in der Vergangenheit ein Mitglied der Freimaurer gewesen und bin jetzt Höherinitiierter in Eckankar. Gibt es eine Möglichkeit, wie ich ein stiller Vahana unter anderen Freimaurern sein kann, ohne mit dem ECK in Konflikt zu geraten?*

Sie kennen die stillen Möglichkeiten, die man wählen kann, um für die Sache des Göttlichen Geistes zu arbeiten, und Sie sollten dieses Recht in Anspruch nehmen. Ihre Mitgliedschaft bei den Freimaurern jedoch könnte Ihnen in der Führerschaft bei äußeren ECK-Veranstaltungen im Wege stehen. Der Grund dafür ist, daß immer jemand darüber reden wird, und das könnte diejenigen verwirren, die neu auf dem Weg von ECK sind. Aber wenn Sie nichts dagegen haben, als Höherinitiierter still im Hintergrund bei den Freimaurern zu arbeiten, habe ich nichts dagegen. Ich weiß, daß Ihre Loyalität und Liebe im Licht und Ton Gottes begründet sind.

Vielleicht können Sie das stille Tor sein, durch das bestimmte Freimaurer Eckankar finden.

## ECK-Kundschafter

*Ich hatte eine starke innere Führung, die zu ignorieren immer schwerer wird. Sie hat mich dazu gedrängt, die Möglichkeit zu erkunden, ein zwischen den Konfessionen stehender Priester zu werden. Ich würde dazu Unterricht nehmen und ordiniert werden. Haben das irgendwelche anderen ECKisten schon getan? Kannst Du mir helfen, diesen Konflikt zu lösen, damit ich in meiner Ausbildung vorwärtsschreiten kann?*

Ich denke, Ihr Wunsch, ein zwischen den Konfessionen stehender Priester zu werden, ist ausgezeichnet. Das tägliche Leben ist ein Hafen voller Schiffe aller Größen, deren Passagiere alle spezielles Gepäck und besondere Zielorte haben. Sie lernen, ein Hafenmeister zu werden, jemand, der Sinn in das scheinbare Chaos auf den Wasserstraßen bringt.

Paul sprach einmal von ECKisten, die in alle Teile des Lebens hinausgehen würden, um zu den Menschen von Licht und Ton Gottes zu sprechen. Einige der ECK-Vahanas würden auch zwischen den Konfessionen stehende Priester werden.

Etwa um 1890 gab das U.S.-Büro für Volkszählung

bekannt: Es gibt keine Grenze zu unentdeckten Gebieten mehr. Der Bedarf an Bergsteigern und Kundschaftern war schon lange vorher zu Ende gegangen. Aber wir hatten nur ein sehr notwendiges, aber grundlegendes Kapitel in der Geschichte der U.S.A. beendet: die *geographische* Suche und Erkundung. Die Abenteurer lebten weiter, nur begaben sie sich jetzt auf neue Erkundungen: in der Medizin, in den Naturwissenschaften und in Richtung religiöser und politischer Freiheit. Seitdem sind wir auf den Mond gegangen, weit in den Weltraum hinaus, auf den Grund des Meeres und in den kleinsten Teil der Zellstruktur vorgedrungen. Das Leben ist interessanter als je zuvor.

Wie ich es sehe, beginnt die Zeit der größten Herausforderungen und Abenteuer für die ECK-Initiierten gerade erst. Das Goldene Zeitalter beginnt jetzt. Bitte lassen Sie mich wissen, was Sie lernen, wenn Sie sich entscheiden sollten, eine zwischen den Konfessionen stehende Priesterschaft zu übernehmen. Das ist ein sehr wichtiges Bindeglied zwischen der ECK-Lehre und den orthodoxen Religionen.

## Was ist der Brennpunkt von ECK?

*Auf Seminaren in jüngerer Zeit hast Du über Abtreibung, AIDS und Homosexualität gesprochen. Ich finde diese Themen heutzutage sehr wichtig. Warum werden diese Themen in Workshops auf Seminaren nicht ausdrücklich behandelt?*

Es sind soziale Themen. Der Hauptzweck der ECK-Lehre ist es, den Menschen zu helfen, ihren Weg heim zu Gott zu finden, ganz gleich, in welchen Umständen sie leben.

Die Menschen haben alle möglichen Probleme im

Leben, weil das einfach in der Natur der Dinge hier auf der Erde liegt. Es gibt diejenigen, die sich mit Herzkrankheiten, Krebs, mentalen und emotionalen Problemen, Alter, Taubheit, Krieg in ihren Ländern, Verbrechen auf den Straßen und auch mit den Folgen von Unfällen auseinandersetzen müssen.

In der Lehre von ECK geht es um spirituelle Freiheit. Der Brennpunkt der Aufmerksamkeit in ECK liegt nicht auf Beziehungen, mißbrauchter Kindheit oder irgendeinem der anderen sozialen Umstände, die auf Karma beruhen, das die Menschen aus der Vergangenheit mitbringen. Wir betrachten diese Probleme von oben. Wie können die Menschen an spiritueller Freiheit gewinnen und nicht in Zukunft noch mehr von dem tun, was ihre Probleme von heute erst erzeugt hat?

Ja, wir müssen uns mit den Themen des täglichen Lebens auseinandersetzen. Wir müssen jedoch auch auf unsere Emotionen achten und dürfen uns von ihnen nicht in die Falle einer eingeschränkten Sicht locken lassen.

Das würde nur zu weiteren Leben in spiritueller Finsternis führen.

## Göttliche Liebe sein

*Ich bin seit zwanzig Jahren in ECK und habe nie den Ton gehört oder das Licht oder Deine innere Gegenwart gesehen. Ich habe nur Geduld und die Hoffnung gehabt, eines Tages würde ich den Grund erkennen können, warum ich diese Erfahrungen nicht habe. Wie kann ich ein Mitarbeiter sein, wenn ich Deine spirituelle Anweisung, Licht und Ton zu finden, nicht erfüllen kann?*

Die Schwierigkeit dabei, die Menschen etwas über ECK zu lehren, liegt darin, daß jeder Mensch einzigartig ist, was bedeutet, daß die allgemeinen spirituellen Richtlinien in den ECK-Werken für manche *anscheinend* nicht funktionieren. Aber sie funktionieren sehr wohl.

Obwohl ich gerne sehe, daß jeder in ECK eine bewußte Erfahrung mit dem Ton und Licht oder dem inneren Teil meiner selbst hat, ist das Ziel, das über allem steht, ihnen zu zeigen, wie man liebt. Schließlich sind Licht und Ton nur die göttliche Liebe in Bewegung. Das gleiche Prinzip trifft auf den Mahanta, den inneren Führer, zu. Dies alles sind Aspekte der göttlichen Liebe.

Die Lektionen auf der Erde sind dazu da, einem zu zeigen, wie man das Gute im Leben gewinnt. Zuerst, in frühen Inkarnationen, orientiert sich die Seele an Macht und Streben. Dann sucht sie Phänomene und das religiöse Leben. Aber all das geht vorüber. Dann am Ende gibt es nur noch Liebe und Dienst für Gott.

Sie sind ein praktischer Mensch, der mit beiden Beinen auf dem Boden steht. Suchen Sie stille Wege, anderen Liebe zu geben. Ihre Lektion ist jetzt die Fülle der Liebe als Quelle der Lebens.

## Die Aufgabe des Kal

*Würdest Du mir bitte erklären, warum das Kal, die negative Kraft, in dieser physischen Welt ist und Unruhe für die Menschen stiftet?*

Das ist seine Aufgabe.

Die Menschen werden das Leben verwirrend finden, solange sie nicht das Spirituelle Auge öffnen können, das das Spiel der Illusion durchblickt, welche das Kal ihnen wie eine Haube überstülpt. ECKisten, die spirituell weiter fortgeschritten sind, gehen nicht mehr in einem Zustand der Verwirrung umher, der von ihm stammt.

Auch Sie können lernen, das Leben klar zu sehen. Machen Sie die Spirituellen Übungen von ECK. So viele Menschen können ihre Persönlichkeit und ihr Ego nicht loslassen, wenn sie versuchen, Gott und anderen Menschen zu dienen. Kein Wunder, daß sie herumstümpern.

## Vorwärts schreiten

*Mein Leben verändert sich sehr, während ich spirituell wachse. Manchmal fühle ich mich sehr einsam. Wie kann ich mit dem Kopf über Wasser bleiben und immer noch Gott dienen?*

Manchmal kämpfen die Menschen auf dem Weg von ECK eine Zeitlang mit dem Leben, und gerade, wenn sie beginnen, vorwärts zu kommen, dann heben sie die Hände hoch und sagen: »Was solls?« Vielleicht haben sie recht damit, daß diese Lehre nichts für sie ist; sie versuchen, gesund, wohlhabend und weise zu werden. Ich habe nichts dagegen einzuwenden, aber der Göttliche Geist kümmert sich überhaupt nicht um so etwas. Der Heilige Geist zerrt uns weiter zu unserem letzlichen Ziel.

Niemand wird wissen, was Sie geopfert haben, und welchen Schulungen Sie sich unterzogen haben. Auch werden Sie nicht immer glauben, daß sie wirklich notwendig oder der Mühe wert sind. Ich habe nie zurück und auch nicht zu weit voraus geblickt — beides ist furchterregend, denn der Verstand beginnt, mit den schrecklichen Möglichkeiten zu spielen.

Horchen Sie weiterhin auf das ECK. Es hat Sie

weitergebracht, als die meisten Menschen in mehreren Lebensspannen verwirklichen werden. Der Weg wird einsam, aber das Leben arbeitet in Zyklen. Der jetzige Zyklus wird sich auflösen, wenn alles gelernt ist. Er muß das, denn das ist das Gesetz des Heiligen Geistes.

## Symbole des Lichtes

*Kannst Du mir den Sinn des -Symbols und des sechseckigen Sterns von ECK erklären?*

Das ECK-Symbol steht für den Heiligen Geist. Wir tragen es, um unseren Respekt für das ECK—das ist unser Name für den Heiligen Geist—zu zeigen. Diejenigen, die ihren Verstand auf ein heiliges Emblem ihrer Religion richten, erhalten häufig göttlichen Schutz, wenn sie in Schwierigkeiten sind. Das -Symbol hilft auch ECKisten, andere ECKisten unter Fremden zu erkennen.

Der sechseckige Stern ist ein ECK-Emblem, welches das Licht Gottes repräsentiert. Es ist der gleiche Stern, von dem es heißt, daß er bei der Geburt von Christus über Bethlehem geschienen habe. Obwohl die Menschen in der jüdischen Religion ebenfalls das Emblem eines sechseckigen Sterns haben, war es ursprünglich sehr direkt mit dem Licht Gottes verbunden. Die meisten Menschen haben diese ursprüngliche Bedeutung vergessen und verbinden mit dem sechseckigen Stern heute eine weniger hohe Bedeutung.

In Eckankar haben ihn manche Mitglieder als blaues Licht gesehen, während andere vor allem von weiß oder einem hellen gelb sprechen. Weise Männer sahen den Stern vor zweitausend Jahren, und diejenigen, die ein reines, liebevolles Herz haben, sehen ihn auch heute noch, wenn sie die Spirituellen Übungen von ECK—unsere Weise zu beten—ausführen.

## Eine gemeinsame Sprache

*Was ist die beste Möglichkeit, den Menschen das ECK zu präsentieren? Sollten wir darüber nachdenken, wie wir ECK präsentieren, oder sollten wir es einfach tun? Als Schriftsteller frage ich mich, wie ich zu anderen über diesen spirituellen Weg sprechen soll, aber ich habe Bedenken, daß ich den Geist von ECK verliere, wenn ich zu hart daran arbeite, wie ich etwas sage.*

Die spirituellen Werke von ECK geben jemandem, der nach Wahrheit sucht, einen wirklichen Vorteil.

Man kann sehr wohl über ECK schreiben, ohne die Menschen zu überlisten und ohne spirituelle Gesetze zu verletzen. Ein Neuling möchte manchmal die Reinheit auf Kosten des gesunden Menschenverstandes haben, und es ist unsere Aufgabe, das Gleichgewicht zu finden, in dem wir dem Fragesteller in einer klaren, freundlichen und ansprechenden Weise etwas über die ECK-Gottessdienste erzählen.

Es ist nicht sinnvoll, die Entwicklung der schriftstellerischen und kommunikativen Techniken heutzutage zu ignorieren. Wenn wir wissen, daß kurze Sätze für den heutigen Leser leichter zu verstehen sind—weil das mangelhafte Bildungssystem ihn so gemacht hat—dann schreiben wir eben auf einfache Weise. Das ist kein Verbrechen. Verwenden Sie nicht einen Schreibstil der dreißiger Jahre in der irrtümlichen Annahme, daß das Gespreizte und Unverständliche irgendwie spiritueller wäre.

Stellen Sie genau fest, worauf sich das Bewußtsein der heutigen Menschen richtet, und dann sprechen Sie es genau dort an, in einer Sprache, die es verstehen kann.

Wenn wir die Formel finden können, die den Menschen etwas über ECK mitteilt in einer Weise, die sie verstehen und schätzen können—und dabei den Menschen immer noch vollständige Freiheit lassen —, dann werden wir ein Meisterstück geschaffen haben. Das hauptsächliche Ziel, das alle Initiierten haben, ist es, die ECK-Lehre überall in der Welt in einer Weise zu etablieren, die die Menschen in ihrer Umgebung verstehen und lieben können.

## Wie man Gott lieben kann

*Wie kann ich Gott mehr lieben und Ihm besser dienen?*

Der wesentliche Zweck, in ECK zu sein, ist, spirituell reicher zu werden. Das ist etwas Größeres, als wir mit Worten ausdrücken können, denn was wir suchen, ist die Erfahrung Gottes.

Ich ging heute Abend einkaufen. An der Kasse saß eine Frau Anfang fünfzig und kassierte für meine Einkäufe. Sie sagte, sie säße lieber an der Kasse, als die Regale mit Waren zu füllen. »Ich möchte mich nicht vor den Menschen verbergen«, sagte sie. »Hier an der Kasse ist es immer lebendig wegen der verschiedenen Leute, denen ich diene.«

Das ECK läßt die Seele derartige Arbeiten durchlaufen, damit sie lernen kann, ein Mitarbeiter Gottes zu werden. Die wirkungsvollste Weise, anderen die Prinzipien von ECK beizubringen, ist es, sie zu demonstrieren. Wie Sie Ihr tägliches Leben führen, sagt anderen mehr über die Ideale von ECK, als es irgendeine Predigt je tun könnte.

An manchen Tagen geht es leichter, an anderen läßt man eben seinen Kopf hängen. Es ist nun einmal so, je höher man steigt, desto größere Dinge werden einem in den Weg gestellt, um einen zu prüfen oder aufzuhalten. Aber man stellt auch fest, daß man über mehr Mittel verfügt, seinen Weg aus dem Papierkorb heraus zu finden.

Still das ECK zu leben ist das Schwierigste, was man tun kann, wenn man versucht, es zu forcieren. Andererseits, wenn die Handlungen von Liebe und Verständnis geleitet werden, ist es das Einfachste und Natürlichste, was man sich vorstellen kann.

Das ECK öffnet uns immer Tore, um hindurchzugehen, wenn wir spirituell voranschreiten. Das bedeutet, daß der Göttliche Geist uns die Möglichkeit gibt, in ein größeres Leben hineinzugehen, wenn wir die Bewußtheit haben zu erkennen, was uns angeboten wird. Wir müssen auch selbst alle erforderlichen Schritte unternehmen, um durch dieses Tor zu gehen, das zu einem Leben in größerer Fülle führt.

Sie haben die Möglichkeit, in einen höheren Bewußtseinszustand hineinzugehen. Achten Sie auf die Gelegenheiten.

# Glossar

Begriffe in KLEINEN GROẞBUCHSTABEN werden im Glossar an anderer Stelle definiert.

ARAHATA. Ein erfahrener und qualifizierter Lehrer für Klassen in ECKANKAR.

CHELA. Ein spiritueller Schüler.

EBENEN. Die Stufen des Himmels, zum Beispiel die Astral-, Kausal-, Mental-, Ätherische- und Seelenebene.

ECK. Die Lebenskraft, der Heilige Geist oder Hörbare Lebensstrom, der alles Leben erhält.

ECKANKAR. Die Religion von Licht und Ton Gottes. Auch als die uralte Wissenschaft des SEELENREISENS bekannt. Eine wahrlich spirituelle Religion für das Individuum in der modernen Welt, bekannt als der geheime Weg zu Gott via Träume und Seelenreisen. Die Lehren bieten einen Bezugsrahmen für jeden, der seine eigenen spirituellen Erfahrungen erforschen möchte. Von Paul Twitchell, dem Gründer in unserer Zeit, 1965 herausgebracht.

ECK-MEISTER. Spirituelle Meister, die Menschen in ihren spirituellen Studien und Reisen helfen und sie beschützen. Die ECK-Meister gehören einer langen Linie gottrealisierter Seelen an, die die Verantwortung kennen, die mit spiritueller Freiheit einhergeht.

HU. Der geheime Name für Gott. Das Singen des Wortes HU, gesprochen "Hju", wird als Liebeslied für Gott aufgefaßt. Es wird im ECK-Gottesdienst gesungen.

INITIATION. Das ECK-Mitglied verdient sie sich, indem es sich spirituell entfaltet und Gott dient. Die Initiation ist eine private Zeremonie, in der der einzelne mit dem Ton und Licht Gottes verbunden wird.

**Lebender ECK-Meister.** Der Titel des spirituellen Führers von Eckankar. Es ist seine Pflicht, Seelen zu Gott zurückzuführen. Der Lebende ECK-Meister kann spirituelle Schüler im Physischen als Äußerer Meister, im Traumzustand als Traummeister und in den spirituellen Welten als Innerer Meister unterstützen. Sri Harold Klemp wurde 1981 der Mahanta, der Lebende ECK-Meister.

**Mahanta.** Ein Titel, der die höchste Stufe des Gottbewußtseins auf der Erde beschreibt, oft im Lebenden ECK-Meister verkörpert. Er ist das Lebende Wort.

**Satsang.** Eine Klasse, in der Schüler von ECK einen monatlichen Kurs von Eckankar studieren.

**Seele.** Das Wahre Selbst. Der innere, heiligste Teil jeder Person. Die Seele existiert vor der Geburt und lebt nach dem Tod des physischen Körpers weiter. Als Funke Gottes kann die Seele alle Dinge sehen, wissen und wahrnehmen. Sie ist das kreative Zentrum ihrer eigenen Welt.

**Seelenreisen.** Die Bewußtseinserweiterung. Die Fähigkeit der Seele, den physischen Körper zu transzendieren und in den spirituellen Welten Gottes zu reisen. Das Seelenreisen wird nur vom Lebenden ECK-Meister gelehrt. Es unterstützt die spirituelle Entfaltung und kann den Beweis für die Existenz Gottes und das Leben nach dem Tod liefern.

**Das Shariyat-Ki-Sugmad.** Die heiligen Schriften von Eckankar. Die Schriften bestehen aus zwölf Bänden in den spirituellen Welten. Die ersten beiden wurden von den inneren Ebenen durch Paul Twitchell, den Gründer von Eckankar in unserer Zeit, niedergeschrieben.

**Spirituelle Übungen von ECK.** Die tägliche Anwendung gewisser Techniken, um mit dem Licht und Ton Gottes in Berührung zu kommen.

**Sugmad.** Ein heiliger Name für Gott. Sugmad ist weder männlich noch weiblich; Es ist die Quelle allen Lebens.

**Ton und Licht von ECK.** Der Heilige Geist. Die zwei Aspekte, durch die Gott in den niederen Welten in Erscheinung tritt. Sie können durch inneres Betrachten und Hören und mit Seelenreisen erfahren werden.

**Wah Z.** Der spirituelle Name von Sri Harold Klemp, gesprochen "Wah Sie." Es bedeutet die Geheime Lehre. Es ist sein Name in den spirituellen Welten.

# Wie man mehr über Eckankar, die Religion von Licht und Ton Gottes, erfahren kann

Warum sind Sie für Gott ebenso wichtig, wie jedes berühmte Staatsoberhaupt, jeder Priester, Pfarrer oder Heilige, der jemals lebte?

- Kennen Sie den Sinn Gottes in Ihrem Leben?
- Warum erscheint der Wille Gottes so unvorhersagbar?
- Warum sprechen Sie mit Gott, aber praktizieren keine Religion?

Eckankar kann Ihnen zeigen, warum Gottes besondere Aufmerksamkeit weder zufällig, noch einigen bekannten Heiligen vorbehalten ist. Sie gilt nämlich jedem einzelnen. Sie gilt jedem, der sich dem Göttlichen Geist, dem Licht und Ton Gottes öffnet.

Die Menschen möchten das Geheimnis von Leben und Tod kennen. Um diesem Bedürfnis zu entsprechen, haben Sri Harold Klemp, der heutige spirituelle Führer von Eckankar, und Paul Twitchell, der Gründer von Eckankar in unserer Zeit, eine Reihe monatlicher Kurse geschrieben, welche die Spirituellen Übungen von ECK vermitteln. Sie können die Seele auf einem direkten Weg zu Gott führen.

Jene, die Eckankar studieren möchten, können diese besonderen monatlichen Kurse erhalten, welche klare, einfache Anweisungen für spirituelle Übungen geben.

## Die Mitgliedschaft in Eckankar beinhaltet:

1. Die Möglichkeit, Weisheit, Nächstenliebe und spirituelle Freiheit zu gewinnen.
2. Zwölf monatliche Kurse mit Informationen über die Seele, die spirituelle Bedeutung von Träumen, Techniken zum Seelenreisen und über Wege, eine persönliche Verbindung zum Göttlichen Geist herzustellen. Sie können sie allein zu Hause oder zusammen mit anderen in einer Klasse studieren.
3. Die *Mystic World,* ein vierteljährliches Rundschreiben mit einer Weisheitsnotiz und Artikeln des Lebenden ECK-Meisters. Sie enthält auch Briefe und Artikel von Schülern von Eckankar aus der ganzen Welt. Eine deutsche Ausgabe der *Mystic World* ist auf besondere Bestellung erhältlich.
4. Besondere Zusendungen, um Sie über kommende Eckankar-Seminare und Aktivitäten in der ganzen Welt, über neu verfügbares Studienmaterial von Eckankar und anderes zu unterrichten.
5. Die Möglichkeit, an ECK-Satsangklassen und Buchbesprechungen an ihrem Wohnort teilzunehmen.
6. Die Möglichkeit, zu einer Initiation zugelassen zu werden.
7. Die Teilnahme an bestimmten Treffen für Mitglieder von Eckankar bei ECK-Seminaren.

## Wie Sie Kontakt aufnehmen können

Wenn Sie an einer Mitgliedschaft interessiert sind, oder an kostenloser Information über Eckankar, wenden Sie sich bitte an ECKANKAR, Att: Information, P.O. Box 27300, Minneapolis, MN 55427 U.S.A., Tel.: 001 612 544-0066 (nur auf Englisch) (Mo–Fr 8.00–17.00 Uhr US-Zentralzeit).

# Einführende Bücher über ECKANKAR

**Das lebendige Wort,** Buch 1
von Harold Klemp

Wußten Sie, daß es eine göttliche Kraft gibt, die Sie durch die Herausforderungen führen kann, denen Sie täglich im Leben gegenüberstehen? Entdecken Sie, wie Sie mit der Macht der göttlichen Liebe in Ihrem Leben Verbindung aufnehmen und sie entfesseln können. Die Einsichten und Techniken, die in diesem Buch enthüllt werden, können Ihnen zeigen, wie Sie ein spirituell besserer Mensch werden können — und das ab heute.

**Wie man Gott findet**
von Harold Klemp

Hier können Sie lernen, die Führung zu erkennen und zu deuten, die wir alle vom Göttlichen Geist in alltäglichen Ereignissen *bereits erhalten*, und die uns zu innerer Freiheit, Liebe und göttlicher Führung leitet. Der Autor gibt uns spirituelle Übungen, die physisch, emotional, mental und spirituell anheben, und übermittelt einen Laut, HU, der eine Umwandlung bewirken und zur inneren Anhebung gesungen werden kann.

**Das Buch der ECK-Parabeln,** Band eins
von Harold Klemp

Lernen Sie aus dieser Reihe von über neunzig unbeschwerten, leicht zu lesenden Geschichten aus der Feder des spirituellen Führers von Eckankar, Sri Harold Klemp, wie Sie im täglichen Leben Erfüllung finden können. Die Parabeln enthüllen in alltäglichen und leicht verständlichen Begebenheiten Geheimnisse des Seelenreisens, der Träume, des Karma, der Gesundheit, der Reinkarnation und — als Wichtigstes — der Initiation in den Ton und das Licht Gottes.

**Erde an Gott, bitte kommen . . .**

Diese Sammlung enthält lauter Berichte von normalen Menschen, die eine höhere Kraft erkannt haben, welche in ihrem Leben wirkt. Ihre Erfahrungen, die über das Hergebrachte hinausgehen, brachten ihnen Lektionen der Liebe und der spirituellen Freiheit, welche sie tiefgreifend veränderten. Sie zeigen, wie man mit der Stimme Gottes in Berührung kommen kann, um spirituelles Wissen und Bewußtheit zu erlangen, die über jede Beschreibung hinausgehen.

Wenn Sie schnell bedient werden wollen, rufen Sie in U.S.A. unter der Telefonnummer 001 612 544-0066 an (nur auf Englisch), um mit Kreditkarte Bücher zu bestellen. Oder schreiben Sie an ECKANKAR, Att: Information, P.O. Box 27300, Minneapolis, MN 55427 U.S.A.

## Vielleicht gibt es eine Eckankar-Studiengruppe in Ihrer Nähe

Eckankar bietet dem spirituellen Sucher eine Vielzahl örtlicher und internationaler Aktivitäten. Mit Hunderten von Studiengruppen in aller Welt ist Eckankar auch in Ihrer Nähe! Viele Gegenden haben Eckankar-Center, wo Sie in einer ruhigen Umgebung ohne jeden Druck die Bücher durchblättern können, mit anderen, die ebenfalls an dieser uralten Lehre interessiert sind, sprechen können, und wo sie an neu beginnenden Gesprächsklassen teilnehmen können, die sich mit dem Thema beschäftigen, wie man die Eigenschaften der Seele erwirbt: Weisheit, Macht, Liebe und Freiheit.

In aller Welt veranstalten Eckankar-Studiengruppen besondere eintägige oder Wochenend-Seminare über die grundlegende Lehre von Eckankar. Sehen Sie im Telefonbuch unter Eckankar nach oder rufen Sie in U.S.A. unter der Telefonnummer 001 612 544-0066 (nur auf Englisch), um Informationen über Mitgliedschaft zu erhalten und zu erfahren, wo das von Ihnen aus nächste Eckankar-Center liegt. Oder schreiben Sie an ECKANKAR, Att: Information, P.O. Box 27300, Minneapolis, MN 55427 U.S.A.

☐ Bitte senden Sie mir ein Veranstaltungsprogramm mit den nächstgelegenen Eckankar-Informations-Gesprächs- oder Studiengruppen in meiner Gegend.

☐ Bitte senden Sie mir weitere Informationen über die Mitgliedschaft in Eckankar, welche ein zwölf-monatiges spirituelles Studium beinhaltet.

Bitte mit Schreibmaschine oder Blockschrift ausfüllen: 943

Vor- /Nachname ______________________________

Straße & Nr. ______________________________

Postleitzahl & Ort ______________________________

Staat/Land ______________________________